이강영어 열 번째 이야기

이제영어의의문이풀렸다 9

(관사편 6)

이 진 호 지음

도서출판 이 강

이제영어의의문이풀렸다 9

펴낸곳/(도서출판)이강
펴낸이/이진호
지은이/이진호

초판발행일/2018년 5월 30일
등록번호/05-05-0217
등록일/2005년 5월

주소/광주광역시 남구 진월동 호반리젠시빌스위트 APT
　　　101동 1403호
전화/ (062) 266-0136
E-mail/kkk284803@hanmail.net

다음카페/이제영어의의문이풀렸다

저작권자　ⓒ 이진호 2018

잘못된 책은 바꾸어 드립니다.
정가 16,500원
ISBN 978-89-956668-9-0

본서의 내용을 무단 복제하는 것은 저작권법에 의해 금지되어 있습니다.

CONTENTS(관사편 6)

차례 1 3
차례 2 5

■ 이제영어의의문이풀렸다 9(관사편 6)

B 특정성 II	17
A. 100% 특정성(명시적 특정성)	18
B. 1~99% 특정성(상황적 특정성)	44
1. 1~99% 특정성의 존재 이유(의의) ①	44
2. 1~99% 특정성의 존재 이유(의의) ②	48
3. 의미적 접근 VS 상황적 접근	50
4. '상황'적 접근이란 무엇인가?	55
5. [the + 명사]는 대명사의 역할을 하는 것이다!	68
6. '1~99% 특정성'의 특징	86
■ 기준의 the	109
■ 1% 특정성	112
(가) 특정성이 필수적인 단어	112
1. 항상 특정 지역 및 상황과 연관되어 사용되는 단어	113
2. 그 외의 제한이 존재하는 단어	120
(나) 지역적 제한 = 국가	123
1. 국가에 1개만 존재하는 유일한 대상	123
2. 공공(公共)의 the	136
3. 정관사 the와 '우리'	141

■ 여섯. 전체와 부분　　　　　　　　　　　　151

- A. 관사가 나타내는 것　　　　　　　　　151
- B. 전체와 부분　　　　　　　　　　　　159
  - (가) 전체의 부분　　　　　　　　　　164
  - (나) 전체　　　　　　　　　　　　　164
  - (다) 부분이 아닌 독립된 대상　　　　165
- ■ 영어의 관사 체계　　　　　　　　　　185
  - ■ 부분(部分)과 종류(種類)　　　　　　219
  - ■ 종류(種類)의 이중적 특성 : 집합 & 원소　227
  - ■ 집합명사와 종류　　　　　　　　　230
  - ■ 부분과 가산성　　　　　　　　　　248
- ■ 부분과 단어　　　　　　　　　　　　255
- ■ 부분과 특정성　　　　　　　　　　　264
  - 1) 신체의 부분　　　　　　　　　　264
  - 2) 건물의 부분으로서의 장소　　　　266

■ 일곱. 명사의 분류　　　　　　　　　　　279

1. 일반명사　　　　　　　　　　　　　282
2. 전체 명사분류　　　　　　　　　　　286

■ 여덟. 고유명사　　　　　　　　　　　　289

1. 고유명사와 정관사 the　　　　　　　290
   - ■ 고유명사의 유형 Ⅰ　　　　　　　310

CONTENTS 2(관사편 전체)

	이제영어의의문이풀렸다 4(관사편 1)
A.	관사에 대한 기초
B.	거시적 접근
	■ 하나. 관사의 역사(歷史) I
	■ 둘. 관사의 근본 원리 - <집합과 원소>의 원리

	이제영어의의문이풀렸다 5(관사편 2)
	■ 셋. 가산성
	가산성 ①
	- 구조적 법칙 II
	집합체
	'집합적 복수의 -s'
	후위관사

	이제영어의의문이풀렸다 6(관사편 3)
	가산성 ②
	[부정관사 a/an + 형용사 + 불가산명사]
	■ 넷. 관사의 역사(歷史) II
C.	미시적 접근
	■ 하나. '-s'의 역할

1. '-s'에 대한 종합적인 정리 I – ['-s'의 분류]
2. '-s'에 대한 종합적인 정리 II – ['-s'의 용법]
3. 후위관사 – '단어의 마지막'을 나타낸다.
4. '단단' & '복복'

■ 이제영어의의문이풀렸다 7(관사편 4)
■ 둘. 총칭 – 전체집합
■ 셋. 부정관사 a/an의 용법
■ 넷. 정관사 the I – <집합과 원소>의 관점
1. 정관사 the는 집합을 나타낸다.
2. '전체'를 나타내는 정관사 the I
■ 필요충분조건
3. '전체'를 나타내는 정관사 the II

■ 이제영어의의문이풀렸다 8(관사편 5)
■ 다섯. 정관사 the II – 특정성 –
A 특정성 I – 물리적, 가시적 특정성
가산성과 정관사 the – 가산성이 무의미함
■ 가산성(可算性)의 함정
■ '구체적인 사물'을 나타내는 정관사 the
■ 물질명사의 관사 적용
■ 장소(공간)를 나타내는 the
■ 결합 의미

■	**이제영어의의문이풀렸다 9(관사편 6)**
B	특정성 II
A.	100% 특정성(명시적 특정성)
B.	1~99% 특정성(상황적 특정성)
■	1% 특정성
	(가)특정성이 필수적인 단어
	(나)지역적 제한 = 국가
■	여섯. 전체와 부분
■	영어의 관사 체계
■	부분과 단어
■	부분과 특정성
■	일곱. 명사의 분류
1.	일반명사
2.	전체 명사분류
■	여덟. 고유명사
1.	고유명사와 정관사 the
■	고유명사의 유형 I

■	**이제영어의의문이풀렸다 10(관사편 7)**
2	복수의 단어로 이루어진 고유명사
■	고유명사의 유형 II
■	아홉. 집합명사
A.	<집합과 원소>의 원리와 '집합명사'

B. 집합명사의 분류 I – 원리적 측면
　(1) 원래 집합을 나타내는 경우
　(2) 원소가 복수의 종류로 구성되어 있는 경우
　(3) 가산성이 현실적으로 의미가 없는 경우
　　① '무리, 떼'를 이루는 경우
　　② 매우 작은 경우
　　③ 형태의 경계가 분명하지 않는 경우
■ 집합명사의 분류 II – 군집명사
■ 집합명사의 분류 III – 형태적 분류①
■ 집합명사의 분류 IV – 형태적 분류②
　(1) 무관사 ∅ + 명사
　　① cattle형 집합명사
　　② furniture형 집합명사
　　③ family형 집합명사
　(2) 정관사 the + 명사
　　④ the police형 집합명사
　(3) 정관사 the + 형용사
■ 집합명사의 분류 V – 집합체
■ **열. 물질명사 & 추상명사**
■ 분할성(divisibility: 분할 가능성)
　A. '개별적 차원'의 분할성
　B. '전체적 차원'의 분할성
■ **열하나. 물질명사**

열둘. 추상명사

1. 추상명사와 부정관사 a/an ①

2. 추상명사와 부정관사 a/an ②

3. '주관적 선택의 영역'에 대한 기초

4. 부정관사(a/an, -s) VS 정관사 the
   - 관사선택의 원칙

5. 추상명사의 관사 적용 I : 시각적 측면
   - 관사적용여부의 원칙(주관적 선택의 문제 제외)

6. 추상명사의 관사 적용 II
   - 관사선택의 원칙(주관적 선택의 문제 제외)

7. 추상명사의 관사 적용 III
   - 화자의 '주관적 선택의 문제(영역)' -

8. 추상명사의 관사 적용 IV

9. 추상명사에 대한 부정관사(a/an, -s) 적용 근거 ①
   - 분할성('전체적 차원'의 분할성)

10. 추상명사에 대한 부정관사(a/an, -s) 적용 근거 ②
    - 구체적 실제의 대응(對應) 양상

■ 이제영어의의문이풀렸다 11(관사편 8)
11. 추상명사에 대한 부정관사(a/an, -s) 적용 근거 III
12. 가산편향적 추상명사와 불가산편향적 추상명사
(가) 100% 가산성을 갖는 추상명사
(나) 100% 불가산성을 갖는 추상명사
A. 가산편향적 추상명사
B. 불가산편향적 추상명사
1) 불가산편향적 추상명사의 개념
2) 불가산편향적 추상명사의 특징
C. 형식적 차원의 불가산편향적 추상명사
1) 추상명사적 집합명사
2) 명사형 어미의 추상명사
3) 동명사(~ing)형 명사
4) 동사형 명사
■ 복합명사와 합성명사
① [주어 + 동사]로 혼동되는 것을 방지
② [동사 + 목적어]로 혼동되는 것을 방지
③ 그 외 동사가 사용된 합성명사
D. 의미적 차원의 불가산편향적 추상명사
13. 추상명사에 대한 관사 적용 – 재정리(중간정리)
14. 화자의 주관적인 선택의 문제(영역)
15. 복수의 단어로 이루어진 복합추상명사

현재 정관사 the의 특정성에 대해서 논하고 있습니다.
앞에서 제시했던 특정성의 분류를 다시 보도록 하겠습니다.

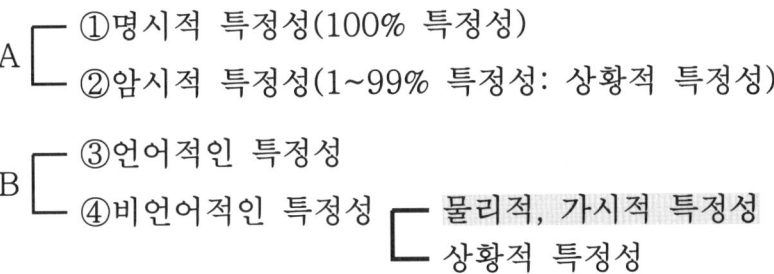

   지금까지 가시성에 의한 '물리적, 가시적 특정성'에 대해서 정리하였습니다. 이제 부터는 정관사 the가 나타내는 특정성의 다른 부분에 대해서 살펴보도록 하겠습니다.

   정관사 the의 경우에는 원소가 1개만 존재하기 때문에 어떠한 경우에라도 '특정하고 구체적인 사물'을 나타내게 된다는 것을 염두에 두시기 바랍니다. 예를 들어 the bus는 일반적인 bus가 아니라 오늘 내가 종로를 가기 위해 오전에 탔던 bus, 방금 내가 내렸던 bus 등 일정한 조건하에서 <'1개만 존재하는(유일한)' 특정하고 구체적인 bus>를 가리키는데 사용됩니다.

   잠시, 관사에 대해서 '<집합과 원소>의 관점'에서 살펴보도록 하겠습니다.
   일단, 정관사 the를 '<집합과 원소>의 관점'에서 보게 되면, [the + 단수보통명사]는 원소가 1개만 존재하는 경우이고, 이는 '별도의 다른 원소'가 존재하지 않음을 의미합니다.

1 관사 사용 여부에 대한 판단
   - 관사(부정관사 a/an/정관사 the) VS 무관사 ∅

이는 앞에서 <관사적용여부의 원칙>으로 정리했던 내용입니다.

앞에서 정리한 '원소 수(數)'와 관련한 정리는 관사에 대해 좀 더 근본적인 정보를 우리에게 전해 줍니다. 그것은 일단 관사를 사용하기 위해서는 집합을 구성하는 원소이어야 한다는 것입니다. 그리고 그 원소는 '수(數)'에 대해서 논할 수 있어야 하기 때문에 '가산성'이 있어야 합니다.
결국 부정관사 a/an이 되었든 또는 정관사 the가 되었든 간에, 관사가 사용될 수 있는 명사의 특징은 '집합을 구성하는 가산성이 있는 원소'입니다.

■ 부정관사 a/an과 정관사 the를 사용하기 위한
   근본 조건

'집합을 구성하는 가산성이 있는 원소'

명사가 가산성이 존재한다는 것은 '단위성'이 존재한다는 의미입니다. 쉽게 말해서 하나, 둘, 셋.. 등으로 셀 수 있어야 한다는 것입니다. 결국 어떤 명사가 가산성이 있다는 것은 '가시적이고 구체적인 개체'이어야 한다는 의미입니다. 만약 어떠한 명사가 '비가시적이고 추상적'이라면 하나, 둘, 셋.. 등으로 셀 수 없을 것이기 때문입니다.

결국 관사가 사용될 수 있는 명사의 특징이 '집합을 구성하는 가산성이 있는 원소'라고 하는 경우, 이는 '가시적이고 구체적인 개체'라는 의미입니다.

따라서 최종적으로 관사는 '가시적이고 구체적인 개체'에만 사용할 수 있습니다. 그리고 부정관사 a/an과 정관사 the가 명사에 대해 우리에게 전해주는 '제 1의 정보'는 <해당 명사가 '가시적이고 구체적인 개체'라는 것>입니다.

> 부정관사 a/an과 정관사 the가 명사에 대해 우리에게 전해주는 '제 1의 정보'는 <해당 명사가 '가시적이고 구체적인 개체'라는 것>이다.

이러한 점은 관사를 사용할 것인가(부정관사 a/an/정관사 the), 아니면 관사를 사용하지 말아야 할 것인가(무관사 ∅)에 대해서 판단해야 할 경우, 매우 중요한 판단 기준이 될 것입니다. 즉 '가시적이고 구체적인 개체'라고 판단이 되었다면 관사(부정관사 a/an, 정관사 the)를 사용해야 하고, 만약 '가시적이고 구체적인 개체가 아니다'라고 판단이 되었다면 무관사 ∅를 선택해야 합니다.

관사는 '가시적이고 구체적인 개체'에만 사용된다는 것에 대해서는 지금까지 관사의 특성으로 잘 언급되지 않았던 부분입니다. 그러나 제가 '관사가 명사에 대해 전해주는 제 1의 정보'로 제시했듯이 매우 중요한 내용입니다.

2 부정관사 a/an과 정관사 the의 선택
   - 부정관사 a/an VS 정관사 the

이는 앞에서 <관사선택의 원칙>으로 정리했던 내용입니다.

그 다음 관사를 사용해야 한다는 판단이 내려졌다면, 이제 부정관사 a/an과 정관사 the 중에서 어느 하나를 선택해야 합니다.

부정관사 a/an과 정관사 the는 모두 '가시적이고 구체적인 개체'를 나타내주지만 우리에게 주는 정보의 내용은 전혀 다릅니다. 앞에서 정리했듯이 일반적인 개체를 나타내는 부정관사 a/an과 달리, 정관사 the는 특정한 개체를 나타내기 위해서 도입된 것입니다. 즉 정관사 the는 명사의 특정성을 나타내 주게 됩니다. 특정성이란 측면에서 부정관사 a/an과 정관사 the는 다음과 같은 차이를 보여줍니다.

- 부정관사 a/an – 가시적이고 구체적이면서
  '불특정한(일반적인)' 개체
- 정관사 the – 가시적이고 구체적이면서
  '특정한' 개체

이는 맨 처음 정리했던 '원소의 수(數)'에 대한 정리로 부터 충분히 유추 가능한 내용입니다. 부정관사 a/an의 경우는 원소의 수(數)가 복수이기 때문에 '불특정한(일반적인) 개체'이고 반면에 정관사 the의 경우는 원소의 수(數)가 1개만 존재하기 때문에 '특정한 개체'한 개체가 되는 것입니다.

미시적 접근

B 특정성 II

　지금부터는 본격적으로 가시성에 의한 '물리적, 가시적 특정성'을 제외한 정관사 the에 존재하는 나머지 '특정성'에 대해서 살펴보도록 하겠습니다. '특정성'이란 '일반성'에 대비되는 말입니다. 쉽게 말해서 어떤 개체의 '정체'를 알 수 있도록 도움을 주는 실마리입니다. 특정성이란 측면에서 들여다보면 부정관사 a/an과 정관사 the에 대해서 다음과 같이 정리할 수 있습니다.

> - 부정관사 a/an -
>   　　개체에 대한 특정 정보가 0%인 경우
> - 정관사 the -
>   　　개체에 대한 특정 정보가 1~100%인 경우

　먼저 부정관사 a/an은 해당 개체에 대한 특정한 정보가 전혀 알려지지 않은 경우(0% 특정성)에 사용합니다. 여기서 특정한 정보란 '변별이 가능한 정보'를 의미합니다. 즉 자신을 제외한 동일한 종류의 다른 개체와 자신이 구별될 수 있도록 하는 해당 개체만의 특별한 정보(정체)입니다.

　예를 들어 a book은 일반적인 의미의 책을 의미할 뿐 어떤 책인지에 대한 구체적인 정보는 전혀 알려지지 않은 경우입니다. 즉 다른 책들과 구별되는 어떠한 정보, 예를 들어 책의 제목, 내용, 저자 등에 대한 것들이 하나도 알려지지 않았기 때문에 다른 책들과 함께 놓여있다면 전혀 구별할 수 없습니다.

반면에 정관사 the는 개체에 대한 특정한 정보가 알려진 경우입니다.

예를 들어 the book은 이전에 언급되었다거나, 바로 눈앞에 보이는 것을 지칭하는 등의 경우로서 책의 제목, 내용, 저자, 크기, 색깔 등에 대한 정보가 어느 정도 알려진 경우입니다. 이러한 정보는 해당 개체를 동일한 종류의 다른 개체와 구별이 가능하도록 합니다. 그런데 여기서 중요한 점은 반드시 개체에 대해서 특정 정보가 100% open된 경우가 아니어도 된다는 것입니다.

> ■ 정관사 the
>
> 반드시 개체에 대한 특정 정보가 100% open될 필요는 없다.

즉 해당 개체의 특정성에 대해서 100%가 아니더라도 조그마한 정보라도 제시된다면 정관사 the를 사용할 수 있습니다. 따라서 정관사 the가 사용될 수 있는 특정성은 다음과 같이 두 가지 경우로 나누어 볼 수 있습니다.

■ 정관사 the의 특정성

A. 100% 특정성 (명시적 특정성)	B. 1~99% 특정성 (상황적 특정성 = 암시적 특정성)

A. 100% 특정성(명시적 특정성)

미시적 접근

1. '100% 특정성'의 특징

여기서 100%라는 의미는 모든(all) 정보를 의미하지 않습니다. the book을 예로 들면, 책의 제목, 내용, 저자 등에 관한 모든 정보가 빠짐없이 알려진 경우를 의미하는 것이 아닙니다. 100%는 [the + 명사]의 정체에 대한 정보가 '직접적이고 명시적'으로 제시된다는 것을 의미합니다.

'100% 특정성'의 가장 기본적인 내용은 대화나 문장에서 처음 언급된 것에는 부정관사 a/an을 사용하고, 그 후에 이 대상을 다시 언급할 때는 정관사 the를 사용한다는 것입니다. 이는 정관사 the가 쓰이기 위해서는, 이전에 [the + 명사]가 지시하는 명사가 반드시 '명시적으로' 언급되어 있어야 한다는 의미입니다.

동일한 맥락에서, 정관사 the가 '지시사 that'으로부터 유래되었다는 점을 생각해 보면, '100% 특정성'은 '넓게 보면' 모두 기본적으로 지시사의 역할을 하는 것으로 볼 수 있습니다. 그리고 '100% 특정성'은 개체(the + 명사) 스스로가 '외부의 도움 없이' 자신에 대한 특정한 정보(정체)를 100% 보여주는 경우입니다.

■ '100% 특정성

정관사 the가 '지시사'의 역할을 하는 경우

⇨ 개체(the + 명사) 스스로가 '외부의 도움 없이' 자신에 대한 특정한 정보(정체)를 100% 보여주는 경우이다.

다음에 정리하는 내용이 '100% 특정성'에 대한 대표적인 예이면서, 동시에 '100% 특정성'에 대한 모든 내용입니다. 즉 '100% 특정성'을 나타내는 용법은 다음에 제시되는 4개의 경우가 전부라는 것입니다. 용법의 범위가 매우 한정되어 있음을 알 수 있습니다.

---

① 지시사적 용법

② 대명사적 용법(별명 등)

③ 서로 알고 있는 것을 가리킬 때

④ 세상에서 하나 밖에 없는 것을 가리킬 때

4개의 용법에 대한 자세한 정리는 뒤에 제시하도록 하겠습니다.
먼저, 일단 각각의 경우에 대해서 예문을 하나씩 제시하여 비교해 보도록 하겠습니다.

① 지시사적 용법

I saw **a dog**. **The dog** had a piece of meat in his mouth.
　　나는 개를 보았다. 그 개는 고기를 한 조각 물고 있었다.
　　　(a dog → the dog)

② 대명사적 용법(별명 등)

미시적 접근

In terms of striking, Jung is evolving into a more technical fighter despite retaining his brawler persona. **The Korean Zombie** actually uses this to his advantage as most opponents come in expecting a war and don't expect his level of technique.
　타격으로 보면, 정찬성(Jung)은 그의 싸움꾼 이미지를 유지하면서도 더 기술적인 파이터로 진화하고 있다. 대다수의 상대들이 난타전(전쟁)을 예상하고 그의 테크닉 레벨은 예상 하지 않기에, **코리안 좀비**는 실제로 이것을 이점으로 살린다.
　　*brawler - 싸움하는 사람
　　*persona : 페르소나, 사람들에게 비치는 모습

③ 서로 알고 있는 것을 가리킬 때

　Will you please open **the window**?
　　창문 좀 열어 주시겠습니까?

④ 세상에서 하나 밖에 없는 것을 가리킬 때

　The sun is larger than the moon.
　　태양은 달보다 더 크다.

　위에 제시한 4개의 예문들은 모두 정관사 the가 '100% 특정성'을 나타내는 경우로서, 1:1로 정확히 대응되는 독립된 개체만을 콕 찍어 지칭하게 됩니다.

여기서 독립된 개체라는 의미는 '명시적'으로 그리고 '직접적'으로 대응되는 개체가 존재함을 의미합니다. 다른 개체의 부분이거나, 특정 조직이나 집합의 일원으로서 언급되는 경우가 아니라, 온전하게 해당 개체만을 가리키는 경우입니다. 한편 '명시적'이라는 말은 사전적으로 '밖으로 드러나 보여 분명한 것'을 의미합니다.

①번 문장에서 the dog는 앞 문장의 a dog를 1:1로 **'명시적'으로 그리고 '직접적'으로** 지칭합니다(a dog → the dog).

②번 문장에서 the Korean zombie는 앞 문장에 나와 있는 종합격투기 선수 정찬성(Jung) 선수의 별명입니다(Jung → the Korean zombie). 따라서 the Korean zombie는 정찬성(Jung) 선수를 **'명시적'으로 그리고 '직접적'으로** 가리키고 있습니다.

③번 문장의 경우도 the window는 일반적인 창문을 가리키는 것이 아닙니다. 동일한 장소에 위치하고 있는 두 사람, 즉 창문을 열어달라고 부탁을 하는 사람과 그 부탁을 받는 사람이 **'명시적'으로** 서로 알고 있는 특정한 창문을 말합니다.

④번 문장에서 the sun은 유일무이한 개체입니다. 따라서 1:1로 정확히 대응되는 독립된 개체가 **'명시적'으로** 존재하게 됩니다.

이러한 이유로 '100% 특정성(①, ②, ③, ④)'은 '명시적 특정성'이라고 말할 수 있습니다.

지금은 이해를 돕기 위해서 '100% 특정성'이라고 하고 있지만, 개인적인 판단으로는 '명시적 특정성'이라는 용어가 더 적절하다고 생각됩니다. 나중에 제가 제시하는 특정성에 대한 내용이 보편적으로 받아들여진다면, '명시적 특정성'이라는 용어로 통일되어야 한다고 생각됩니다.

100% 특정성　　=　　명시적 특정성

앞에서 정리한 '100% 특정성'에 해당되는 4가지 경우는 이미 우리들이 이전부터 정관사 the가 사용되는 대표적인 예로 흔히 분류하고 있는 것들로서, that 또는 this와 같은 지시사(지시대명사)와 유사한 용법으로 볼 수 있습니다. 이들은 모두 개체(the + 명사)가 이미 앞에서 명시적이고 직접적으로 언급되었던 것이거나 또는 대화상황 속에서 명시적이고 직접적으로 인지 가능한 경우 등으로서, 논란의 여지없이 '특정성'이 명확하게 존재합니다.

한편 위 4가지 경우에서, 100% 특정성을 나타내는 정관사 the는 많은 사람들이 정관사 the를 이해하기 위한 해법으로 내놓고 있는 **우리말 '그'에 부합됩니다**. 즉 우리말로 자연스럽게, 또는 다소 어색하더라도 '그', '저' 등으로 해석되게 됩니다.

결국, 위 4가지 경우는 우리가 정관사 the와 관련하여 가장 이해하기 쉬운 부분으로서, 우리의 언어적 사고와 부합되는 정도가 높다고 할 수 있습니다.

지금까지 정리한 내용을 토대로 '100% 특정성'의 특징은 다음과 같이 정리할 수 있습니다.

> ■ '100% 특정성'의 특징
>
> ① 우리말 '그'에 부합한다. 따라서 의미적 접근이 요구된다.
> ② 우리의 언어적 사고방식에 부합한다.
> ③ 개체 스스로 '외부의 도움 없이' 자신에 대한 특정한 정보(정체)를 100% 보여준다.
> ④ 1:1로 정확히 대응되는 개체만을 콕 찍어 지칭하게 된다.
> ⑤ 개체가 이미 앞에서 '명시적이고 직접적으로' 언급되었던 것이거나, 대화상황 속에서 '명시적이고 직접적으로' 인지 가능한 경우 등이다.
> ⑥ 용법의 범위가 한정되어 있다.

■ 지시사적 용법 VS 대명사적 용법

한편, 정관사 the의 지시사적 용법과 대명사적 용법은 구분의 경계가 모호한 경우가 많습니다. 즉 구체적인 경우에 있어서, 지시사적 용법인지, 반대로 대명사적 용법인지를 판단하는 것이 애매한 경우가 많이 존재한다는 것입니다. 따라서 잠시 지시사적 용법과 대명사적 용법을 비교해서 구분기준을 정리하도록 하겠습니다.

A: He presented me **a blue book** yesterday

B-①: **The book** is interesting. (a blue book → the book)

B-②: **The blue** is interesting. (a blue book → the blue)

미시적 접근

위 예문에서 B-①의 the book과 B-②의 the blue 모두 A문장의 a blue book 대신에 사용된 것입니다. 결론적으로 B-①의 the book은 '지시사적 용법에 해당되고, B-②의 the blue는 대명사적 용법에 해당됩니다.

지시사적 용법이란 말 그대로, '형식적인 측면'에서 앞에서 언급된 대상을 지칭하는 경우라고 본다면, 기본적으로 the book과 the blue 모두를 지시사적 용법으로 볼 수도 있을 것입니다. 그리고 앞에서 언급했듯이 '100% 특정성'은 '넓게 보면' 모두 지시사의 역할을 하는 것으로 볼 수 있기 때문에 the book과 the blue 모두를 지시사적 용법으로 분류하는 것이 완전하게 틀렸다고 볼 수도 없습니다. 사실 이러한 점에서 많은 경우에, 지시사적 용법과 대명사적 용법의 구분이 명확하지 않게 되는 것입니다.

이 책에서는 지시사적 용법과 대명사적 용법의 구분을 '의미'적으로 접근하도록 하겠습니다. 여러분이 만약 아무런 사전 정보가 주어지지 않은 상태에서 the book과 the blue라는 표현을 접했다고 생각해 보시기 바랍니다. 무엇을 의미하는 것인지 '정체'를 '조금이라도' 알 수 있는 표현은 무엇입니까? 당연히 the book은 '특정한 책'을 가리키는 것이라는 것은 분명하게 알 수 있습니다. 반면에 the blue를 통해서는 무엇을 의미하는 것인지 명확하게 파악할 수 없습니다. '파란 색'이라는 것은 본질적인 핵심 정보가 될 수 없으며, 실제로 '파란색'과 전혀 관계가 없을 수도 있습니다. 실제로 the blue가 지칭하는 대상(a blue book)과 blue라는 단어의 의미(파란색)가 전혀 핵심적인 연결점(book)이 이어지지 않고 있음을 알 수 있습니다. 즉 the blue만으로는 일반적으로 대부분의 사람들이 a blue book을 추론할 수는 없다는 것입니다.
이 때, the book은 지시사적 용법으로 분류되고, the blue는 대명사적 용법으로 분류됩니다.

결론적으로, 지칭하는 대상에 대한 핵심 정보를 파악할 수 있는 경우에는 '지시사적 용법'으로 분류하고, 지칭하는 대상에 대한 핵심 정보를 전혀 파악할 수 없는 경우에는 '대명사적 용법'으로 분류하도록 하겠습니다. 여기서 핵심정보란 대상의 '종류(book)'에 대한 것입니다.

지시사적 용법	- 지칭하는 대상에 대한 핵심 정보를 파악할 수 있다.
대명사적 용법	- 지칭하는 대상에 대한 핵심 정보를 파악할 수 없다.

예를 들어 the man과 the korean zombie가 각각 무엇을 의미하는지 생각해 보시기 바랍니다. the man의 경우는 명사구만 보고도 '특정한 남자'를 의미한다는 것을 알 수 있을 것입니다. 그러나 the korean zombie는 사전정보가 없다면, 그리고 특별한 경우가 아니라면, 일반적으로는 과연 무엇을 의미하는지 전혀 알 수 없습니다. 만약 부정관사 a/an이 적용된 a korean zombie라면, 단어 그대로의 의미대로 해석만하면 되지만, 정관사 the의 경우는 가면 뒤에 숨겨진 '정체'를 파악해야 되는데 the korean zombie라는 표현만으로는 전혀 예상할 수 없을 것입니다.

아래 예문에서는 지시사적 용법의 the와 대명사적 용법의 the가 모두 존재합니다. 확인해 보시기 바랍니다.

> 1 Authorities in Illinois said a landscaper working across from a Lake Michigan beach] discovered ①a 12-foot to 15-foot Burmese python. Waukegan Police Lt. Edward Fitzgerald said ②the yellow snake was spotted by a man trimming bushes Monday near Waukegan Municipal Beach and ③the reptile was captured without incident by Animal Control officers, the Chicago Sun-Times Media Network reported Tuesday.

미시적 접근

> "④It was a little lethargic, because it's been cold out and they're cold-blooded. It wasn't aggressive at all," Fitzgerald said. He said ⑤the snake, which he said was likely abandoned by its owner, "kind of livened up a little bit" after being taken to ⓐthe Wildlife Discovery Center in Lake Forest. Fitzgerald said ⑥the snake is being treated for an unspecified illness at ⓑthe discovery center.

- ①a 12-foot to 15-foot Burmese python → ②the yellow snake → ③the reptile → ④It → ⑤the snake → ⑥the snake

- ⓐthe Wildlife Discovery Center → ⓑthe discovery center

■ 해석

한 정원사가 미국 (한) 레이크 미시건 비치지역에서 ①12피트에서 15피트(약 3.65m~ 4.5m) 길이에 달하는 대형 버마뱀을 발견했다고 일리노이주 당국이 말했다. 경찰은 월요일(현지시각) 와키건 지역 해변에서 정원사가 주변 숲을 가꾸던 중 ②노란색 뱀을 발견해 신고했으며, ③그 파충류는 별다른 사고 없이 동물관리요원에 의해 생포되었다고 말했다.

"④뱀이 냉혈동물인데다 추위 속에 있어 약간 둔감한 상태였다. 전혀 공격적이지 않았다"라고 담당경찰 에드워드 피츠거날드가 전했다. 피츠거날드는 ⑤이 뱀이 주인으로부터 유기된 것으로 보인다며, ⓐ야생생물 발견 센터로 옮겨진 후 "생기를 조금 찾은 것 같다"고 말했다. ⑥이 거대한 몸집의 뱀은 정확히 알려지지 않은 질병으로 현재 ⓑ센터에서 치료 중에 있다.

*landscaper - 조경사, 정원사   *python - 비단뱀, 거대한 뱀
*reptile - 파충류의 동물   *lethargic - 무기력한, 둔감한

---

[2] The Chinese sage Chuang-tzu told the story of ①a man who forged swords for a king. Even at the age of ninety, his work was carried out with exceptional precision and ability. No matter how rushed ②he was, ②he never made even the slightest slip.

One day, the king asked ③the old man, "Is this a natural talent or is there some special technique that you use to create your remarkable results?"

"I took to forging swords when I was twenty-one years old," replied ④the sword-crafter. "I did not care about anything else. If it was not a sword, I did not look at it or pay any attention to it. Forging swords became my passion and my purpose. I took all the energy that I gave in other directions and put it in the direction of my art. This is the secret to my mastery."

미시적 접근

> ①a man   →   ②he   →   ③the old man   →
> ④the sword-crafter

■ 해석

중국의 현자인 장자는 왕을 위해 검을 단조했던 ①어떤 사람에 대한 이야기를 들려주었다. 90세의 나이에도, 그는 빼어난 정확성과 능력으로 작업을 수행해 냈다. 아무리 재촉을 받더라도, ②그는 아주 작은 실수도 결코 저지르지 않았다.

하루는 왕이 ③그 노인에게 물었다. "이것이 타고난 능력이요, 아니면 놀라운 결과물을 만들어 내기 위해 당신이 사용하는 어떤 특별한 기술이 있는 것이요?"

④검을 제작하는 그 사람이 대답했다. "저는 21살 때 검을 단조하는 일에 몰두했습니다. 저는 다른 어떤 것에도 신경을 쓰지 않았습니다. 그것이 검이 아니면, 저는 그것을 쳐다보지도 않았고 그것에 신경을 쓰지도 않았습니다. 검을 단조하는 것은 저의 열정과 목적이 되었습니다. 다른 곳에다 주는 모든 에너지를 가져다가 저는 그것을 제 기술을 위한 방향에다 쏟았습니다. 이것이 저의 뛰어난 숙달에 대한 비결입니다."

*forge - 단조(鍛造)하다   *mastery - 숙달, 뛰어난 기능

2. '100% 특정성'을 나타내는 정관사 the의 용법

지금부터는 4개의 용법에 대해서 좀 더 정리를 하도록 하겠습니다.

1) 지시사적 용법

특별한 설명이 필요 없을 것 같습니다. 먼저 기본적인 예문을 보도록 하겠습니다.

> She has **a doll. The doll** is very small.
> 그녀는 인형을 하나 가지고 있다. 그 인형은 매우 작다.
> (a doll → the doll)

> He ordered **coffee** and **a doughnut**, but **the coffee** was too strong and **the doughnut** was hard.
> 그는 커피와 도너츠를 주문했지만 커피는 너무 쓰고 도너츠는 단단했다.
> (coffee → the coffee // a doughnut → the doughnut)

정관사 the의 지시사적 용법이 반드시 [부정관사 a/an → 정관사 the]인 것은 아닙니다. 다음 예문과 같이 [정관사 the → 정관사 the]인 경우도 있습니다.

> Schools and teachers, in particular, have been blamed for having remained lukewarm and silent about **the violence** or at least failed to take any initiatives to solve **the problem**.
> 학교, 특히 교사들은 학교폭력에 대해 미지근하고 침묵을 지키고, 또는 적어도 그 문제를 해결하기 위해 아무런 조치도 취하지 않아 비난을 받아왔다.   *lukewarm - 미온적인
> (the violence → the problem)

다음과 같이 불가산명사도 지시사적 용법의 정관사 the의 적용이 가능합니다.

The soil also contains **water** and scientists could remove **the water** from the soil.
   흙은 또한 물을 함유하고 있으며, 과학자들은 흙에서 물을 추출해낼 수 있었다.
     (water → the water)

I had steak and salad for dinner. **The** steak was fine, but **the** salad was awful.
   저녁식사로 스테이크와 샐러드를 먹었다. 스테이크는 좋았으나 샐러드는 끔찍했다.
     (steak → the steak // salad → the salad)

Here is **a glass**, **some water**, three coins. Watch ! I put **the water** into **the glass**.
   여기 유리잔, 약간의 물, 세 개의 동전이 있다. 보세요! 물을 유리잔에 넣겠습니다.
     (a glass → the glass // some water → the water)

다만, 불가산명사는 구체적인 상황과 전혀 관계없는 '완전총칭상황'의 경우 일반적으로 다음 예문에서처럼 항상 무관사 ∅가 적용됩니다.

Competition is an important part of development in many ways. At the personal level, **competition** allows us to become the best individual we can be.
   경쟁이란 여러 면에서 발전의 중요한 부분이다. 개인적인 수준에서 경쟁은 우리에게 가능한, 최상의 개인일 수 있도록 해 준다.
     (∅ competition → ∅ competition)

다음 예문들에서 지시사적 용법의 정관사 the를 확인해 보시기 바랍니다.

According to psychologists, **your physical appearance** makes up 55% of **a first impression**. The physical appearance includes facial expressions, eye contact, and general appearance. The way you sound] makes up 35% of **the first impression**.

심리학자들의 말에 따르면 **신체적인 외모가 첫인상**의 55%를 차지한다고 한다. **신체적인 외모**란 얼굴 표정, 눈맞춤, 전반적인 외모를 포함한다. 말하는 방식은 **첫인상**의 35%를 차지한다.

(your physical appearance → the physical appearance)
(a first impression → the first impression)

Currently, **a very special space suit** was made for astronauts to wear on Mars. **The special space suit** is expected to protect astronauts from Mars' harsh environment.

최근 우주 비행사들이 화성에서 입도록 만들어진 **아주 특수한 우주복**이 제작되었습니다. 그 **특수한 우주복**은 화성의 혹독한 환경으로부터 우주 비행사들을 보호해 줄 것으로 기대되고 있답니다. *harsh - 가혹한, 거친

(a very special space suit → the special space suit)

The two officials agreed that maintaining peace and stability on **the peninsula** is in the common interest of both nations.

두 관계자들은 **한반도**의 평화와 안정을 유지하는 것이 두 국가의 공통된 관심사라는 것에 동의했다.

- the peninsula = 한반도

The space shuttle worked very hard since its first flight in 1984.

디스커버리호는 1984년 첫 비행 이후로 열심히 비행하였습니다.

- the space shuttle = 디스커버리호

미시적 접근

Joanne Argyrou sat in front of the television and started watching soccer-related programs including the World Cup matches live, documentaries about football, and the historical parties of **the event**.
 Joanne Argyrou는 TV 앞을 지키며 월드컵 경기와 축구 다큐멘터리, 역대 명승부전 등을 시청했습니다.
 (the World Cup → the event)

The drawing became bigger and bigger, and eventually it filled the whole wall.
 그 그림은 점점 커지더니 결국에는 벽 전체를 채웠습니다.
My whole family enjoys watching **the games** every day.
 우리 온 가족은 날마다 올림픽 경기를 지켜보고 있단다.
- the games = 올림픽 경기

The meeting is expected to adopt a Seoul initiative on green growth, a ministerial declaration and a detailed regional implementation plan for **the region**.
 *implement - 시행하다
 이번 회의는 각료선언으로 이 지역에서의 구체적인 실시계획인 "녹색성장"에 대한 서울 이니셔티브를 채택할 것으로 보인다.

This space rock danced in front of **the planet** along its orbital path.
 이 우주 암석은 공전궤도를 따라 지구 앞쪽에서 움직였다.
- the planet = 지구

For the first time in musical history, **the piece** has been financed by the municipal government. *municipal - 시의
 뮤지컬 사상 최초로, 그 작품은 시정부의 자금을 받았다.
- the piece = 그 작품

한편, 지시사적 용법의 정관사 the는 다음과 같이 2가지 경우로 나누어 볼 수 있습니다.

■ 지시사적 용법의 정관사 the

① 핵심 정보만 전해주는 경우
② [핵심정보 + 부가정보]를 전해주는 경우

다음 예문을 통해서 확인해 보겠습니다.

A: **The company** was established 5 years ago.
　그 **회사**는 창립한 지 5년 되었다.

B: Recently, **the search engine company** released an image of strange structures and patterns engraved in the Gobi Desert.　　　　*engrave - 조각하다, 새기다
　최근, **이 검색 엔진 회사(구글)**는 고비 사막에 새겨져 있는 이상한 구조물들과 무늬의 이미지를 공개했습니다.

위 A문장의 the company와 B문장의 the search engine company는 모두 지시사적 용법으로서 특정한 회사를 지칭하고 있습니다. 그런데 A문장의 the company는 '회사(company)'라는 핵심정보만을 전달해주고 있는 반면에, B문장의 the search engine company는 '회사(company)'라는 핵심정보뿐만 아니라 '검색 엔진(search engine) 회사'라는 추가적인(부가적인) 정보도 담고 있습니다.

미시적 접근

이처럼 영어는 지시사적 용법의 정관사 the를 적용함에 있어서 '핵심정보'와 함께 '추가적인 정보'를 전달하는 방식을 통해서 명사구 차원에서 쉽고 간단하게 많은 정보를 전달할 수 있습니다.

> 지시사적 용법의 정관사 the는 '추가적인 정보'를 통해서 쉽고 간단하게 많은 정보를 전달할 수 있다.

이러한 정보전달 방식의 가장 큰 장점은 별도로 문장을 만드는 등의 수고(?)가 필요하지 않다는 것입니다. 그리고 거의 모든 정보를 이 방식을 통해서 전달할 수 있습니다. 따라서 이는 원어민들이 자주 이용하는 정보전달 방식이 됩니다.

다음은 메이저리그 야구선수였던 김병현 선수를 지칭하는 지시사적 용법의 정관사 the가 사용된 명사구들입니다. 지시사적 용법의 정관사 the가 '추가적인 정보'를 통해서 간단하게 많은 정보를 전달할 수 있음을 확인하시기 바랍니다.

■ Kim Byung-hyun(김병현)

①the young sidewinder - 젊은 사이드암 투수
②the 23-year-old Kim - 올해 23인 김병현
③the rookie fireman - 신인 구원 투수
④the relief pitcher with amazing curves
  - 놀랄만한 커브볼을 구사하는 구원 투수

> ⑤ the Korean-born sidearm closer
>   - 한국 출신의 사이드암 마무리 투수
> ⑥ the 2001 World Series victim
>   - 2001년 월드시리즈의 희생양
> ⑦ the strikeout magician - 스트라이크 아웃의 마술사
> ⑧ the 2002 All-Star pitcher
>   - 2002년 올스타에 뽑힌 투수

위에서 정리한 ①~⑧의 표현은 모두 아래 문장에서 주어 자리에 위치한 Kim Byung-hyun 대신에 들어갈 수 있습니다.

- Kim Byung-hyun is a MLB player.
  Kim Byung-hyun은 메이저리그 야구(MLB) 선수이다.

'부가정보'를 전달하는 지시사적 용법에 해당되는 예문을 보도록 하겠습니다.

    Sir Alexander Fleming, the discoverer of penicillin, needed to go to Belfast. The Nobel Prize winner was going to give an important lecture there.
    penicillin을 발견한 Alexander Fleming경은 Belfast에 가야만 했다. 이 노벨상 수상자는 거기에서 중요한 강연을 할 것이다.
    (Sir Alexander Fleming → the Nobel Prize winner)

미시적 접근

It means two sources of water - sweet water springs and salty water in the seas - that surrounds **the island country**.
이 말은 감수원(단물)과 바레인을 둘러싸고 있는 바다의 간수(짠물) 두 개의 수원(水源: 물의 원천)을 뜻합니다.
(바레인 → the island country)

①Anthony Johnson wanted the fight with Jon Jones. ②He still does. But ③**the devastating knockout artist** believes that Daniel Cormier is actually a harder fight for him in the main event bout May 23 in Las Vegas.
①앤소니 존슨은 존스와 붙기를 원했습니다. ②그는 여전히 원하고 있습니다. 하지만 코미어와 5월 23일 시합을 앞두고 있는 ③이 케이오 전문가는 코미어가 존스보다 더 힘든 상대라고 생각합니다.   *devastate - 유린하다, 황폐시키다
(①Anthony Johnson → ②He →
③the devastating knockout artist)

Famous for her role in **the hit American television** series, Lost, **the 37-year-old actress** got married to a film producer in Hawaii on March 28.
미국 TV 시리즈인 Lost에서 역할을 맡은 것으로 유명한, (이) 37살 여배우는 3월 28일 하와이에서 (어떤) 영화제작자와 결혼했다.
(Lost → the hit American television)

한편, 이러한 기능은 정관사 the에만 존재하는 것은 아닙니다. 부정관사 a/an도 '핵심정보'와 함께 '추가적인 정보'를 전달하는 방식을 통해서 명사구 차원에서 쉽고 간단하게 많은 정보를 전달할 수 있습니다.

> 부정관사 a/an도 '추가적인 정보'를 통해서 쉽고 간단하게 많은 정보를 전달할 수 있다.

이에 대한 예를 제시하는 것으로서 마치도록 하겠습니다.

a youthful-looking novelist	젊은 차림의 소설가
a slender, athletic-looking man	날씬한 운동선수 타입의 남자
a serious-looking man	심각한 얼굴의 남자
an appealing-sounding proposition	매력적으로 들리는 제안
a bad-smelling shirt	지독한 냄새가 나는 셔츠
a fancy-sounding name of her apartment	고급스럽게 들리는 그녀의 아파트이름
a straight-talking negotiator	직설적으로 말하는 교섭자
a tight-fitting jeans	딱 맞는 청바지
a chain-smoking, blunt-talking politician	줄담배에 퉁명스런 말투를 쓰는 정치가
a film-editing room	필름 편집실
a car-racing team	카레이싱 팀
an eye-catching ad	사람들의 이목을 끄는 광고
a self-sacrificing man	자기를 희생하는 사람
a mountain-climbing accident	등반 사고
crime-fighting techniques	범죄 대책 기술
gossip-loving housewives	가십을 좋아하는 주부들
radar-evading fighter bombers	레이더에 잡히지 않는 폭격 전투기

미시적 접근

2) 대명사적 용법(별명 등)

우선, '재언급'하는 지시사적 용법을 기본으로 하여 이후 '대명사적 용법'으로 확장된 것으로 생각됩니다. 한편, 정관사 the의 대명사적 용법은 <같은 말이나 표현을 반복해서 쓰는 것을 지극히 싫어한다는 영어의 특징>과 관련이 있습니다.

앞에서 지칭하는 대상에 대한 핵심 정보를 전혀 파악할 수 없는 경우에는 '대명사적 용법'으로 분류한다고 하였습니다. 예문을 통해서 확인하도록 하겠습니다. 다음 두 문장을 해석해 보시기 바랍니다.

A: Hopefully **the summit** will propel stable growth for our economy. *propel - 추진하다

B: So, what gadget will replace **the item** we have been carrying throughout our entire lives?
  *gadget - 장치

A문장의 the summit와 B문장의 the item이 무엇을 의미하는 것인지 추론해 보시기 바랍니다. summit의 단어의 의미는 '정상, 꼭대기'라는 의미이고, item은 '항목, 품목'이라는 의미입니다. 이러한 단어의 의미에만 의존하여 the summit와 the item이 무엇을 의미하는지를 파악하는 것이 쉽지는 않습니다. 위 예문은 다음과 같은 해석되는 문장입니다.

A: **정상회담**이 우리 경제의 안정적 성장을 추진하기를 바란다.

B: 그렇다면, 어떤 장치가 우리가 평생 가지고 다닌 **지갑**을 대체할까?

결국, the summit의 정체는 '정상회담'이고, the item의 정체는 '지갑'입니다. 혹시 두 경우 모두 추론이 가능했다고 말하시는 분도 있을 수 있을 것 같습니다. 그럴 수도 있을 것입니다. 그런데 언어이기 때문에 보편적이어야 한다는 점에서, 중요한 점은 대부분의 사람들이 그러한 추론이 가능할 것인가 입니다. 혹시 the item의 경우는 지시사적 용법이 아닌가라고 생각할 수도 있겠으나, the wallet과 the item은 '지칭하는 대상에 대한 핵심 정보 파악'이라는 측면에서 분명하게 차이가 있다는 점을 강조하고자 합니다. 일단 A, B 문장 자체는 중요한 내용은 아니기 때문에 이정도로 마치겠습니다.

앞에서 영어는 <같은 말이나 표현을 반복해서 쓰는 것을 지극히 싫어한다>라고 했습니다. 그러한 측면에서 또한 원어민들의 '별명'의 활용도는 우리말에 비해서 상대적으로 훨씬 높습니다. 생각해 보면, 같은 말이나 표현을 반복해서 쓰는 것을 지극히 싫어하기 때문에 별명을 사용할 수밖에 없는 것입니다.

>　Saffiedine was popping **the Stun Gun** with quality punches.
>　　Saffiedine은 좋은 펀치로 the Stun Gun을 펑하고 터트리듯이 때렸다.　　*pop - 펑펑 터뜨리다

위 문장에서 the Stun Gun은 종합격투기 선수 김동현 선수의 별명입니다. 우리도 별명을 사용하기는 하지만, 영어에서처럼 자주 사용하지는 않습니다. 원어민들은 상대적으로 별명을 매우 자주 사용합니다. 경기장에서 김동현 선수를 소개하는 멘트는 항상 별명을 활용하여 <the Stun Gun, Dong Hyun - Kim!>입니다. 앞에서 나왔던 정찬성 선수의 소개 멘트는 <the Korean Zombie, Chan Sung - Jung!>입니다. 이처럼 영어는 '별명'을 우리가 생각하는 것 보다 훨씬 빈번하게 활용하고 있습니다.

난데없이(?) 별명에 대해서 언급하는 것은, 정관사 the의 대명사적 용법도 '별명'의 일종으로 볼 수 있기 때문입니다.

미시적 접근

따라서 '별명'에 대한 설명은 정관사 the의 대명사적 용법에 대한 설명과 원리라는 측면에서는 동일합니다. 그리고 별명과 대명사적 용법에 대한 설명은 '고유명사'에 대한 설명과도 관련이 있습니다.

먼저 ①별명, ②정관사 the의 대명사적 용법, ③고유명사에 대한 예를 하나씩 보도록 하겠습니다.

①별명	②대명사적 용법	③고유명사
the Stun Gun	the summit	the United States

위 세 개의 예들의 공통점이 무엇인지 생각해 보시기 바랍니다. 쉽게 모두 정관사 the가 사용되었다는 것을 알 수 있을 것입니다.

물론 ①, ②, ③에서 정관사 the가 사용된 이유는 동일하지는 않습니다. ①과 ③은 동일하지만, ②는 같지 않습니다. 하지만, 이유와는 상관없이 ①, ②, ③ 모두 정관사 the가 존재하기 때문에, '결과적으로는' 모두 <1:1로 대응되는 특정한 개체를 지칭>하게 되는 것은 확실합니다.

■ 별명, 대명사적 용법, 고유명사의 공통점

ⓐ정관사 the를 사용한다.
ⓑ1:1로 대응되는 특정한 개체가 존재한다.

*별명과 고유명사의 경우는 정관사 the가 존재하지 않는 경우도 많습니다. 따라서 ⓑ가 가장 핵심적인 공통점입니다.

미리 알아야 할 중요한 점은, [①별명' & '③고유명사']의 경우는 항상 정관사 the가 적용되는 것은 아닙니다. 무관사 ∅가 적용되는 경우도 많습니다. 반면에 '②정관사 the의 대명사적 용법'은 항상 정관사 the가 적용되게 됩니다.

②정관사 the의 대명사적 용법

　먼저, ②정관사 the의 대명사적 용법의 경우는, 처음부터 그 목적이 1:1로 대응되는 구체적이고 특정한 개체를 지칭하기 위해서 정관사 the를 사용한 것입니다.

①별명 & ③고유명사에 사용되는 정관사 the

　다음으로 '①별명'과 ③고유명사'에 정관사 the를 사용하는 것은 ②와는 전혀 다른 이유가 존재합니다. 즉 '①별명'과 '③고유명사'에 적용되는 정관사 the도 결과적으로 <1:1로 대응되는 특정한 개체를 '지칭'>하기는 하지만, ②정관사 the의 대명사적 용법처럼 처음부터 <1:1로 대응되는 특정한 개체를 '지칭'>하는 것을 목적으로 한 것은 아니라는 것입니다. 즉 '①별명'과 '③고유명사'가 <1:1로 대응되는 특정한 개체를 '지칭'>하는 것은 맞지만, '①별명'과 '③고유명사'에 정관사 the를 사용하는 것은 다른 이유가 존재한다는 것입니다. '①별명'과 '③고유명사'에 적용되는 정관사 the의 원리에 대해서는 고유명사부분에서 정리되어 있습니다.

　정리하면, 일단 '넓게 보면', ②정관사 the의 대명사적 용법과 [①별명' & '③고유명사']에 정관사 the가 존재하는 경우에, ①, ②, ③에 적용된 정관사 the는 모두 결과적으로는 '대명사적 용법'으로 볼 수 있습니다. 따라서 이 경우에는 단어 그대로의 의미가 아닌, 숨어있는 <1:1로 대응되는 특정한 개체>를 파악해야 하는 것입니다. 물론 반복하면, [①별명' & '③고유명사']에 적용된 정관사 the에는 ②와는 전혀 다른 원리가 존재합니다.

미시적 접근

원래는 고유명사에 대한 설명은 고유명사 부분에서 한꺼번에 정리하려고 하였으나, 이 부분에서 어느 정도 정리하는 것이 필요하다고 판단되었기 때문에 설명하도록 하겠습니다.

그리고 앞에서 언급했듯이, 정관사 the의 대명사적 용법에 대해서 정리하는 도중에 고유명사에 대해서 다루는 것은, 넓게 보게 되면 [the + 명사]형태의 고유명사도 '넓게 보면', 대명사적 용법으로 분류될 수 있기 때문입니다.

3) 서로 알고 있는 것을 가리킬 때

이는 처음 나오는 명사라 하더라도 문맥이나 상황에 의해서 화자와 청자가 알 수 있는 대상에 정관사 the가 사용되는 경우입니다.

> Please, close **the door**.
>   문을 닫으세요.
> Will you please open **the window**?
>   창문 좀 열어 주시겠습니까?
> I'm going to **the post office**.
>   나는 우체국에 가는 길입니다.
> Turn off **the light**, please.
>   불을 꺼 주십시오.
> I'll meet you at **the airport**.
>   공항에서 만나 뵙겠습니다.

물론 위 예문 중에는 가시성에 의한 '물리적, 가시적 특정성'에서 설명될 수 있는 것도 있습니다.

4) 세상에서 하나 밖에 없는 것을 가리킬 때

> the sun, the moon, the earth, the world,
> the universe, etc.

The sun is much larger than the moon.
　해는 달보다 훨씬 크다.

I wish to make a journey round the world.
　세계를 두루 여행하고 싶다.

B. 1~99% 특정성(상황적 특정성)

1. 1~99% 특정성의 존재 이유(의의) ①

　정관사 the는 우리의 언어적 사고방식과 유사한 '100% 특정성' 뿐만 아니라 우리의 언어적 사고방식과 차이가 있는 '1~99% 특정성'의 경우에도 사용됩니다. 즉 1~100% 사이에서 '특정성의 실마리'가 '조금이라도' 존재하는 모든 경우에 정관사 the가 사용되는 것입니다. 이에는 다음과 같은 이유가 있습니다.

미시적 접근

영어는 구조적 필요성에 의해서 부정관사 a/an을 도입하였습니다. 이후 특정한 것을 나타내는 표현의 필요성이 제기되었고, 이에 영어는 우리말처럼 지시사 등을 사용하여 해결하지 않고 기존에 존재하는 관사시스템을 활용하기로 하였습니다. 따라서 일반적인 개체를 나타내는 부정관사 a/an과 대비되는 특정한 개체를 나타내는 정관사 the를 도입하게 되었습니다.

> 일반적인 것　　VS　　특정한 것

영어에서 '일반적인 것'과 '특정한 것'이라는 개념은 매우 중요합니다. 우리말에서 '일반적인 것'과 '특정한 것'은 단순히 하나의 '의미'일 뿐이지만, 영어에서는 영어라는 언어체계를 구성하고 있는 핵심적인 원리 중의 하나입니다. 영어에서 '일반적인 것'과 '특정한 것'이라는 개념이 핵심원리가 된 것은 영어가 구조적 필요성에 의해서 관사를 사용한다는 것과 관계있습니다. 앞에서 제시했듯이 부정관사 a/an만 존재하였을 시기에는 '일반적인 것'과 '특정한 것'이라는 개념에 대해서 전혀 신경 쓰지 않았으나, 부정관사 a/an과 정관사 the가 동시에 사용되면서 영어에서는 '일반적인 것'과 '특정한 것'이라는 개념이 매우 중요하게 자리 잡게 되었습니다.

일반적인 개체를 나타내는 부정관사 a/an과 대비되는 정관사 the는 처음에는 '100% 특정성'의 경우부터 사용되었다가, 차츰 '100%가 아닌 특정성'에도 사용되기 시작하였습니다. 이후 오랜 시간이 지난 현재에 있어서 정관사 the는 '100% 특정성' 뿐만 아니라 '1~99% 특정성'도 나타내게 되었습니다.

이는 <'구조적 필요성'에 의해서 명사임을 나타내 주는 기능>을 하는 부정관사 a/an, 정관사 the와 같은 관사의 사용이 선호되어, 새로운 표현에 대한 필요가 발생할 경우 다른 방법보다 될 수 있는 한 관사로 해결하려했다는 것도 이유가 되겠지만 여기에는 좀 더 근본적인 이유가 숨어 있습니다.

부정관사 a/an과 정관사 the는 영어의 다른 단어와는 다소 차이가 있습니다. 예를 들어 apple이라는 단어는 '사과'라는 의미를 가지고 있습니다. 그런데 부정관사와 정관사는 apple과 같은 일반적인 영어 단어들과는 달리 1:1로 대응되는 의미를 가지고 있지 않습니다. 의미 대신에 '적용되는 조건'이 제시되고 있습니다. 즉 부정관사 a/an은 '일반적인 명사'에 사용되고 정관사 the는 '특정한 명사'에 사용된다고 하는 것이 그 조건입니다. 여기서 '일반적인'과 '특정한'은 부정관사 a/an과 정관사 the의 의미가 아닙니다. 'apple = 사과'처럼 '부정관사 a/an = 일반적인', '정관사 the = 특정한'이 아니라는 것이지요.

apple   =   사과

a/an   ≠   일반적인

the   ≠   특정한

결론적으로 '일반적인'과 '특정한'은 '의미'가 아니라 각각 부정관사 a/an과 정관사 the가 명사에 사용되기 위한 '조건'입니다. 따라서 영어는 부정관사 a/an과 정관사 the가 사용될 수 있는 '조건'에 부합되는 상황들을 오랜 세월에 걸쳐 하나하나 발굴해 나가게 되어 현재에 이르게 된 것입니다.

'일반적인'과 '특정한'은 '의미'가 아니라 각각 부정관사 a/an과 정관사 the가 명사에 사용되기 위한 '조건'이다.

⇩ ⇩ ⇩

부정관사 a/an과 정관사 the가 사용될 수 있는 '조건'에 부합되는 상황들을 오랜 세월에 걸쳐 하나하나 발굴해 나가게 되어 현재에 이르게 되었다.

미시적 접근

이는 구체적으로 처음부터 <이러 이러한 경우에는 부정관사 a/an과 정관사 the를 각각 사용한다>라고 확정하는 방식이 아닙니다. 포괄적으로 명사가 '일반적인 것'일 경우에는 부정관사 a/an을 사용하고 반대로 '특정한 것'일 경우에는 정관사 the를 사용한다고 원칙을 정한 이후, 이러한 원칙에 부합하는 경우를 오랜 세월에 걸쳐 축적해 온 것으로 보면 되겠습니다. 그 결과 부정관사 a/an과 정관사 the는 현재처럼 다양한 경우에 사용되고 있습니다.

다시 한 번 더 강조하면, 부정관사 a/an과 정관사 the는 의미를 가지고 있지 않습니다. 사용되기 위한 조건이 제시되어 있을 뿐입니다. 결국 이 말은 부정관사 a/an과 정관사 the에는 구체적인 의미는 존재하지 않는다는 것입니다.

부정관사 a/an과 정관사 the는 구체적인 의미는 존재하지 않는다.

부정관사 a/an에 대한 '하나의', '어떤' 등과 정관사 the에 대한 '그', '저' 등은 [apple - 사과]의 관계와 동일한 성격을 갖지 않습니다. 즉 '하나의', '어떤' 등은 부정관사 a/an의 의미가 아니고, 마찬가지로 '그', '저' 등은 정관사 the의 의미가 아닙니다. '일반적인'과 '특정한'이라는 조건에 맞추어 사용하다보니, '하나의', '어떤' 그리고 '그', '저' 등과 비슷한 의미로 해석되는 경우가 있다는 것입니다.

한편, 부정관사 a/an의 경우는 상대적으로 우리 말 '일반적인'에 부합되는 상황에 크게 벗어나지 않습니다. 이는 일반성에는 '100% 일반성'만 존재할 뿐 '1~99% 일반성'은 존재하지 않기 때문입니다.

일반성에는 '100% 일반성'만 존재할 뿐 '1~99% 일반성'은 존재하지 않는다.

그런데 특정성의 경우는 '100% 특정성'만 존재하는 것이 아닙니다. 즉 우리말 '그'로는 설명할 수 없는 경우도 많이 있습니다. '1~99% 특정성'이 바로 그것입니다.

정리하면, 정관사 the는 특정적인 개체를 나타내는 명사에 사용됩니다. 그런데 이때 '특정적인'은 1:1로 대응되는 정관사 the의 의미가 아니라, 정관사 the가 사용되는 조건입니다. 이에 따라 영어는 오랜 시간 동안 '특정적인'이라는 정관사 the가 사용될 수 있는 조건에 '조금이라도' 부합되는 경우를 계속해서 발굴하고 축적하여 오늘에 이르게 된 것입니다. 여기서 '오랜 시간'이란 세세하고 정교하게 정관사 the에 부합하는 '조금이라도 특정한 상황'을 충분히 정리하고도 남을만한 시간입니다.

결과적으로 '100% 특정성'으로부터 시작된 정관사 the의 용법은 현재는 '1~99% 특정성'까지 이르게 되어, 조금이라도 특정성의 실마리를 가지고 있는 상황 모두에 정관사 the가 사용되게 되었습니다.

2. 1~99% 특정성의 존재 이유(의의) ②

정관사 the가 지시사적 용법과 대명사적 용법 등 '100% 특정성' 부분에만 사용되었다면 우리가 이해하는데 있어서 큰 어려움이 없었을 것입니다. 우리의 언어적 사고방식과 부합되는 점이 많기 때문입니다. 문제는 '1~99% 특정성'입니다. 앞에서 정리했던 것처럼 '1~99% 특정성'은 영어가 '특정성이라는 정관사 the가 사용될 수 있는 조건'에 부합되는 경우를 오랜 세월에 걸쳐 빠짐없이 발굴하고 축적하여 오늘에 이르게 된 결과물입니다.

'1~99% 특정성'은 정관사 the가 대상에 대한 특정정보가 100%가 아닌 경우에도 사용될 수 있음을 보여줍니다. 극단적으로 대상에 대한 특정 정보가 1%인 경우에도 사용됩니다.

> 대상에 대한 특정 정보가 1%인 경우에도 정관사 the가 사용될 수 있다.

   1%라는 의미가 중요합니다. 이 의미는 영어는 1:1로 정확히 대응되는 개체만을 콕 찍어 지칭하는 경우(100% 특정성)가 아니더라도, 어떤 개체에 대해서 특정한 정보가 일단 존재한다면, 즉 특정성이 '조금이라도' 확인 가능한 상황이라면 그 정보가 아주 조그마하고 사소한 경우라도 정관사 the를 사용할 수 있다는 것입니다. 이때 정보의 양은 1~99% 사이로서 100%가 아닌 모든 경우가 해당됩니다.

   이러한 점이 의미하는 바는 '1~99% 특정성'에는 다양한 경우가 존재한다는 것입니다. 따라서 '1~99% 특정성'과 관련하여 정관사 the가 사용될 수 있는 다양한 경우가 존재합니다.

   영어에서는 다음 표에서 정리한 것처럼 부정관사 a/an의 영역인 일반성에는 '100% 일반성'만 존재합니다. 반면에 정관사 the의 영역인 특정성에 대해서는 '100% 특정성'과 '1~99% 특정성'이 존재합니다. 즉 '1~99% 일반성'은 존재하지 않습니다.

■ 일반성과 특정성

일반성(부정관사 a/an)	특정성(정관사 the)
100% 일반성	100% 특정성 & 1~99% 특정성

따라서 영어에서 일반성의 영역보다 특정성의 영역이 훨씬 더 복잡하고 다양한 내용으로 이루어져 있습니다. 단순하게 '100% 특정성'과 '1~99% 특정성'이라는 2개의 부분으로 이루어졌기 때문이 아니라, 하나의 점인 100%보다는 다양한 스펙트럼을 가지고 있는 1~99%가 세부적으로 많은 내용을 담고 있을 것이라는 점에서, '100% 특정성'보다는 '1~99% 특정성'이 내용이 훨씬 다양하고, 따라서 당연히 일반성보다는 특정성이 다룰 내용이 더 많습니다.

결론적으로, 부정관사 a/an보다는 정관사 the가 용법이 훨씬 더 복잡하고 다양합니다. 그리고 특정성 안에서도 '100% 특정성'보다는 '1~99% 특정성'의 사용범위가 훨씬 다양합니다.

3. 의미적 접근 VS 상황적 접근

'100% 특정성'의 경우에는 우리말에서 동일한 역할을 하는 표현이 존재합니다. '그' 같은 지시사 등이 그것입니다. 이러한 이유로 많은 분들이 정관사 the를 이해하기 위한 방법으로 [우리말 '그', '저' 등에 해당되면 정관사 the를 사용 한다] 등의 다양한 의견을 내놓고 있습니다. 이러한 의견들은 앞에 제시한 '100% 특정성' 부분의 경우에는 어느 정도 부합하는 것처럼 보입니다. 그러나 '1~99% 특정성'의 경우를 설명하기에는 부족합니다. 다음은 '1~99% 특정성'에 해당되는 예들입니다.

- the nation ...
- the left
- Snow White and the seven dwarfs
  백설공주와 일곱 일곱난장이
- a beauty and the beast   미녀와 야수

미시적 접근

　위 예들은 '100% 특정성'의 경우처럼 우리말로 '그', '저' 등으로 해석되지 않습니다. 억지로(?) '그 나라', '그 왼쪽', '그 일곱 일곱난장이', '그 야수'라고 하는 것은 자유지만, 대부분 어색할 뿐만 아니라 정확한 의미를 전달하는 것과는 관련이 없습니다.

　'1~99% 특정성'의 경우에는 우리말에서 동일한 역할을 하는 표현을 한 두 개의 표현으로 대응하는 것을 찾는다는 것이 쉽지 않을뿐더러, 심지어 동일한 역할을 하는 표현을 찾기 힘든 경우도 많습니다. 위 예문에서 'Snow White and the seven dwarfs'와 'a beauty and the beast'의 경우 the에 대응하는 해석이 '전혀' 존재하지 않음을 확인할 수 있을 것입니다.

　따라서 '1~99% 특정성'의 경우는 우리의 언어적 사고방식과 상당한 괴리를 가지고 있는 부분입니다. 또한 정관사 the는 '1~99% 특정성' 때문에 this나 that과 같은 지시사와도 같지 않습니다. this나 that과 같은 지시사보다 훨씬 더 사용범위가 넓은 것이 정관사 the이고, 더 넓은 사용범위의 대부분을 바로 '1~99% 특정성'이 차지하고 있습니다.

　그렇다면 '1~99% 특정성'의 경우 어떻게 접근해야 하는 것일까요? 이에 대한 해답을 얻기 위해서 앞에서 정리한 내용들을 토대로 다음과 같이 정리해 보도록 하겠습니다.

▪ 100% 특정성	- 지시사적 용법과 대명사적 용법 - '그', '저' 등으로 번역할 수 있다.
▪ 1~99% 특정성	- '조금이라도' 특정성의 실마리가 존재하는 상황 - '그', '저' 등으로 번역되지 않는다.

원어민들이야 이러한 구분이 필요 없겠지만, <우리의 입장에서 보면> 위에서 정리한 것처럼 '100% 특정성'과 '1~99% 특정성'은 부합되는 조건의 성격이 다릅니다. 즉 '100% 특정성'의 방점이 '의미'라면, 이에 비해서 '1~99% 특정성'의 방점은 '상황'입니다.

100% 특정성	1~99% 특정성
의미	상황

따라서 '100% 특정성'과 '1~99% 특정성'을 이해하기 위해서는 서로 다른 접근이 필요합니다. '100% 특정성'의 경우 '의미적'으로 접근해야 하지만, '1~99% 특정성'의 경우는 의미가 아니라 '상황적 접근'이 필요합니다. 즉 '100% 특정성'의 경우는 우리말 '그'에 준하는 의미를 가지는 경우로 파악이 가능하지만, '1~99% 특정성'의 경우는 '100% 특정성'처럼 의미로 접근하면 안 됩니다.

물론 '1~99% 특정성'의 경우에는 우리말로 자연스럽게 번역되지 않는 경우가 많기 때문에, '당연히' 의미적 접근이 부적절합니다. 즉 'a beauty and the beast'처럼 우리말로 대응되는 해석이 존재하지 않는 경우가 많기 때문에, 정관사 the(1~99% 특정성)를 '의미'의 측면에서 접근하는 것은 적절하지 않습니다. 결국 '1~99% 특정성'의 경우에는 의미가 아니라 '특정성의 실마리가 조금이라도 존재하는 상황'인가를 파악하는 접근이 필요합니다.

> '1~99% 특정성'은 '의미'가 아니라 '상황'의
> 관점에서 접근해야 한다.

미시적 접근

⇩ ⇩ ⇩

> '1~99% 특정성'은 '특정성의 실마리가 조금이라도 존재하는 상황'인가를 파악하는 접근이 필요하다.

한편, 위에서 < >를 사용하여 **<우리의 입장에서 보면>**이라는 표현을 사용하였습니다. 이러한 표현이 사용된 이유는 위의 내용이 '의도적으로' 학습자들이 이해하기 쉬운 방향으로 정리하였음을 의미합니다.

왜냐하면 '100% 특정성'과 '1~99% 특정성' 모두 다음과 box와 같이 '상황'이라는 하나의 관점에서 설명 가능하기 때문입니다(위에서 '100% 특정성'은 '의미'로, 반면에 '1~99% 특정성'은 '상황'으로 정리한 것과 비교해 보시기 바랍니다).

- 100% 특정성 – 특정성이 100%인 **'상황'**
  (지시사적 용법과 대명사적 용법)
- 1~99% 특정성 – 특정성이 1~99%인 **'상황'**
  (조금이라도 특정성의 실마리가 존재하는 상황)

앞에서 정리한 것처럼, '100% 특정성'은 정관사 the가 특정성이 100%인 '상황'을 나타내는 경우이고, '1~99% 특정성'은 정관사 the가 특정성이 1~99%인 '상황', 즉 조금이라도 특정성의 실마리가 존재하는 '상황'을 나타내는 경우에 해당됩니다. 그리고 원어민들의 입장에서 보면, 정관사 the가 나타내는 특정성은 '상황'이라는 단일 기준에 의해서 정리되었을 개연성이 크다고 보여 집니다.

하지만, 개인적으로 ①'100% 특정성'과 '1~99% 특정성' 모두 '상황'의 측면에서 정리할 것인지 아니면 ②'100% 특정성'은 '의미' 그리고 '1~99% 특정성'은 '상황'의 측면에서 정리할 것인지에 대해서 고민이 되었습니다.

최종적으로 지금까지 기존 문법에서 의미의 측면에서 정관사 the를 정리해 왔다는 점, 그리고 우리나라 학습자들의 경우에는 <'의미'가 중요한 우리말의 언어적 사고방식>에 익숙하다는 점 때문에 ②번의 정리가 학습자들의 정관사 the에 대한 이해에 좀 더 도움이 될 것이라는 판단을 하였습니다. 따라서 이 책에서 논리적 전개는 기본적으로 '100% 특정성'은 '의미' 그리고 '1~99% 특정성'은 '상황'의 측면에서 정리할 것입니다.

다만, 영어의 입장에서는 '100% 특정성'과 '1~99% 특정성' 모두 '상황'의 측면에 의해서 접근하고 있을 가능성이 더 크다는 것이고 따라서 향후에는 어느 정도 시간이 지나면 우리도 영어의 시각에 맞추어 '상황'이라는 단일 기준에 의해서 정관사 the를 정리하는 것이 적절할 것으로 보입니다. 따라서 학습자 입장에서는 '100% 특정성'은 '의미' 그리고 '1~99% 특정성'은 '상황'의 측면에서 접근하면서 동시에 '100% 특정성'과 '1~99% 특정성' 모두 '상황'의 측면에서 정리 가능하다는 점을 염두에 두면 좋을 것 같습니다.

	영어적 차원		설명의 차원
100% 특정성	상황	특정성이 100%인 상황	의미적 접근
1~99% 특정성		특정성이 1~99%인 상황	상황적 접근

그리고 '1~99% 특정성'의 경우 1% 보다는 99%에 가까울수록 우리말 '그', '저' 등으로 해석하여도 부자연스럽지 않게 됩니다.

즉 '1~99% 특정성'의 경우 특정성의 정도가 높아질수록, 즉 99% 쪽으로 가까울수록 '의미적 접근'이 여지가 커지고, 반대로 1% 쪽으로 가까울수록 '의미적 접근'의 여지는 사라지게 됩니다.

한편, 따라서 '1~99% 특정성'의 경우에도 '100% 특정성'의 경우처럼 우리말 '그', '저' 등으로 해석하여도 부자연스럽지 않는 경우가 존재하지만, 앞에서 제시한 '100% 특정성'으로 제시한 4가지 경우를 제외하고는 모두 '1~99% 특정성'으로 분류됩니다.

> ■ 우리말 '그', '저' 등으로 해석된다고 해서 모두 '100% 특정성'은 아니다.
>
> ⇨ '1~99% 특정성'의 경우에도 우리말 '그', '저' 등으로 해석 가능한 경우가 존재한다.

결론적으로, 우리말 '그', '저' 등으로 해석되는 것이 '100% 특정성'의 특징이기는 하지만, '100% 특정성'과 '1~99% 특정성'을 구분하는 절대적인 기준은 아닙니다. 따라서 앞으로 '1~99% 특정성'의 경우에도 우리말 '그', '저' 등으로 해석 가능한 경우가 자주 나오게 됩니다. 이러한 경우에 '그', '저' 등으로 해석되므로 '100% 특정성'으로 분류해야 되지 않는가라고 생각하지 마시기 바랍니다. '100% 특정성'은 앞에서 제시한 4가지 경우가 전부입니다.

4. '상황'적 접근이란 무엇인가?

그런데 도대체 어떻게 하라는 것인가? 즉 상황적 접근이라는 것이 무엇을 의미하는지 잘 이해가 되지 않을 것 같습니다.

'상황'이라는 단어와 '의미'라는 단어를 순수하게 뜻만 놓고 본다면 서로 반대되는 개념은 아니지만, 현재 다루고 있는 '정관사 the의 특정성' 부분에 있어서만큼은 서로 반대되는 개념이라고 할 수 있습니다.

왜냐하면 '정관사 the의 특정성'에는 '의미적 접근(100% 특정성)'과 '상황적 접근(1~99% 특정성)'의 2가지 밖에 없으며, 이 두 개념은 여러 가지 측면에서 서로 대척점에 서있기 때문입니다. 따라서 **일단 '상황적 접근'이란 '의미적 접근'을 하지 말라는 것이라고 할 수 있습니다.**

> '상황적 접근'이란 '의미적 접근'을 하지 말라는 것이다.

설명을 위하여 앞에서 정리했던 내용을 잠시 그대로 가져와 보도록 하겠습니다.

> "부정관사 a/an과 정관사 the는
> 구체적인 의미가 존재하지 않는다."
>
> 부정관사 a/an과 정관사 the는 영어의 다른 단어와는 다소 차이가 있습니다. 예를 들어 apple이라는 단어는 '사과'라는 의미를 가지고 있습니다.
> 그런데 부정관사 a/an과 정관사 the는 apple과 같은 일반적인 영어 단어들과는 달리 1:1로 대응되는 의미를 가지고 있지 않습니다. '의미' 대신에 적용되는 '조건'이 제시되고 있습니다.

> 즉 부정관사 a/an은 '일반적인 의미의 명사'에 사용되고 정관사 the는 '특정한 것을 나타내는 명사'에 사용된다고 하는 것이 그 조건입니다. 여기서 '일반적인'과 '특정한'은 부정관사 a/an과 정관사 the의 의미가 아닙니다. 'apple = 사과'처럼 '부정관사 a/an = 일반적인', '정관사 the = 특정한'이 아니라는 것이지요.

이처럼 영어 관사는 의미를 가지고 있지 않기 때문에 일단 관사에 대한 의미적 접근은 처음부터 적절하지 않은 것으로 볼 수도 있겠습니다.

실제로 앞에서 언급했듯이 '1~99% 특정성'은 '100% 특정성'의 경우처럼 우리말로 '그', '저' 등으로 해석되지 않는 경우가 많습니다. '1~99% 특정성'은 우리말에서 동일한 역할을 하는 표현을 한 두 개의 표현으로 대응하는 것을 찾기 쉽지 않을뿐더러, 심지어 동일한 역할을 하는 표현조차 찾기 힘든 경우도 많습니다. 이 점에 대해서 아래 예문들을 통해서 좀 더 자세히 살펴보도록 하겠습니다.

(a1) Avian Influenza, or bird flu, has hit **the nation** recently.
최근 조류독감이 **전국**을 강타했습니다.

(b1) So far, **the nation** has struck agreements with the U.S. and the European Union.
지금까지, **한국**은 미국 그리고 유럽연합과 협상을 맺었다.

(c1) Many people submitted their art works from **across the nation**.
많은 사람들이 **전국**에서 예술 작품을 제출했습니다.

(d1)On the economic front, **the nation** is the Philippines' fifth largest trade partner.
경제적으로, **우리나라**는 필리핀의 네 번째로 가장 큰 무역 파트너이다.

(e1)**The nation** is also importing agricultural goods, seafood and minerals.
우리나라는 또한 농산품과 해산물 그리고 광물들을 수입하고 있다.

(f1)In summer, sharks often show up near the coasts of **the nation**.
상어는 여름에 **국내** 해안 근처에서 나타납니다.

(g1)Fine dust from China and Mongolia has been a big problem **in the nation**.
중국과 몽골에서 날아오는 미세먼지는 **전국적으로** 큰 문제입니다.

위 (a1)~(g1)까지의 문장들은 모두 the nation이 사용된 문장들입니다. 그런데 번역된 문장을 보면 영어로는 동일한 the nation이지만 우리말 해석은 전국, 우리나라, 한국, 국내 등으로 다양합니다. 물론 (c1)과 (g1)문장의 경우 전치사가 포함된 해석이기는 합니다. 아무튼 영어로는 the nation으로 동일하지만 우리말로는 표현이 상이함을 확인할 수 있습니다.

그러면 the nation이 전국, 우리나라, 한국, 국내 등으로 다르게 해석이 된 것은 혹시 the의 의미가 다양하기 때문은 아닐까요? 예를 들어 (d1)과 (e1)문장의 경우 the nation이 '우리나라'로 번역되었기 때문에 the가 '우리'라는 의미(the=우리)를 가지고 있는 것은 아닌가 하는 식으로 생각이 들 수도 있겠습니다.

미시적 접근

결론적으로 the nation이 다양하게 번역된 것은 the의 의미가 다양하기 때문이 아니라 순전히 '번역 차원의 문제'입니다. 앞에서 정리했듯이 영어의 관사는 의미를 가지고 있지 않습니다.

여기서 the nation의 본질은 '한국(대한민국)'이라는 것입니다(the nation = the South Korea).

---

the nation의 본질은 '한국(대한민국)'이라는 것입니다(the nation = the South Korea).

앞 예문에서 (b1)문장의 '한국'이라는 해석만이 정확하게 the nation이 가리키는 바를 보여주고 있습니다. 나머지 문장들에서 보이는 '전국, 우리나라, 국내'라는 해석은 the nation이 지칭하는 '한국'을 우리말식 표현에 맞게 자연스럽게 번역하는 과정에서 선택된 것들입니다.

다음을 보시기 바랍니다.

(a2) Avian Influenza, or bird flu, has hit **the nation** recently.
최근 조류독감이 **전국**을 강타했습니다.
⇨ 최근 조류독감이 **한국**을 강타했습니다.

(b2) So far, **the nation** has struck agreements with the U.S. and the European Union.
지금까지, **한국**은 미국 그리고 유럽연합과 협상을 맺었다.

(c2) Many people submitted their art works from **across the nation**.
많은 사람들이 **전국**에서 예술 작품을 제출했습니다.
⇨ 많은 사람들이 **한국**에서 예술 작품을 제출했습니다.

(d2)On the economic front, **the nation** is the Philippines' fifth largest trade partner.
   경제적으로, **우리나라**는 필리핀의 네 번째로 가장 큰 무역 파트너이다. ⇨ 경제적으로, **한국**은 필리핀의 네 번째로 가장 큰 무역 파트너이다.

(e2)**The nation** is also importing agricultural goods, seafood and minerals.
   우리나라는 또한 농산품과 해산물 그리고 광물들을 수입하고 있다. ⇨ **한국**은 또한 농산품과 해산물 그리고 광물들을 수입하고 있다.

(f2)In summer, sharks often show up near the coasts of **the nation**.
   상어는 여름에 **국내** 해안 근처에서 나타납니다. ⇨ 상어는 여름에 **한국** 해안 근처에서 나타납니다.

(g2)Fine dust from China and Mongolia has been a big problem **in the nation**.
   중국과 몽골에서 날아오는 미세먼지는 **전국적으로** 큰 문제입니다. ⇨ 중국과 몽골에서 날아오는 미세먼지는 **한국**에서 큰 문제입니다.

위 문장은 앞에서 보았던 예문과 동일한 문장들입니다. 다만 the nation에 대한 번역을 모두 '한국'으로 통일한 것입니다. 먼저 '한국'으로 모두 통일하더라도 문장의 의미가 변하지 않는다는 것을 확인할 수 있을 것입니다. 설명의 편의를 위해서 '한국'으로 번역된 문장만을 정리해 보겠습니다.

(a3)Avian Influenza, or bird flu, has hit **the nation** recently.
   최근 조류독감이 **한국**을 강타했습니다.

(b3) So far, **the nation** has struck agreements with the U.S. and the European Union.
    지금까지, **한국**은 미국 그리고 유럽연합과 협상을 맺었다.

(c3) Many people submitted their art works from **across the nation**.
    많은 사람들이 **한국**에서 예술 작품을 제출했습니다.

(d3) On the economic front, **the nation** is the Philippines' fifth largest trade partner.
    경제적으로, **한국**은 필리핀의 네 번째로 가장 큰 무역 파트너이다.

(e3) **The nation** is also importing agricultural goods, seafood and minerals.
    한국은 또한 농산품과 해산물 그리고 광물들을 수입하고 있다.

(f3) In summer, sharks often show up near the coasts of **the nation**.
    상어는 여름에 **한국** 해안 근처에서 나타납니다.

(g3) Fine dust from China and Mongolia has been a big problem **in the nation**.
    중국과 몽골에서 날아오는 미세먼지는 **한국**에서 큰 문제입니다.

(a3)~(g3)의 번역들이 영어차원에서 우리에게 주는 최종적인 정보입니다. 즉 '한국'으로 통일되어 번역된 문장들이 the nation에 대한 영어의 최종적인 역할이라는 것입니다. 최종적이라는 의미는 '(a3)~(g3)의 번역'으로 '영어 차원에서의 역할'이 끝났음을 의미합니다.

이러한 정리로부터 [the + 명사]에서 습득해야 할 최종적인 정보는 [the + 명사]가 '구체적으로 나타내는 개체에 대한 정체'임을 알 수 있습니다.

위 문장들의 경우, the nation을 통해 파악해야 할 최종적인 정보는 <the nation = the South Korea>입니다. 그리고 다시 말하면, the nation이 전국, 우리나라, 한국, 국내 등으로 번역된 문장들은 우리말 표현에 맞도록 정리된 문장들로서 '영어 차원'이 아닌 '번역차원'의 문제입니다. 이에 대해서 (d3)문장을 가지고 살펴보도록 하겠습니다.

On the economic front, **the nation** is the Philippines' fifth largest trade partner.
①경제적으로, **한국**은 필리핀의 네 번째로 가장 큰 무역 파트너이다.
⇨ ②경제적으로, **우리나라**는 필리핀의 네 번째로 가장 큰 무역 파트너이다.

위에서 ①번 해석은 <the nation = the South Korea>라는 최종적인 정보를 그대로 반영한 문장입니다. 그리고 ②번 해석은 ①번 해석을 자연스러운 우리말 표현으로 정리된 것으로서, ②번 해석에 사용된 '우리나라'는 표현은 the nation이라는 영어 표현과는 아무런 상관이 없으며, 이는 순전히 '번역상의 문제'로 접근해야 합니다.

한편, 그렇다면 <the nation은 '한국'이라는 의미인가(the nation = the South Korea)?>라고 생각할 수도 있겠습니다. 그렇지는 않습니다. the nation은 일반적인 국가를 의미하는 a nation과 대비되는 표현으로서 '특정한 하나의 국가'를 지칭하게 됩니다. 구체적으로 어떤 특정한 국가를 지칭하는 것인가는 **상황**에 달려있습니다. 즉 위 예문들에서는 한국(the South Korea)을 의미하지만, 상황에 따라 the United States, Japan, China 등을 의미할 수 있습니다.

미시적 접근

이번에는 지금까지 정리한 내용을 좀 더 다른 시각으로 정리해 보도록 하겠습니다. 위 예문들에서 (d1)과 (e1) 문장만을 보도록 하겠습니다.

(d1) On the economic front, **the nation** is the Philippines' fifth largest trade partner.
　　경제적으로, **우리나라**는 필리핀의 네 번째로 가장 큰 무역 파트너이다.

(e1) **The nation** is also importing agricultural goods, seafood and minerals.
　　우리나라는 또한 농산품과 해산물 그리고 광물들을 수입하고 있다.

위 예문은 '1~99% 특정성'의 경우이기 때문에 우리말 '그'로 해석되지 않습니다. 즉 the nation이 '그 나라'로 해석되지 않습니다. '우리나라'로 해석되고 있습니다. 이를 보고 [the = our]인가 라고 묻는다면 원어민들은 'NO'라고 대답할 것입니다. 혹시 명시적으로는 [the = our]가 아니더라도 위 문장에서 [the = our]라는 느낌이 나는가 라고 묻더라도 원어민들은 'NO'라고 대답할 것입니다. 즉 위 예문에서 '우리나라'라고 한 것은 순전히 우리의 언어적 표현 양식에 맞게 해석한 것일 뿐이지, [the = our]라고 할 수는 없습니다. 뒤에 언급할 기회가 있겠지만, 원어민들은 <왜 한국 사람은 '우리'라는 말을 너무도 자주 사용하는가>에 대해서 의아(?)해 하고 있을 정도입니다. 결론적으로 (d1)과 (e1)에서 '우리나라'는 표현은 the nation이라는 영어 표현과는 아무런 상관이 없으며, 이는 순전히 '번역상의 문제'입니다.

한편 위 예문에서 the nation을 '그 나라'라고 하는 것도 충분하지 않습니다. 먼저, 정관사 the는 원래 '1:1로 대응되는 정확한 의미'가 존재하지 않는다는 것이 가장 큰 이유이고, 경우에 따라서는 '그 나라'라는 표현이 부자연스러운 경우도 있기 때문입니다.

위 예문 (d1)과 (e1) 경우에도 '그 나라'로 해석하는 것이 적절하지 않은 예가 됩니다. '우리나라'와 '그 나라'는 너무나 다른 의미라는 것을 쉽게 알 수 있을 것입니다. 즉 the nation이 항상 '그 나라'라고 번역되는 것은 아니기 때문에 [the nation = 그 나라]로 규정하는 것은 적절하지 않습니다.

결론적으로 the nation을 특정한 것을 나타내는 정관사 the의 역할에 충실하게 접근하면, 일반적인 나라(a nation)가 아닌 '특정한 나라'를 나타낸다고 하는 것이 가장 정확한 정리입니다.

the nation = '특정한' 나라

여기서 '특정한 나라'는 the nation에 대한 단어적 의미에 따른 직역이 아닙니다. 'apple = 사과'처럼 'the = 특정한'이 아닙니다. 특정한 것을 나타내는 정관사 the의 역할에 비추어 볼 때, the nation이 '특정한 나라'라는 느낌(뉘앙스 ?)을 나타낸다는 것입니다. 단어의 의미가 아닌 느낌(?)입니다.

그리고 (d1)과 (e1) 문장에서 the nation을 문장에 맞는 '상황', 즉 문맥에 맞게 고려하여 생각해 보면, '특정한 나라'는 the South Korea를 의미하는 것으로 유추되고, 이를 다시 우리식으로 번역하여 표현하면 '우리나라'가 되는 것입니다. 결론적으로 정관사 the는 '의미'가 아닌 '상황'의 단어인 것입니다.

정관사 the는 '의미'가 아닌 '상황'의 단어이다.

결국, 정관사 the에서 중요한 것은 '그'라는 의미가 아니라 '상황'인 것입니다.

지금까지의 내용은 다음과 같이 정리할 수 있습니다.

미시적 접근

[1단계] the nation에 대해서 영어라는 언어가 제공하는 정보는 '특정한 나라'가 전부입니다. 이때 '특정한'은 의미가 아니라 느낌(뉘앙스 ?)입니다. 정관사 the가 nation이라는 단어에 '특정성의 근거 및 기준'에 따라 특정성을 부여한 것입니다.

[2단계] [1단계]에서 제공된 정보인 '특정한 나라'가 구체적으로 어떠한 나라를 지칭하는지 확인하는 단계입니다. 앞에 제시한 예문들에서는 문장이 처한 전반적인 배경, 즉 '상황'을 고려하여 the nation이 the South Korea를 의미하는 것으로 유추됩니다. 당연히, the nation은 항상 the South Korea를 의미하는 것이 아니라, 다른 예문에서는 상황에 따라서 the United States가 될 수도 있고, 또는 China, Japan 등이 될 수도 있습니다. 위에 제시된 예문에서는 문맥(상황)에 의해서 the nation이 the South Korea를 의미하는 것으로 유추된 것입니다. 이러한 이유로 부정관사 a/an과 정관사 the를 '의미'가 아닌 '상황'의 측면에서 접근해야 하는 단어라는 것입니다. 아무튼 여기에서 <the nation = the South Korea>는 영문이 주는 최종적인 정보입니다.

[3단계] 마지막으로 위에서 제시한 예문들에서 the nation을 '우리나라'로 번역하는 것은, 이제 영어와는 아무런 상관이 없습니다. '영어의 차원'이 아닌 '해석(번역)의 차원'의 문제로서, 우리가 우리말의 표현방식에 맞도록 정리한 것일 뿐입니다.

따라서 영어를 학습하는 입장에서 해결해야할 것은 [2단계]까지입니다. 나머지 [3단계]는 우리말식으로 자연스러운 표현이 되도록 문장을 다듬는 작업으로서, [2단계]까지 해결되었다면 한국인이라면 누구라도 쉽게 접근할 수 있을 것입니다. 그리고 [3단계]에서는 정답이 없습니다. 소신껏 자유롭게 우리말로 표현하면 되겠습니다.

위에 살펴본 3개의 단계를 표로 정리해 보도록 하겠습니다.

①1단계: the nation = 특정한 나라　　　- 역할에 따른 직역
②2단계: the nation ⇨ the South Korea - 상황에 따른 유추
③3단계: the nation ⇨ 우리나라　　　　- 번역의 문제

위에서 우리가 가장 주목해야 하는 것은 2번째 단계입니다. 우리말에는 없는 부분이기 때문입니다. 이 부분에서 '의미'가 중요한 우리말과는 다른 영어 관사의 차이가 확연하게 드러납니다. 우리말은 모든 단어가 1:1로 대응되는 정확한 의미를 가지고 있습니다. 때문에 은유법 등 비유가 아니라면 단어의 의미에만 주목하면 됩니다.

그러나 영어에서 부정관사 a/an과 정관사 the의 경우 의미가 존재하지 않는 단어입니다. 즉 '의미가 아니라 '상황'의 단어이기 때문에 상황에 맞추어 '정체'를 유추해야 합니다.

> 부정관사 a/an과 정관사 the는 '상황'의 단어이기 때문에 상황에 맞추어 '정체'를 유추해야 한다.

특히 정관사 the의 경우는 더욱 이러한 측면이 중요합니다. 부정관사 a/an의 경우에는 '일반적인' 상황에 대한 것으로서 '하나의', '어떤' 등으로 적용할 수 있는 의미가 어느 정도 한정되어 있지만, 정관사 the의 경우는 상황에 따라 유추되는 대상이 바뀌게 되고, 용법 또한 다양하기 때문에 주의해야 합니다.

미시적 접근

결론적으로 정관사 the의 경우, 특히 '1~99% 특정성'은 '의미'가 아닌 '상황'의 측면에서 접근해야 하는 것입니다. 이 때 중요한 것은 정확히 어떤 특정한 대상을 지칭하는지를 파악하는 능력, 즉 '유추'하는 능력입니다.

이것이 바로 정관사 the가 언어적으로 요구하는 본질적인 것입니다. 유추의 난이도 정도에서 차이가 존재할 뿐, '1~99% 특정성'을 나타내는 정관사 the가 무엇을 지칭하는지를 파악하기 위해서는 '유추'의 과정은 필연적으로 요구됩니다.

> '1~99% 특정성'을 나타내는 정관사 the의 정체를 파악하기 위해서는, '유추'는 필수적으로 요구되는 과정이다.

따라서 정관사 the가 사용된 문장을 접했을 때 곧바로 의미가 파악되지 않는다고 해서 자신의 영어능력을 비하(?)하지 마시기 바랍니다.

> 우리말은 모든 단어에 구체적인 하나의 의미를 나타내고 있어서 '의미'에 의해서 직접적으로 내용을 파악할 수 있습니다.
>
> 그러나 영어의 관사는 본질적으로 구체적인 의미가 존재하지 않기 때문에 '의미'가 아닌, '상황'을 고려하여 간접적으로 정체를 '유추'하면서 의사소통하는 단어입니다. 따라서 정관사 the가 사용된 문장을 정확하게 파악하기 위해서는, 필요한 만큼의 '상황'에 대한 최소한의 정보가 주어져야 하고, 이러한 정보를 가지고 [the + 명사]가 구체적으로 정확히 무엇을 지칭하는지를 유추하는 것은 영문을 듣고 읽는 사람의 몫이 됩니다.

5. [the + 명사]는 대명사의 역할을 하는 것이다!

이번에는 또 다른 측면에서 정관사 the에 대해 살펴보도록 하겠습니다. 지금까지 '상황적 접근'에 대해서 정리하면서 몇몇 분들은 이미 알아채신 분들도 있을 것으로 생각되는데요, 어떻게 보면 [정관사 the + 명사]는 he나 she 같은 3인칭 대명사의 역할을 하는 것으로 보입니다.

     A. **He** is a student.

위 문장은 주어에 차이가 있습니다. A문장의 주어 He는 쉽게 품사가 대명사라는 것을 알 수 있습니다. 일반적으로 대명사가 사용된 문장은 필연적으로 대명사가 구체적으로 어떠한 개체를 지칭하는지를 알려줄 수 있는 정보가 미리 존재하게 됩니다. 즉 A처럼 예문으로 사용되는 경우가 아니라면, 아무런 정보 없이 'He is a student.'라는 문장을 사용할 수 없습니다. '그(He)'에 대한 정보가 미리 제공되어야 하는 것입니다. 예를 들어 다음과 같은 경우입니다.

    John came from the USA, and **he** is a student.
      (John → he; John = he)

위 예문에서 우리는 he는 John을 의미한다는 것을 알 수 있습니다. 결론적으로 대명사가 사용된 문장은 화자, 청자 모두 대명사의 구체적인 정체를 알 수 있는 상황에서 사용할 수 있습니다.

이번에는 B문장을 살펴보도록 하겠습니다.

     B. **The man** is a student.

B문장의 주어는 the man입니다. the man이 he나 she같은 대명사는 아니지만, 대명사 he가 사용된 A문장과 '동일한 상황'이라는 것을 알 수 있습니다.

즉 아무런 정보 없이 '그 남자는 학생이다.'라는 문장을 사용할 수 없습니다. 화자, 청자 모두 The man이 구체적으로 누구인지 알 수 있는 상황에서 사용할 수 있는 문장입니다. 따라서 [정관사 the + 명사]는 3인칭 대명사와 동일한 역할을 하는 것으로 정리할 수 있습니다.

[the + 명사]　=　3인칭 대명사

다시 A문장을 살펴보도록 하겠습니다.
앞에서 정리한 내용의 반복이지만 양해해 주시기 바랍니다. A문장은 <그는 학생이다.>라고 해석됩니다. 그런데 이문장이 의사소통의 역할을 제대로 수행하기 위해서는 필수적으로 해결되어야 할 것이 있습니다. '그(He)'의 정체를 파악하는 것입니다. 앞에서 언급했듯이 '그(He)'의 정체가 파악되지 않았다면 A문장은 수수께끼 문장이지 의사소통을 위한 문장으로서의 역할을 수행할 수 없습니다. 만약 He가 John이라면, 위 문장은 <John은 학생이다.>라는 의미가 됩니다. 즉 사람들은 <A: He is a student.>라는 문장을 접하면서, 이미 제공된 정보에 의해서 자연스럽게 <John은 학생이다.>라고 받아들이게 된다는 것이고, 이러한 상태가 가능할 때 비로소 A문장이 본연의 기능을 완수하게 되는 것입니다.

결론적으로 he나 she 같은 대명사가 사용된 문장이 의사소통의 역할을 제대로 수행하기 위해서 선결되어야할 가장 중요한 점은 대명사의 정체를 밝히는 것이 됩니다. 이것이 가능하기 위해서는, 즉 대명사가 사용되는 문장을 의사소통에 문제가 되지 않도록 사용하기 위해서는 대명사가 구체적으로 무엇을 지칭하는지 알려줄 수 있는 최소한의 정보가 어떠한 방식으로든지 제공되어 있어야 합니다.

■ 대명사가 사용되기 위한 조건

①대명사가 구체적으로 무엇을 지칭하는지가 반드시 확인되어야 한다.
②따라서 대명사가 구체적으로 무엇을 지칭하는지를 알려줄 수 있는 '최소한의 정보'가 반드시 존재 한다.

결국 [정관사 the + 명사]도 대명사의 역할을 하기 때문에, 동일한 방식으로 접근해야 합니다. 따라서 [the + 명사]가 사용된 문장의 원활한 의사소통을 위해서 선결되어야할 가장 중요한 점은 [the + 명사]의 정체를 밝히는 것이 됩니다. 때문에 다시 한 번 더 반복하면, [the + 명사]가 사용되기 위해서는 [the + 명사]가 구체적으로 무엇을 지칭하는지를 알려줄 수 있는 최소한의 정보가 '어떠한 방식으로든지', '무조건' 제시되어 있습니다.

■ [the + 명사]가 사용되기 위한 조건
  ⇨ 정관사 the가 사용되기 위한 조건

①[the + 명사]가 구체적으로 무엇을 지칭하는지가 반드시 확인되어야 한다.
②따라서 [the + 명사]가 구체적으로 무엇을 지칭하는지를 알려줄 수 있는 '최소한의 정보'가 반드시 존재한다.

위의 정리는 앞으로 다양한 문장에 존재하는 '특정성을 나타내는 정관사 the'에 대해서 의미를 파악하고자 하는 경우에, 염두에 두어야 할 가장 기본이 되는 사항입니다. 다만 [the + 명사]는 대명사와 3가지 점에서 차이가 있습니다.

[A] **첫째**, he, she같은 대명사처럼 '100% 특정성'에만 사용되는 것이 아니라 [the + 명사]는 '1~99% 특정성'에도 사용되기 때문에 좀 더 다양하고 복잡한 양상을 보여준다는 점입니다.

따라서 대명사가 사용된 문장보다 [the + 명사]가 사용된 문장이 의미(정체)를 파악하는 것이 상대적으로 좀 더 어렵습니다. 즉 문장에 따라서는 [the + 명사]의 구체적인 정체를 파악하기가 쉽지 않습니다. 이는 [the + 명사]가 사용된 문장의 경우, [the + 명사]의 정체를 밝혀줄 수 있는 정보가 예외 없이 존재하기는 하지만, he, she같은 대명사처럼 정보가 '명시적이고 직접적인 방식'으로 제시되지 않고 '암묵적(?)이고 간접적인', 그리고 다양한 방식으로 제공되기 때문입니다.

[B] **둘째**, he, she같은 대명사의 경우 누구나 바로 대명사임을 알 수 있지만, [the + 명사]의 경우는 아무래도 the뒤에 수반되는 명사가 가진 자체적인 의미 때문에 [the + 명사]가 대명사의 역할을 한다는 것에 대해서, 외국어로 영어를 학습하는 우리들과 같은 입장에서는 간과하기 쉽다는 점입니다. 즉 대명사의 경우, 따로 노력하지 않더라도 자연스럽게 대명사임을 알 수 있습니다. 따라서 대명사의 정체를 파악하는 작업이 자연스럽게 자동적으로 행해지게 됩니다. 그러나 [the + 명사]에 익숙하지 않는 학습자들의 경우, [the + 명사]가 대명사의 역할을 한다는 점을 간과하기 쉽습니다. 따라서 [the + 명사]의 정체를 파악하려 하지 않고, 우리말식으로 [the + 명사]가 가지고 있는 단어의 의미를 파악하는 것으로 문장의 해석이 끝난 것으로 생각하기 쉽다는 것입니다.

예문을 통해서 설명해 보겠습니다.

A. **He** is a student.
　　그는 학생이다.

B. As expected, it has got an explosive response from customers around **the nation**!
　　예상대로, 그것은 **전국의** 고객들로부터 폭발적인 반응을 얻었습니다.

위에서 A문장의 경우에는 대명사 He가 사용된 문장으로서, 누구라도 이 문장을 접한다면 He는 '미지수 X'라고 생각합니다. 즉 누구인지는 모르지만 앞에 제시된 특정인을 he로 받고 있다고 생각합니다. He에 대한 해석 역시 대명사라는 것에 맞게 '그'가 됩니다. 계속해서 반복하지만, 위문장은 대명사 He가 구체적으로 누구를 지칭하는지에 대한 정보가 존재하여야만 의사소통을 위한 문장으로서 존재 가능하게 됩니다.

그런데 이와는 달리 B문장의 경우에는 A문장처럼 내용상 불완전(?)하다는 생각이 잘 들지 않습니다. 즉 the nation이 '미지수 X'라는 생각이 잘 들지 않습니다. 따라서 B문장에서 the nation이 한국인지 또는 미국인지 등, 즉 어떠한 국가를 가리키는지가 필요하다는 생각이 들지 않을 수도 있을 것입니다. 이는 정관사 the 뒤에 수반된 명사 nation의 '국가'라는 의미가 He와 같은 대명사의 해석과는 달라서 the nation이 대명사의 역할을 한다는 것을 간과하기 쉽기 때문으로 보입니다. 만약 the nation을 '그 국가'라고 해석한다면 '미지수 X'라는 생각이 들 수도 있겠으나, 일반적으로 B문장 같은 경우는 다수의 문장으로 구성된 지문속의 하나의 문장으로 존재하기 때문에 '그 국가'로 해석하지 않고 위에 제시된 것처럼 해석하게 됩니다. 반대로 A문장 같이 대명사가 있는 문장은 어떠한 경우라도 '그'라고 해석되어 '미지수 X'라고 쉽게 받아들여집니다.

결론적으로 B문장 또한 A문장과 같이 the nation이 구체적으로 어떠한 특정한 개체를 지칭하는지에 대한 정보가 존재하여야만 의사소통을 위한 문장으로서 존재 가능하게 됩니다. 예를 하나 더 들어보겠습니다.

미시적 접근

On the ground, **the Korean Zombie** will jump at the first opportunity to finish his opponent.

 그라운드에서, **the Korean Zombie**는 상대를 피니쉬 시키기 위해 바로 뛰어들 것이다.

 위 문장에 대해서 다른 단어의 의미는 모두 알고 있는 상태이고, the Korean Zombie 때문에 해석이 잘 되지 않는 상황이라고 가정해 보겠습니다. 만약 영어에 익숙하지 않은 학습자라면 이 문장의 의미가 정확하게 파악되지 않는 것은 결국 the Korean Zombie를 구성하고 있는 단어의 의미를 잘 모르는 것이 근본적인 이유라고 생각하기 쉽습니다. 그래서 처음 보는 단어라면 당연히 사전을 찾아볼 것이고, 만약 알고 있는 단어라면 혹시 자신이 모르는 특별한 의미가 숨어 있지는 않은지 사전에서 단어의 의미를 자세히 살펴보게 됩니다. 즉 '의미'적으로 접근하려고 한다는 것입니다.

 그런데 문장의 내용을 정확히 파악하기 위해서 ①<대명사의 의미>와 ②<대명사가 지칭하는 대상> 중 어느 것이 더 중요한 정보이겠습니까? 예를 들어 <He is a student.>라는 문장에서 ①He가 '그'로 해석된다는 사실과 ②He가 John을 지칭한다는 사실 중 어느 것이 더 중요하겠습니까? 당연히 후자인 ②번이 더 중요합니다. 앞에서 대명사가 사용된 문장은 대명사의 구체적인 정체가 밝혀지지 않으면 의사소통의 기능을 제대로 수행하지 못한다고 했음을 기억해 주시기 바랍니다.

 이와 마찬가지로 위 예문에서 the Korean Zombie는 단어 하나하나의 의미보다는 대명사 역할을 하는 the Korean Zombie가 구체적으로 지칭하는 개체가 무엇인지가 더 중요한 정보가 되는 것입니다. 위에서 제시한 예문을 가지고 좀 더 설명해 보도록 하겠습니다. 앞에서 한번 설명했듯이 the Korean Zombie는 UFC 종합격투기 선수인 정찬성 선수의 닉네임입니다. 즉 the Korean Zombie는 정찬성 선수를 지칭하는 말입니다.

On the ground, **the Korean Zombie** will jump at the first opportunity to finish his opponent.

　　[해석1] 그라운드에서, the Korean Zombie는 상대를 피니쉬 시키기 위해 바로 뛰어들 것이다.
　　[해석2] 그라운드에서, **그 한국 좀비(귀신)**는 상대를 피니쉬 시키기 위해 바로 뛰어들 것이다.
　　[해석3] 그라운드에서, **정찬성 선수**는 상대를 피니쉬 시키기 위해 바로 뛰어들 것이다.

[해석1]은 the Korean Zombie라는 영어표현을 그대로 사용한 것입니다. [해석2]는 the Korean Zombie를 단어 의미대로 번역한 것입니다. [해석2]는 '의미적 접근'이라고 할 수 있습니다. 마지막으로 [해석3]은 [the + 명사]의 대명사적 기능에 주목하여 <the Korean Zombie = 정찬성 선수>를 반영한 해석입니다. 위 3가지 해석 중 가장 논란의 여지가 없이 문장의 의미를 100% 전해주는 것은 [해석3]입니다.

[해석2]의 경우는 '그 한국 좀비(귀신)'가 정찬성 선수를 지칭하는 것을 모르는 경우에는 문장의 정확한 의미를 파악하기 어렵습니다. ①특정한 개체의 특성을 반영하여 대명사적 용법으로 사용된 것인지, 아니면 ②정말로 단어의 의미 그대로 '좀비(귀신)'를 지칭하는 지시사적 용법으로 사용된 것인지 정확하지 않습니다. 즉 [해석2]의 단계의 경우는 중의적인 의미를 가지고 있다는 것입니다. 만약 ①의 의미라면 [해석3]의 단계로 이어져야 하고, 반대로 ②의 의미라면 [해석2]에서 끝나게 됩니다.

영어 관사의 본질은 '의미'가 아니라 '상황'이기 때문에 ①번인 경우가 훨씬 더 많습니다. 그런데 우리말은 의미가 중요하기 때문에 한국 학습자들은, 특히 영어에 익숙하지 않은 경우, 의미적으로만 해결하려고 하여 ②번으로 해석하기 쉽습니다.

이러한 점이 ①번으로 해석하는 것을 방해하고, 최종적으로 관사습득을 어렵게 하는 요인이 됩니다. 결론적으로 다시 한 번 강조하지만 정관사 the가 사용된 경우 가장 중요한 것은 [the + 명사]의 '구체적인 정체'를 밝히는 일이 됩니다.

■ 가면만 보지 말고, 가면 뒤에 본모습을 찾아라!

정관사 the가 우리에게 주는 가장 원초적인 메시지는 '특정성의 존재(存在)'입니다. 즉 일반적인 개체인지(부정관사 a/an) 아니면 특정한 개체인지(정관사 the)에 대한 양자택일의 상황에서, 오랜 세월에 걸쳐 정립된 '특정성의 근거 및 기준'에 따라 해당 개체에 대한 '특정성의 여부(與否)'를 판단하고, 이에 따라 해당 개체는 특정한 개체라는 정보를 주는 것입니다. 이러한 정보를 기초로 화자나 청자는 [the + 명사]의 '구체적인 정체'를 밝혀야 되는 것입니다. 이때 '특정성의 근거 및 기준'이 명시적이고 직접적인 경우가 '100% 특정성'에 해당되고, 간접적이고 암묵적인 경우가 '1~99% 특정성'에 속합니다.

결론은 [the + 명사]는 '구체적인 정체'가 쓰고 있는 가면, 즉 대명사의 역할을 하게 됩니다. 이 때 '100% 특정성'이 되었든, '1~99% 특정성'이 되었든 간에 [the + 명사]에 대해서 화자나 청자가 수행해야할 일은 '의미적 해석'이 아니라 상황에 의거하여 '구체적인 정체'를 밝히는 것입니다.

앞에 제시한 예문에서 the Korean Zombie의 경우 정관사 the가 대명사적 용법으로 사용된 것으로 '100% 특정성'에 해당되기 때문에 he나 she같은 전형적인 대명사와 비슷하여 이해하기 쉽습니다. 이번에는 '1~99% 특정성'의 경우를 살펴보겠습니다.

>He patted me on **the shoulder**.
>그는 나의 어깨를 두드렸다.

위 예문에서 정관사 the는 '특정성의 근거 및 기준'에 따라 shoulder에 특정성이 '존재'하고 있다는 정보를 제공합니다. 즉 정관사 the는 일반적인 shoulder가 아닌 특정한 shoulder라는 정보를 제시해 주고 있습니다. 만약 a shoulder라면 화자나 청자는 단어 그대로의 의미대로 해석하고 넘어가면 되겠지만, **the** shoulder는 화자나 청자에게 일반적인 shoulder가 아닌 특정한 shoulder라는 판단을 하게하고, 이를 기초로 '상황'에 맞게 the shoulder의 '구체적인 정체'를 밝히도록 요구합니다.

이때 the shoulder의 특정성(정체)을 판단한 '근거 및 기준'은 위 예문에서 'me'입니다. 이에 따라 the shoulder의 '구체적인 정체'는 my shoulder가 됩니다.

---

the shoulder의 특정성(정체)을 판단한
'근거 및 기준'은 위 예문에서 'me'이다.

⇩ ⇩ ⇩

the shoulder   =   my shoulder

즉 the shoulder의 정체는 '1차적으로' 모든 사람들에게 공통적으로 존재하는 일반적인 a shoulder가 아니라는 것이고, '2차적으로'는 John이나 Tom의 shoulder가 아니라 my shoulder인 것입니다. the shoulder라는 가면 속에는 my shoulder가 자리 잡고 있는 것입니다.

제가 의도하고자하는 바가 잘 전달되지 않을 수도 있다고 생각됩니다.
결론은 [the + 명사]의 경우 사람들이 대명사의 특성을 가지고 있다는 생각을 잘하지 못한다는 것입니다. 앞에서 정리했듯이 [the + 명사]도 대명사의 특징을 지니고 있습니다. 이러한 이유로 [the + 명사]의 경우에도 he, she같은 대명사와 마찬가지로 구체적으로 어떤 개체를 지칭하는지 정체를 밝히는 작업이 필수적이고 중요한 일이라는 것입니다.

[the + 명사]의 경우는 항상 단어 의미 그대로 해석하는데 그치지 말고, 대명사의 역할을 하는 [the + 명사]가 지칭하는 구체적인 개체가 무엇인지 파악해야 합니다. 한편, 앞에서도 언급했듯이 특정성이 1%에 가까워질수록 '특정성의 근거 및 기준'이 모호하여 구체적인 정체가 잘 드러나지 않기 때문에 주의가 요구됩니다.

하지만 분명한 것은 어떠한 경우라도 무조건 '특정성의 근거 및 기준'은 존재하게 됩니다. 다만, 이것이 커다란 바위처럼 분명하게 존재할 수도 있고, 작은 점 하나처럼 너무 작아서 잘 보이지도 않을 수도 있습니다.

[C] **셋째,** 대명사가 '특정성(100% 특정성)'을 나타내는 역할만을 하는 것과는 달리, [the + 명사]는 뒤에 자세히 정리하겠지만, '특정성(100% 특정성 & 1~99% 특정성)'을 나타내는 역할 외에도 다양한 용법으로 사용됩니다. 따라서 정관사 the의 경우에는 학습자들에게 [the + 명사]가 특정성을 나타내는 역할을 하는 경우인지, 아니면 다른 용법으로 사용되었는지를 구분하는 수고(?)가 추가됩니다.

결국 당연한 말이지만, 정관사 the는 he, she같은 대명사보다 상대적으로 훨씬 어렵다고 볼 수 있습니다. 그만큼 정관사 the에는 다양한 의미와 기능이 존재합니다.

■ 정리

  지금까지 긴 지면을 통해서 '상황적 접근'에 대해서 살펴보았습니다. 마지막으로 간략하게 '상황적 접근'에 대해서 정리해 보도록 하겠습니다. 이는 앞으로 정관사 the가 사용된 단어를 어떻게 파악해야 하는지에 대한 접근법에 대한 것입니다.

> 1. [the + 명사]가 특정성을 나타내는 the인지 아니면 정관사 the의 다른 용법인지 판단합니다.
> 2. 만약 특정성을 나타내는 the라면 '다음과 같이' 접근합니다.

  설명의 편의를 위하여 앞에서 제시한 정관사 the에 대한 단계표를 보도록 하겠습니다.

> ①1단계: the nation = 특정한 나라   - 역할에 따른 직역
> ②2단계: the nation ⇨ the South Korea - 상황에 따른 유추
> ③3단계: the nation ⇨ 우리나라   - 번역의 문제

  지금부터는 위 단계표의 순서에 따라 문장을 설명하도록 하겠습니다.
  3단계는 번역의 단계로서 2단계가 완료된 후 각자 개인적으로 '자유롭게' 접근하면 되겠습니다. 따라서 아래 설명은 1단계와 2단계로만 이루어져 있습니다. 정관사 the에 있어서 핵심적인 단계인 '상황적 접근'은 2단계에 대한 내용이 됩니다.

미시적 접근

- **[1단계 - 역할에 따른 직역]**

  영어 관사는 특정된 의미가 존재하지 않습니다. 관사의 하나인 정관사 the도 의미가 존재하지 않는 단어입니다. 따라서 [the + 명사]의 정체를 파악하기 위해서는 '의미'가 아니라 '상황'적 접근을 해야 합니다. 정관사 the를 '그', '저' 등으로 해석하려고 하지 마시기 바랍니다. 그냥 마음속으로 '특별한 개체'를 의미하는 것으로 알고 있으면 되겠습니다.

- **[2단계 - 상황에 따른 유추 = 상황적 접근]**

  상황적 접근이란 [the + 명사]가 대명사와 동일한 역할을 한다는 것이고, 이는 [the + 명사]의 숨겨진(?) 정체를 알 수 있는 최소한의 정보가 반드시 어떠한 형태로든 존재하고 있다는 것을 기반으로 합니다. 최종적으로 청자나 독자는 주어진 최소한의 정보를 통해서, 그리고 [the + 명사]가 사용된 문장이 처한 전반적인 배경, 즉 '상황'을 고려하여 [the + 명사]가 지칭하는 특정한 개체의 정체를 유추해야 합니다. 이때 the 뒤에 수반되는 명사의 의미에 현혹되면 안 됩니다.

참고로 잠시 **부정관사 a/an의 해석법**에 대해서 살펴보겠습니다. 부정관사 a/an의 경우는 정관사 the와는 달리 '유추'의 작업이 필요하지 않기 때문에 상대적으로 간단합니다. 다음과 같이 1개의 단계로 이루어져 있습니다.

| 1단계 : a student = (일반적) 학생 | - 단어 의미에 따른 직역 |

부정관사 a/an도 정관사 the와 마찬가지로 의미가 존재하지 않습니다. '일반적인'이라는 느낌(뉘앙스?)만을 나타낼 뿐입니다. 다만 정관사 the와 달리 부정관사 a/an의 경우는 '유추'의 과정 등이 별도로 존재하지 않기 때문에 단순하게 접근하면 됩니다. 즉 [a/an + 명사]의 경우, 부정관사 a/an에 대해서는 무시(?)하고 뒤에 명사만을 '단어 의미 그대로' 해석하면 됩니다.

> **[a/an + 명사]는 부정관사 a/an은 신경 쓰지 않고,
> 뒤에 명사만을 '단어 의미 그대로' 해석한다.**

해석함에 있어서 부정관사 a/an은 존재하지 않는다고 생각해도 됩니다. 어떻게 생각하면 '상황적 접근'이라기보다는 '의미적 접근'으로 보이기도 합니다. 결국 부정관사 a/an은 '상황' 보다는 단어의 '의미'가 더 중요합니다. 이는 무관사 ∅의 경우도 마찬가지입니다.

그리고 이와 함께 '하나의(one)', '동일한(same)' '어떤(a certain, some)' 등의 우리말 해석으로 부정관사 a/an이 사용된 경우를 숙지하여, 이러한 내용에 대해서만 실제 문장에서 구별하여 파악(적용)할 수 있으면 되겠습니다.

아무튼 가장 중요한 것은 위에 box로 정리한 내용입니다. 정관사 the와 부정관사 a/an의 용법을 파악하다 보면 어느 순간 혼동이 되는 경우가 많습니다. 그때마다 기억할 것은 [a/an + 명사]의 경우 뒤에 명사만을 '단어의미 그대로' 해석하면 됩니다(이는 무관사 ∅도 마찬가지입니다).

미시적 접근

즉 [a/an + 명사]의 경우는 혹시 숨어 있는 내용이나 용법이 있지는 않은지 걱정(?)할 필요가 없습니다. 뒤에 반복해서 나오는 내용이 되겠지만 아래 예문을 통해서 잠시 확인해 보시기 바랍니다.

> Wind energy is **an interesting experiment**, but it requires **a large infrastructure**.
> 풍력 에너지는 **재미있는 실험**이지만 그것은 **많은 생산설비**가 필요하다. *infrastructure - 기간시설
>
> WFP officials have launched **a public awareness initiative** aimed at closing this funding gap.
> 세계식량계획 직원들은 이러한 자금 격차를 줄일 목적으로 **(일종의) 대중의 인식을 촉구하는 운동**을 시작했다.

예문을 통해서 확인할 수 있듯이 부정관사 a/an은 대부분 '단어 의미 그대로'의 객관적인 의미만을 나타냅니다. 반면에 설명했듯이 정관사 the는 '유추'의 과정이 대부분 요구되기 때문에 단어 뒤에 숨어있는 실제 모습을 찾아내야만 합니다. 아래 예문을 통해 비교해 보시기 바랍니다.

> As it is close to **the equator**, Indonesia has **a tropical climate**.
> 적도에 가깝기 때문에 인도네시아는 **열대성 기후**를 가지고 있습니다.

위 예문에서 먼저 부정관사 a/an이 사용된 a tropical climate의 경우는 단어 그대로 해석하면 됩니다. '**열대성 기후**'라고 해석되었습니다.

이와 달리 정관사 the가 사용된 the equator는 '의미적으로' 접근하면 안 됩니다.

equator는 <같게 하다, 평균 수준에 맞도록 가감하다>라는 의미를 가지고 있는 equate라는 동사에서 파생된 단어입니다. 따라서 equator라는 단어를 객관적인 단어 의미에 의해 파악하면 '같도록 하는 것, 같도록 만드는 것' 정도의 의미가 됩니다. 하지만 설명했듯이 정관사 the는 '상황적 접근'이 필요합니다. the equator의 단어 의미 뒤에 숨어있는 실제 모습을 찾아내야 합니다. 결과적으로 the equator는 '같도록 만드는 것'이 아니라 '적도(赤道)'라는 의미를 가지고 있습니다. the equator는 고유명사로서 지금까지 예문에 나왔던 the nation 등과는 다른 성격의 단어이지만, 정관사 the는 특정한 개체에 사용되고 [the + 명사]는 '상황적 접근'이 필요하다는 측면에서는 동일합니다 (고유명사에 사용된 the에 대해서는 뒤에 자세히 정리하도록 하겠습니다). 일단 앞에서 보았던 the Korean Zombie와 같다고 보면 되겠습니다.

결론적으로 [a/an + 명사]는 부정관사 a/an은 무시하고 명사의 '단어 의미 그대로' 파악하면 됩니다. 반면에 [the + 명사]는 '상황적 접근(유추)'이 필요합니다. 이러한 정리로부터, 기억할 것은 '단어의 원래 의미'와는 다른 의미를 나타내려면 [the + 명사]의 형태를 갖추어야 한다는 것입니다. 따라서 앞에서 나왔던 the equator같은 고유명사뿐만 아니라, 비유적 표현, 추상적 의미 등 '단어의 원래 의미'와는 다른 의미를 나타내고자 한다면 '정관사 the'를 사용해야 합니다.

[the + 명사]는 '상황적 접근(유추)'이 필요하다.

⇩ ⇩ ⇩

고유명사뿐만 아니라, 비유적 표현, 추상적 의미 등 '단어의 원래 의미'와는 다른 의미를 나타내고자 한다면 '정관사 the'를 사용해야 한다.

미시적 접근

■ '1~99% 일반성'이 존재하지 않는 이유

영어에서 '1~99% 특정성'은 존재하지만, '1~99% 일반성'은 다루지 않습니다. 이에는 2개의 이유가 존재합니다. **(1)첫째**, '1~99% 특정성'과 '1~99% 일반성'이 동시에 존재하는 것이 매우 복잡하고 혼동될 뿐만 아니라, **(2)둘째**, 일반성은 기준점으로서의 역할을 하기 때문입니다. 그리고 생각해보지도 않았지만, '1~99% 일반성'이란 개념이 표현 가능한 것인지에 대해서도 의문입니다. 각각에 대해서 살펴보겠습니다.

(1)논리적으로 보면 특정성과 일반성은 정해진 공간을 놓고 경쟁하는 사이입니다. 한쪽이 커지면 다른 한쪽은 작아지게 됩니다. 따라서 논리적으로 '57% 특정성'이라는 의미는 '43% 일반성'이라는 의미입니다(100-57=43). 37% 특정성(=63% 일반성), 75% 특정성(=25% 일반성) 등도 마찬가지입니다.

따라서 혹시 정관사 the가 '57% 특정성'을 나타내면 자동적으로 이를 '43% 일반성'이라고 취급하면 되지 않느냐고 생각할 수도 있겠습니다. 일면 타당하지만, 문제는 영어 관사에서 특정성과 일반성을 나타내는 도구가 별도로 존재한다는데 있습니다. 특정성은 정관사 the로 나타내지만, 일반성은 부정관사 a/an으로 나타냅니다. 정관사 the는 일반성을 나타낼 수 없고, 부정관사 a/an은 특정성을 나타내지 못합니다. 결국 '43% 특정성'이라는 하나의 상황을 놓고 사람에 따라, 어떤 이는 부정관사 a/an을 사용하여 '57% 일반성'으로 나타내고 반대로 다른 이는 정관사 the를 사용하여 '43% 특정성'으로 나타낸다는 것은 일단 매우 복잡하고 의사소통을 함에 있어서도 혼동될 것으로 보입니다. 또한 이것이 가능할 것인지에 대해서도 의문입니다.

따라서 이러한 혼동을 제거하기 위해서라도 특정성과 일반성 중 하나는 고정할 필요가 있을 것입니다. 결국 일반성의 경우 '100% 일반성'으로 고정하였고, 특정성에 대해서만 '100% 특정성'과 '1~99% 특정성' 즉, 1%에서부터 100%에 이르는 모든 경우의 특정성에 대해서 정관사 the로 표현하게 되었습니다.

(2)그리고 정관사 the가 아닌 부정관사 a/an을 100%로 '고정'한 것에는 부정관사 a/an이 정관사 the보다 먼저 존재하였기 때문에 기준점으로 역할하기 때문입니다. '일반적인 것'과 구별되는 '특정한 개체'를 나타내어 주기 위해서 정관사 the를 도입했다고 할 때, 이 경우 일반성은 특정한 개체를 구별하기 위한 '기준점'으로서 의미가 있습니다. 그렇다면, 상식적으로 기준점이 '100% 일반성'이라는 하나의 점으로 고정되지 않고, 다양한 스펙트럼이 존재하는 '1~99% 일반성'으로 세분화되어 있다면 정관사 the를 적용함에 있어서도 많은 혼동을 야기할 것으로 보입니다.

그리고 마지막으로 '1~99% 일반성'이라는 개념이 가능한 것인지도 모르겠습니다. 즉 조금이라도 특정한 실마리가 있는 경우 정관사 the를 사용하는 것처럼, 조금이라도 일반적인 실마리가 보이는 경우(1~99% 일반성) 부정관사 a/an을 적용한다는 것이 실제로 가능한 표현인가 하는 점입니다. 원소의 수가 1개인 정관사 the와는 달리, 부정관사 a/an의 경우 원소의 수(數)가 복수이기 때문에 '1~99% 일반성'의 측면에서 접근하는 것은 너무 복잡해서 개념적으로(원천적으로) 불가능할 것 같기도 합니다. 이에 대해서는 특별히 논하지 않겠습니다. 존재하지도 않은 표현에 대해서 논할 필요가 없다고 생각되기 때문입니다.

미시적 접근

> 결론적으로 의미적으로도 모호한 '1~99% 일반성'의 개념을 '100% 일반성'과 구분하여 고려한다는 것이 여러 가지 측면에서 실익이 존재하지 않습니다. 따라서 영어 관사에서 '1~99% 일반성'은 존재하지 않습니다.

'1~99% 특정성'은 정관사 the가 나타내는 특정성의 50% 이상을 차지하는 것으로서 관사를 습득하려고 한다면 반드시 알아야 하는 부분이지만, 우리의 언어적 사고방식 속에는 존재하지 않기 때문에 이해하기 쉽지 않습니다.

그런데 다행인 점은 '1~99% 특정성'의 경우 '특정성'의 측면에서 우리의 사고방식과 같지 않아서 이해하는데 다소 까다롭기는 하지만, 실제로 회화나 영작 등에서 적용하는 경우, 생각보다 어렵지 않은 부분이 많습니다. 그리고 실제로 적용해보면 이해도가 훨씬 높아집니다. 따라서 큰 걱정은 하지 않아도 될 것 같습니다.

다만 반복하면, 앞에서 언급했듯이 '1~99% 특정성'에 대해서는 다양한 경우가 존재하고, 그 중에서 여전히 까다로운 부분이 상당히 존재하기 때문에 주의가 필요합니다. 따라서 회화나 영작에서 자연스럽게 사용할 수 있기 위해서는 이에 대한 충분한 이해와 함께 많은 연습이 필요할 것입니다. 결국 '1~99% 특정성'은 '지식의 측면'보다는 '영어식 언어적 사고방식'에 해당되기 때문에 얼마나 이에 '익숙'해질 수 있느냐가 중요합니다.

> '1~99% 특정성'은 '지식의 측면'보다는 '영어식 언어적 사고방식'에 해당되기 때문에 얼마나 이에 '익숙'해질 수 있느냐가 중요하다.

6. '1~99% 특정성'의 특징

그렇다면 정관사 the를 명사에 적용함에 있어서, '1~99% 특정성'은 구체적으로 어떠한 특징이 있는 것일까요? 이를 파악하기 위해서 앞에서 박스로 정리한 '100% 특정성'의 특징을 끄집어내어 보도록 하겠습니다. 왜냐하면 '100% 특정성'의 특징과 '1~99% 특정성'의 특징은 모든 면에서 '상반'되기 때문입니다.

'100% 특정성'의 특징	'1~99% 특정성'의 특징
①우리말 '그'에 부합되는 경우 (의미적 접근이 요구된다.)	①우리말 '그'에 부합되지 않는다. - 조금이라도 특정성의 실마리가 존재하는 상황 ('상황적 접근'이 요구된다.)
②우리의 언어적 사고방식에 부합한다.	②우리의 언어적 사고방식과 상당한 괴리가 있다.
③개체 스스로 '외부의 도움 없이' 자신에 대한 특정한 정보(정체)를 100% 보여주는 경우	③개체 스스로는 자신에 대한 특정한 정보(정체)를 나타내지 못한다. 따라서 '외부의 도움'이 필수적이다.
④1:1로 정확히 대응되는 개체만을 콕 찍어 지칭하는 경우	④대화상황 속에서 언급되지 않았던 개체. 그리고 존재하지 않거나, 존재하더라도 존재감이 없는 개체(전혀 주목하지 않았던 개체)이다. - 지시사적 용법과 대명사적 용법이 아니다.
⑤개체가 대화상황 속에서 인지 가능하거나, 이미 앞에서 언급했던 것이거나 등의 경우 - 지시사적 용법과 대명사적 용법	
⑥용법의 범위가 한정되어 있다.	⑤용법이 다양하다.

미시적 접근

　위 표에서 좌측은 앞에서 정리했던 '100% 특정성'의 특징을 그대로 옮겨놓은 것입니다. 그리고 오른쪽은 '1~99% 특정성'의 특징을 '100% 특정성'의 특징과 항목별로 대비시켜 정리해 놓은 것입니다. 모든 항목에서 상반되는 내용임을 알 수 있을 것입니다.

　사실 '1~99% 특정성'의 내용에 대해서 지금까지 우리가 다루지 않았던 것은 아닙니다. 뒤에 '1~99% 특정성'의 구체적인 예들을 차례로 제시하면, 물론 처음 접하는 내용도 있겠지만 이미 많은 부분 알고 있는 내용들일 것입니다.
　다만 지금까지는 별도로 '1~99% 특정성'이라고 분류하지 않았습니다. 모두를 한꺼번에 '특정성을 나타내는 정관사 the의 용법' 중의 하나로 취급하였고, 여기서의 특정성이란 명시적으로 말한 것은 아니지만 '100% 특정성'을 의미하는 것이었다고 생각됩니다. 당연합니다. 왜냐하면 그동안 영문법책을 비롯한 영어에 관한 다른 어떠한 책에서도 '1~99% 특정성'이란 개념 자체가 존재하지 않았었기 때문입니다.

　따라서 결국 이 부분에서 무엇보다도 중요한 것은 분류와 시각입니다. '1~99% 특정성'의 구체적인 내용도 중요하지만, 이에 앞서 기존에 정관사 the의 영역을 단순히 특정성이라고 했던 것과는 달리 특정성을 '100% 특정성'과 '1~99% 특정성'으로 세분하였다는 점이 매우 중요합니다. 왜냐하면 이러한 특정성의 구분은 그동안 '1~99% 특정성'의 영역을 '100% 특정성'과 동일한 관점으로 파악하려 했던 것에서 벗어나, 이와는 다른 시각으로 접근하도록 하기 때문입니다. '1~99% 특정성' 영역의 경우 '100% 특정성'에 해당되는 지시사적 용법과 대명사적 용법의 관점으로 파악하려고 하면 이해가 되지 않은 부분이 많습니다. 지시사적 용법과 대명사적 용법의 관점이란 '의미의 관점'을 말합니다. 다시 한 번 강조하지만, '1~99% 특정성'의 경우 '의미'가 아닌 '상황'의 관점에서 접근해합니다. 즉 우리말로 번역이 잘 되지 않아서 의미적으로는 이해가 잘 되지 않더라도, 상황에 따른 특정성이 존재하는지의 여부로 접근하면 이해의 폭이 넓어질 것입니다. 그러한 이유로 '1~99% 특정성'은 '상황적 특정성'이라고 할 수 있습니다.

이제영어의의문이풀렸다9(관사편6)

$$\boxed{1\sim99\% \text{ 특정성} \quad = \quad \text{상황적 특정성}}$$

앞에서 '100% 특정성'을 '명시적 특정성'이라고 했었습니다. 이를 포함하여 한꺼번에 정리해 보겠습니다.

$$\boxed{\begin{array}{lcl} \bullet\ 100\%\ \text{특정성} & = & \text{명시적 특정성} \\ \\ \bullet\ 1\sim99\%\ \text{특정성} & = & \text{상황적 특정성} \end{array}}$$

향후 최종적으로는 '명시적 특정성'과 '상황적 특정성'으로 용어가 정리되어야 한다고 생각합니다. 다만 이 책에서는 처음 제시하는 내용이기 때문에 이해하는데 좀 더 도움이 된다는 판단에 따라 '100% 특정성'과 '1~99% 특정성'이란 용어를 사용하도록 하겠습니다.

우리가 영어에 지나치게(?) 어려움을 겪고 있는 것은 영어 자체가 어렵다기 보다는, 영어를 우리에게 정확히 알려주지 못한 것이 더 큰 이유라고 생각됩니다. 영어라는 언어적 표현은 이미 오래 전부터 그대로 존재하고 있었지만, 지금까지 이를 우리가 쉽게 이해할 수 있도록 도움을 줄 수 있는 도구(?)가 부족했다는 점을 생각하면 '1~99% 특정성'의 존재와 그리고 이에 대한 특징 및 내용을 숙지하는 것은 정관사 the를 이해하는데 있어서 매우 유용합니다. 왜냐하면 지금까지 정관사 the에 대해서 우리의 언어적 사고로는 이해하기 힘들었던 내용의 상당 부분이 '1~99% 특정성'과 관련이 있기 때문입니다.

'100% 특정성'과는 다른 '1~99% 특정성'의 존재를 인지하고, 그 논리를 습득함으로서 비로소 정관사 the에 대해서, 더 나아가 전체 관사체계에 대해서 이해의 폭을 넓힐 수 있을 것입니다.

앞에서 정리했듯이 영어에서 '1~99% 특정성'은 '100% 특정성'과 마찬가지로 정관사 the로 나타내지만, 매우 상반되는 특징을 보여줍니다. 지금부터는 '1~99% 특정성'의 특징에 대해서 알아보도록 하겠습니다. 앞에서 정리한 내용 중 '1~99% 특정성'의 특징 부분만을 가져와 보겠습니다. 특히 ③번과 ④번의 내용이 중요합니다.

■ '1~99% 특정성'의 특징

①우리말 '그'에 부합되지 않는다.
 - 조금이라도 특정성의 실마리가 존재하는 상황
 (상황적 접근이 요구된다.)

②우리의 언어적 사고방식과 상당한 괴리가 있다.

③개체 스스로는 자신에 대한 특정한 정보(정체)를 나타내지 못한다. 따라서 '외부의 도움'이 필수적이다.

④대화상황 속에서 언급되지 않았던 개체. 그리고 존재하지 않았거나, 존재했더라도 존재감이 없었던 개체(전혀 주목하지 않았던 개체)이다.
 - 지시사적 용법과 대명사적 용법이 아니다.

⑤용법이 다양하다.

1)우리말 '그'에 부합되지 않는다.

앞에서 정리했듯이 '100% 특정성'의 경우 우리말에서 동일한 역할을 하는 표현이 존재합니다. '그' 같은 지시사 등이 그것입니다. 다음 예문에서 the flower의 the는 앞에 나온 명사를 재언급하는 경우에 사용되었습니다. '그 꽃'으로 자연스럽게 해석되었습니다.

    Here is a flower. **The flower** is a rose.
      여기 꽃이 한 송이 있다. 그 꽃은 장미이다.

반면에 '1~99% 특정성'의 경우, 다음 예문에서처럼 '그'로 해석되지 않는 경우가 많습니다.

    With a unified mind and soul towards one major objective, **the nation** and **the government** must continue to solidify its position in the international circle.
      하나의 중요한 목표를 위해 통일된 마음으로, **우리나라와 (우리) 정부**는 국제사회에서 그 위치를 확고히 해야 한다.

위 예문은 '1~99% 특정성'의 경우이기 때문에 우리말 '그'로 해석되지 않습니다. 즉 the nation, the government는 '그 나라', '그 정부'로 해석되지 않습니다. '우리나라'와 '우리정부'로 해석되는데, 이는 앞에서 충분히 설명했듯이 the의 '의미' 때문이 아니라, '번역의 차원'에서 이해해야 합니다.

2) 우리의 언어적 사고방식과 상당한 괴리가 있다.

이는 바로 앞에 정리한 [우리말 '그'에 부합되지 않는다]의 내용과 연관되는 부분입니다.

우리말은 100% '의미'에 의한 접근이 이루어지고 있습니다. 영어도 많은 단어들이 'apple = 사과'처럼 '의미'가 핵심적인 내용입니다. 그런데 영어에서 관사는 의미가 아니라 '상황'이 핵심입니다. 앞에서 언급했듯이 '부정관사 a/an = 일반적인', '정관사 the = 특정한'이 1:1로 성립하지 않습니다.

apple = 사과

a/an ≠ 일반적인

the ≠ 특정한

위에서 '일반적인'과 '특정한'은 단어의 의미가 아니라 각각 부정관사 a/an과 정관사 the가 명사에 사용되기 위한 조건입니다.

우리의 입장에서 볼 때, 특히 '1~99% 특징성'의 경우에는 '상황'의 관점에서 접근하는 것이 더욱 중요합니다. 다시 한 번 강조하자면, '1~99% 특정성'의 경우 '의미'에 부합하는가에 따라 정관사 the를 사용하는 것이 아니라, <정관사 the를 사용할 상황이 되는가>에 대한 판단에 의존합니다. 조금이라도 '특정성의 실마리'가 존재하는 상황이라고 판단되면 '1~99% 특정성'의 측면에서 정관사 the를 사용하게 되는 것입니다.

결론적으로 '1~99% 특정성'은 100% '의미'적 접근이 이루어지는 우리말의 언어적 사고방식과 차이를 보여주는 부분인 것입니다.

3) 개체 스스로는 자신에 대한 특정한 정보(정체)를 나타내지 못한다. 따라서 '외부의 도움'이 필수적이다.

설명에 앞서 다음의 예에 대해서 생각해 보시기 바랍니다.

이제영어의의문이풀렸다9(관사편6)

> a beauty and the beast   미녀와 야수
>
> Snow White and the seven dwarfs   백설공주와 일곱 난장이
>
> Aladdin and the Magic Lamp   알라딘과 요술램프

위에 제시한 것들은 우리들이 흔히 알고 있는 유명한 동화의 제목들입니다. 저는 개인적으로 예전부터 왜 the seven dwarfs, the beast, the Magic Lamp 등에 정관사 the가 사용되었는지 이해하지 못했습니다. 이미 아시는 분도 있을 수 있겠지만, 여러분들도 한번 생각해 보시기 바랍니다.

이에 대한 설명은 잠시 뒤에 제시하도록 하겠습니다. 다시 앞에서 정리한 내용을 가져와 보겠습니다.

> "개체 스스로는 자신에 대한 특정한 정보(정체)를 나타내지 못한다. 따라서 '외부의 도움'이 필수적이다."

이는 '100% 특정성'과는 다른 '1~99% 특정성'의 특징을 가장 잘 파악할 수 있는 부분입니다. 먼저 '100% 특정성'에 해당되는 예문을 살펴보도록 하겠습니다.

> I saw a dog.
> The dog had a piece of meat in his mouth.
>   나는 어떤 개를 보았다. 그 개는 고기를 한 조각 물고 있었다.

미시적 접근

위 예문에서 the dog는 앞에 나온 a dog를 꼭 집어서 1:1로 지칭하게 됩니다. the dog가 가리키는 개체가 이미 a dog의 모습으로 앞에서 등장하고 있습니다(a dog → the dog). 즉 a dog에서 the dog로 관사의 종류가 바뀌었지만 a dog와 the dog 모두 동일한 대상을 가리키는 한 마리의 dog인 것입니다. 그런데 '1~99% 특정성'의 경우는 이와는 다릅니다.

> Tom moved to **a new house. The roof** is red.
> Tom은 새집으로 이사를 갔다. 그 집의 지붕은 빨간색이다.

위 예문에서 the roof는 '100% 특정성'의 예문에서처럼(a dog → the dog) 앞에 a roof가 존재하지 않습니다. 즉 the roof가 앞에 나온 a roof를 꼭 집어서 1:1로 지칭하고 있는 것이 아닙니다. 위 예문 어디를 찾아보아도 a roof는 보이지 않습니다. 이처럼 앞에 동일한 단어가 존재하지 않고 있지만 정관사 the가 사용된 경우가 '1~99% 특정성'에 해당됩니다. 반대로 'a dog → the dog'처럼 앞에 동일한 단어가 존재하는 경우는 정관사 the가 '100% 특정성'에 해당됩니다.

문제는 '이해와 해석'입니다.

'100% 특정성'의 경우는 앞에 동일한 단어가 존재하기 때문에, 또는 1:1로 대응되는 개체가 정확하게 존재하거나 아니면 앞에서 언급되어 있기 때문에 해석에 어려움이 없습니다. 앞의 예문에서처럼 the dog는 앞의 a dog를 지칭한다고 보고 의미를 파악하면 됩니다.

그런데 '1~99% 특정성'의 경우에는 앞에 동일한 단어가 존재하지 않기 때문에, 정확한 의미를 파악하기가 '100% 특정성'의 경우와 비교해볼 때 상대적으로 쉽지 않습니다. 그렇다면 영어는 앞에 언급되지 않은 단어에 대해서 어떠한 근거로 특정성을 나타내는 정관사 the를 사용하고 있는 것일까요? 이에 대한 설명을 위해서 앞에 제시한 예문의 the roof를 살펴보도록 하겠습니다.

세상에는 수없이 많이 존재하는 다양한 모양과 크기의 집과 건물들을 구성하고 있는 지붕들이 있습니다. 그런데 갑자기 앞의 예문에서처럼 the roof가 등장했습니다. 앞에 문장에서 아무리 애를 써도 a roof가 보이지 않습니다. 즉 지시사적 용법이나 대명사적 용법의 the가 아닙니다. 따라서 the roof 혼자서는 자신에 대한 특정한 정보를 나타낼 수가 없습니다. 자신의 정체를 알려줄 수 없다는 의미입니다. 이러한 경우가 '1~99% 특정성'에 해당됩니다.

결론적으로 the roof가 어떠한 특정성을 가진 개체인지를 알기 위해서는 '외부의 도움'이 필요합니다. 당연합니다. 왜냐하면 혼자서는 자신에 대한 특정한 정보를 나타낼 수가 없기 때문입니다. 따라서 앞 문장에서 the roof의 정체를 밝혀줄 수 있는 단서가 존재하는지 살펴보겠습니다. 앞 문장에서 존재하는 명사는 Tom과 a new house입니다. 그런데 상식적으로 the roof의 정체를 알려줄 수 있으려면, '(의미적) 연관성'이 있어야 하기 때문에, 일반적인 경우라면 the roof의 정체를 알 수 있는 실마리는 바로 앞 문장에 나와 있는 a new house입니다. 결국 the roof는 the roof of the house입니다.

the roof   =   the roof of the house

이처럼 '1~99% 특정성'의 경우, [the + 명사]의 정체를 알 수 있는 가장 대표적인 방법은 앞 문장들에서 '(의미적) 연관성'이 존재하는 단어를 찾는 것입니다.
예문을 하나 더 들어보도록 하겠습니다.

When she tried to open her front door, she couldn't get **the key** into **the lock**.
그녀는 앞문을 열려고 했지만, 자물쇠에 열쇠가 들어가지 않았다.

위 예문에서 정관사 the가 사용된 단어는 the key와 the lock입니다. 그런데 앞에 동일한 단어(key, lock)가 존재하지 않습니다. 따라서 두 단어 모두 스스로 자신에 대한 특정한 정보(정체)를 나타낼 수가 없습니다.

결국 the key와 the lock이 어떠한 특정성을 가진 개체인지를 알기 위해서는 외부의 도움이 필요합니다. 앞 문장에서 '(의미적) 연관성'이 존재하는 단어를 찾아보면 her front door 입니다. 따라서 the key는 the key of the front door이고, the lock은 the lock of the front door가 됩니다.

the key　　＝　　the key of the front door

the lock　　＝　　the lock of the front door

여기서 잠시 설명을 멈추고 처음에 제기했던 문제에 대해서 살펴보겠습니다.

a beauty and **the beast**　　　　미녀와 야수

'미녀와 야수'는 유명한 동화의 하나인데요, 영문 제목은 'a beauty and the beast'입니다. 그런데 영문제목에서 정관사 the가 사용된 단어 'the beast'가 보입니다. 정관사 the가 사용되었다는 의미는 특정한 개체라는 의미인데, 도대체 어떠한 특정성을 가졌는지 생각해 보시기 바랍니다.

일단 앞에 단어가 여러 개 보이지만 beast와 동일한 단어가 존재하지 않습니다. 이런 경우 the beast는 '1~99% 특정성'에 해당됩니다. 따라서 the beast가 어떠한 특정성을 가진 개체인지를 알기 위해서는 '외부의 도움'이 필요합니다. 이 경우 the beast를 제외하고 존재하는 유일한 명사는 앞에 a beauty입니다. 결국 the beast의 정체를 밝혀줄 수 있는 단어는 a beauty뿐이고, 이 두 단어는 서로 연관성이 존재한다고 파악됩니다. 즉 the beast가 나타내는 특정성은 a beauty의 도움을 받아서 가능합니다.

결국 'a beauty and the beast'는 흔히 '미녀와 야수'로 번역되지만, '1~99% 특정성'에 해당되는 정관사 the의 의미가 좀 더 드러나도록 번역하면 <(어떤) 미녀와 그리고 '그녀와 관계있는' 야수> 또는 <(어떤) 미녀와 그리고 '그녀의' 야수> 정도의 의미를 가지고 있다고 할 수 있겠습니다.

- a beauty and the beast
    - (어떤) 미녀와 그리고 '그녀와 관계있는' 야수
    - (어떤) 미녀와 그리고 '그녀의' 야수

다음의 경우도 마찬가지 입니다.

- Snow White and the seven dwarfs
    - 백설 공주와 일곱 난장이
    - 백설 공주와 그리고 '그녀와 관계있는' 일곱 난장이
    - 백설 공주와 그리고 '그녀의' 일곱 난장이'

- Aladdin and the Magic Lamp
    - 알라딘과 요술램프
    - 알라딘과 그리고 '그와 관계있는' 요술램프
    - 알라딘과 그리고 '그의' 요술램프

이번에는 이와는 다른 경우입니다.

A Wolf and Seven Little Goats 늑대와 일곱 마리 아기염소

위 제목에는 정관사 the가 사용되지 않았습니다. 부정관사(a/an, -s)만 사용되었습니다. 따라서 특정성이 존재하지 않기 때문에 특별하게 숨어있는 의미를 찾을 필요가 없습니다. 앞에서 부정관사(a/an, -s)는 단어 그대로의 의미대로 해석하면 된다고 하였습니다. 따라서 'A Wolf and Seven Little Goats'는 **위에 제시된** '늑대와 일곱 마리 아기염소'가 적절합니다. 부정관사(a/an, -s)의 '불특정성'을 반영한다면 <'어떤' 늑대와 (서로 관련 없는) '어떤' 일곱 마리 아기염소(들)> 정도의 의미가 됩니다.

다음 예문을 통해서 좀 더 살펴보겠습니다.

■ 남부 캘리포니아의 기후는 사모아인들에게 이상적이다.

A: The climate of Southern California is ideal for Samoans.
B: The climate of Southern California is ideal for **the** Samoans.

[A] 위 A문장과 B문장의 차이는 정관사 the의 존재 여부에 있습니다 (Samoans VS the Samoans). 정관사 the가 나타내는 '특정성'이란 다른 관점에서 말하면 '시간적, 공간적 제한'이 존재한다는 것을 의미합니다. 무관사 Ø가 적용된 A문장의 Samoans는 '시간적, 공간적 제한'이 존재하지 않기 때문에, 어느 곳에 살고 있든지 간에 '모든' Samoans를 의미합니다.

[B] 반면에 B 문장의 the Samoans는 정관사 the가 적용되었기 때문에 일단 Samoans에 '시간적, 공간적 제한(특정성)'이 존재한다는 것을 알 수 있습니다. 이제부터는 the Samoans에 대해서 앞에서 접근했던 방식대로 설명해 보겠습니다.

앞에 단어가 여러 개 보이지만 Samoans와 동일한 단어가 존재하지 않습니다. 이런 경우 the Samoans는 '1~99% 특정성'에 해당됩니다. 따라서 the Samoans가 어떠한 특정성을 가진 개체인지를 알기 위해서는 외부의 도움이 필요합니다. 결국 the Samoans의 정체를 밝혀줄 수 있는 단어는 Southern California이고, 이 두 단어는 서로 연관성이 존재한다고 파악됩니다. 즉 the Samoans에 존재하는 특정성은 Southern California의 도움을 받은 것입니다. 따라서 B 문장의 the Samoans는 남부 캘리포니아(Southern California)에 살고 있는 사모아인(Samoans)으로 제한됩니다.

예문을 좀 더 보도록 하겠습니다.

■ water movement VS the water flow

C: They put an underwater microphone and instruments that detect **water movement**.
그들은 수중 마이크와 **물의 움직임**을 감지하는 장치를 넣었습니다.   *instrument – 기계, 기구, 악기

D: Power showers use booster pumps to increase **the water flow**.
강력 샤워(power showers)는 **물의 흐름**을 증가시키기 위해 승압기 펌프를 사용합니다.

위 C문장과 D문장에서 water movement와 the water flow의 차이도 정관사 the의 존재 여부에 있습니다.

미시적 접근

[C] 먼저, 무관사 ∅가 적용된 C문장의 water movement는 '시간적, 공간적 제한'이 존재하지 않기 때문에, 일반적인 의미(개념적 의미)의 '물의 움직임(water movement)'을 의미합니다.

반면에 D문장의 the water flow는 정관사 the가 적용되었기 때문에 water flow에 '시간적, 공간적 제한(특정성)'이 존재한다는 것을 알 수 있습니다. 이번에도 the water flow에 대해서 앞에서 접근했던 방식대로 설명해 보겠습니다.

[D] D문장에서 the water flow 앞에 단어가 여러 개 보이지만 water flow와 동일한 단어가 존재하지 않습니다. 이런 경우 the water flow는 '1~99% 특정성'에 해당됩니다. 따라서 the water flow가 어떠한 특정성을 가진 개체인지를 알기 위해서는 외부의 도움이 필요합니다. 결국 the water flow의 정체를 밝혀줄 수 있는 가능성이 존재하는 단어는 power showers와 booster pumps이고, 내용상 이 두 단어 중 power showers가 water flow와 서로 '연관성'이 존재한다고 파악됩니다. 즉 the water flow에 존재하는 특정성은 power showers의 도움을 받은 것입니다. 따라서 **D문장의 the water flow는 power showers의 '물의 흐름(water flow)'으로 제한됩니다**. 즉, the water flow는 the water flow of the power showers인 것입니다.

다음 문장들은 '1~99% 특정성'에 해당되는 문장들입니다.

> He made a kennel and painted **the roof** red.
> 그는 개집을 만들었다, 그리고 지붕을 빨간색으로 칠했다.
> (a kennel → the roof) * kennel - 개집
>
> A fire broke out. **The cause** was the wife's carelessness.
> 화재가 발생했다. 원인은 부인의 부주의였다.
> (a fire → the cause)
>
> Her speech touched me to **the heart**.
> 그녀의 연설에 나는 감동되었다. (me → the heart)

Her speech touched me to **the heart**.
그녀의 연설에 나는 감동되었다. (me → the heart)

한편, 외부의 도움의 형태는 단어 앞에만 위치하는 것은 아닙니다. 다음 문장처럼, 외부의 도움이 단어 뒤에 위치하는 경우도 있습니다.

It is expected that **the employment problems** will be tough as it is the first year that law schools will produce graduates to a competitive legal industry.
또한 올해는 로스쿨 졸업생이 경쟁적인 법률 시장에 배출 되는 첫 해이기 때문에 취업 문제는 더 심각해질 것으로 기대된다.

위 예문에서 the employment problems는 '특정한 취업문제', 즉 '변호사들의 취업 문제'를 의미합니다. 그런데 이에 대한 실마리는 뒤에 제시되어 있습니다.

이 외에도 '외부의 도움'의 방식은 다양합니다. 그리고 이러한 '다양성' 때문에 '1~99% 특정성'이 간단하지 않습니다.

'외부의 도움'의 방식은 다양하다.

⇩ ⇩ ⇩

이러한 <'외부의 도움'의 방식>의 다양성 때문에
'1~99% 특정성'이 간단하지 않는다.

미시적 접근

한편, 앞에 제시한 예문에서는 모두 문장 내에 '실마리'가 존재하였지만, 문장 내에 존재하지 않는 경우도 있습니다. 이하에서는 이와 관련된 예문을 문제형식으로 제시하도록 하겠습니다. 진하게 표시된 부분의 의미(정체)가 무엇인지, 그리고 '외부의 도움'이 어떠한 방식으로 존재하는지 생각해 보시기 바랍니다.

[문제 A]

① He told reporters, "When I walk into a neighborhood, criminals leave because they see **the suit**.

② If the demand of cocoa keeps growing and the land suitable to grow cocoa decreases, **the prices** will go up.

③ The Ndembu people of Central Africa] believe that illness is often the result of the anger of a relative, friend, of enemy towards **the patient**.

④ But should Seoul's anxiety that it might hand the initiative over to Pyongyang in inter-Korean relationships be allowed to block what could be the most significant momentum for a breakthrough? To any watchers with a longer and broader perspective, **the answer** would be No.

⑤ In Egypt I am aboard a houseboat on the Nile. **The owner** talks about a recent film.

⑥ The scale of the musical isn't big, but **the production** involves 50 actors, dancers and singers.

⑦ Relatively high precipitation continued to lash the country's mid section early Monday before letting up in **the afternoon**.

⑧As people got on, they stepped on each other's feet and pushed one another in **the back**.

⑨The test flight conducted at an Air Force Base in the U.S. allowed careful validation of **the vehicle**'s hardware and software.

[해설 A]

①He told reporters, "When I walk into a neighborhood, criminals leave because they see **the suit**.

그는 기자들에게, '내가 근처에 나타나면, 범죄자들이 내 옷을 보고 달아난다."고 말했다.

- I → the suit (= the suit of mine)

②If the demand of cocoa keeps growing and the land suitable to grow cocoa decreases, **the prices** will go up.

만약 코코아의 수요가 계속해서 증가하고 코코아를 재배하기에 적합한 땅이 줄어든다면, 가격이 올라가게 될 것입니다.

- cocoa → the prices (= the prices of cocoa)

③The Ndembu people of Central Africa] believe that illness is often the result of the anger of a relative, friend, of enemy towards **the patient**.

중앙아프리카의 Ndembu 족은 병이란 흔히 환자에 대한 친척, 친구 또는 적의 분노의 결과라고 믿고 있다.

- a relative, friend, of enemy → the patient

미시적 접근

④But should Seoul's anxiety that it might hand the initiative over to Pyongyang in inter-Korean relationships be allowed to block what could be the most significant momentum for a breakthrough? To any watchers with a longer and broader perspective, **the answer** would be No.
　그러나 남북관계에서 주도권을 북한에 넘겨주지 않으려는 남한 정부의 조바심 때문에 돌파구를 만드는 가장 중요한 동력이 봉쇄당하는 일이 생겨도 될까? 좀 더 장기적이고 폭 넓은 전망을 가진 관찰자들이라면 그 대답은 아니오(No)이다.
　　▪ the answer는 앞에 나온 질문에 대한 답이라는 의미

⑤In Egypt I am aboard a houseboat on the Nile. **The owner** talks about a recent film.
　이집트에서 나는 Nile강에서 선상주택에 탑승했다. 주인은 최근의 영화에 대해 내게 이야기했다.
　　▪ a houseboat → the owner
　　　　　　(= the owner of a houseboat)

⑥The scale of the musical isn't big, but **the production** involves 50 actors, dancers and singers.
　뮤지컬의 규모는 크지 않지만 그 제작은 50명의 배우들, 댄서들, 그리고 가수들이 참여한다.
　　▪ the musical → the production
　　　　　　(= the production of the musical)

⑦Relatively high precipitation continued to lash the country's mid section early Monday before letting up in **the afternoon**.
　비교적 많은 강우량이 월요일 아침부터 중부지방을 강타한 후 오후에 들어 누그러졌다.　　*lash - 공격하다, 휘몰아치다
- Monday → the afternoon (= the afternoon of Monday)

⑧As people got on, they stepped on each other's feet and pushed one another in **the back**.
　사람들은 타면서 서로의 발을 밟고 등으로 다른 사람을 밀었습니다.
- they → the back (= the back of them)

⑨The test flight conducted at an Air Force Base in the U.S. allowed careful validation of **the vehicle**'s hardware and software.　　*validation - 실증, 비준, 확인
　(어느 한) 미 공군 기지에서 실시된 시험 비행은 차량의 하드웨어와 소프트웨어를 신중하게 검사할 수 있도록 했다.
- the test flight, an Air Force Base
　→ the vehicle (= the air plane)

[문제 B]

①While texting, we need to consider **the place** and **time**.

미시적 접근

②It has announced the cumulative radiation leaks contaminating **the air, water, vegetables** and **seawater** is at its worst.

③Tokyo is famed the world over for many reasons; the lights, the futuristic technology that is used in every home and office, **the overcrowding** and of course **the astronomical cost of living.**

④The car lights were on all night and now **the battery** is dead.

⑤There are hopes that this new research and **the techniques** that come out of it could act as a predictive method for health problems amongst patients, acting as an early warning for illnesses in patients who otherwise seem healthy.

⑥Mr. Johnson, the principal at America Game Science High School, believes **the students** will light up America's game industry.

⑦According to the Palace, **the hymns** would be well-known ones that all of the guests could sing along to.

⑧Where is **the clothing department**?

⑨Keep in mind that lawyers are hired to protect **the** client, not the law.

[해설 B]

①While texting, we need to consider **the place** and **time**.
　문자메시지를 보낼 때, 우리는 장소와 시간을 고려해야 해.
　　▪ texting → the place and time
　　　　　문자를 보내는 것과 관계되는 장소와 시간

②It has announced the cumulative radiation leaks contaminating **the air, water, vegetables** and **seawater** is at its worst.

    누적된 방사능 유출은 공기, 물, 채소 그리고 바닷물을 오염시키며 최악인 것으로 발표됐다.

- the cumulative radiation leaks → the air, water, vegetables and seawater(사건이 발생한 특정 지역의 air, water, vegetables and seawater)

③Tokyo is famed the world over for many reasons; **the lights, the futuristic technology** that is used in every home and office, **the overcrowding** and of course **the astronomical cost of living**.

    도쿄는 여러 가지 이유로 세계에서 명성이 자자하다; 불빛, 모든 집과 사무실에서 이용되는 초현대적 기술, 과밀인구 그리고 물론 어마어마한 생활비로도.

  *futuristic - 미래의, 초현대적인

  *astronomical - 천문학의, 어마어마한

- Tokyo → the lights, the futuristic technology,
    the overcrowding, the astronomical cost of living

④**The car lights** were on all night and now **the battery** is dead.

    전조등을 밤새도록 켜놓아서 배터리가 나갔어요.

- the car lights = my car lights
    the car lights → the battery (= the battery of my car)

⑤There are hopes that this new research and **the techniques** that come out of it could act as a predictive method for health problems amongst patients, acting as an early warning for illnesses in patients who otherwise seem healthy.
　이 새로운 연구 결과가 건강해 보이는 환자들에게 병의 조기 경고로서 예방 의학으로 사용되기를 바라는 희망이 있다.
- this new research → the techniques
　　　　(= the techniques from the research)

⑥Mr. Johnson, the principal at America Game Science High School, believes **the students** will light up America's game industry.
　미국게임과학고등학교의 교장인 Johnson씨는 학생들이 한국 게임 산업의 미래를 밝게 해줄 것으로 믿고 있다.
- the principal at America Game Science High School
　　→ the students (= the students of the school)

⑦According to the Palace, **the hymns** would be well-known ones that all of the guests could sing along to.
　왕실에 따르면, 찬송가는 모든 하객들이 따라 부를 수 있는 잘 알려진 것이 될 것이다.　　*hymn - 찬송가, 성가
- the hymns = the hymns of a ceremony

⑧Where is **the clothing department**?
　의류 매장이 어디에 있나요?
- the clothing department
　= the clothing department of the shopping mall

⑨Keep in mind that lawyers are hired to protect **the** client, not the law.
　　변호사는 법이 아니라 의뢰인을 보호하기 위해 고용된다는 것을 명심해라.
　　　▪ lawyers → the client (= their client)

한편 지금까지 설명한 내용은 '1~99%'특정성에 의해서 정관사 the가 적용되기 위해서는 '외부의 도움'이 필요하다는 것이었습니다. 그런데 '외부의 도움'이란 <외부에 존재하는 대상과의 '관련성(연관성)'>을 의미한다고 이해할 수도 있습니다.

'외부의 도움'이란 <외부에 존재하는 대상과의 '관련성(연관성)'>을 의미한다.

즉 조금이라도 외부의 대상과 '관련성(연관성)'이 존재하는 경우에, 이를 매개로 하여 정관사 the를 적용하게 되는 것입니다. 이러한 측면에서 정관사 the는 '관련성의 the'라고 할 수 있습니다.

정관사 the　　=　　관련성의 the

한편 이러한 연관성 측면에서, 개념상 반드시 정관사 the가 필요할 수밖에 없는 단어들이 있습니다.

미시적 접근

■ 기준의 the

top, middle, center, left, west, front, back, rear 등의 단어들은, 개념상 '특정한 기준점(대상)의 존재'를 바탕으로 하는 단어들이기 때문에 일반적으로 특정성을 나타내는 정관사 the가 적용됩니다.

예를 들어 top(정상, 꼭대기)이라는 단어는 개념상 <'A의 top'이라는 의미>이기 때문에, A에 의해서(A의 도움을 받아서, A와의 연관성에 의해서) 특정성이 존재하기 때문에 대부분 항상 정관사 the가 적용됩니다.

The ways to **the top of** the mountain are quite perilous.
   그 산의 정상에 오르는 길은 꽤 험난하다 *perilous - 위험한
He walked along **the top of** a fence without any fear.
   그 애는 겁없이 울타리 위로 걸었다.
Leave **the top** alone and just trim the sides.
   윗머리는 그냥 놔두고 옆만 솜 쳐 주세요 *trim - 손질하다

한편 항상 정관사 the가 적용되는 단어 중에는 조금 특이한(?) 단어가 있습니다. the left(왼쪽)를 예로 들어 보겠습니다.

> ### 세상에 절대적으로 '왼쪽'인 경우는 없다.

즉 the left는 '상대적인 의미'라는 것입니다. 이 말이 어떤 의미인지 설명해 보도록 하겠습니다. <소, 원숭이, 닭>이 아래 그림처럼 원숭이를 가운데에 놓고 나란히 가로로 서있는 상황(소-원숭이-닭)을 가정해 보도록 하겠습니다.

이제영어의의문이풀렸다9(관사편6)

소   원숭이   닭

소의 오른쪽(the right)에 원숭이가 있다면, 반대로 닭의 왼쪽(the left)에 원숭이가 위치해 있게 됩니다. 즉 원숭이는 움직이지 않고 동일한 위치에 서 있지만 소를 기준으로 하면 오른쪽(the right)에 위치해 있는 것이고, 반면에 닭을 기준으로 하면 왼쪽(the left)에 위치해 있는 것입니다. 이때 오른쪽(the right)이란 소의 오른쪽(the right of 소)을 의미하는 것이고 왼쪽(the left)은 닭의 왼쪽(the left of 닭)을 의미하는 것이다.

- the right = the right of 소
- the left = the left of 닭

결론적으로 좌우를 나타내는 the left와 the right는 아무런 기준점 없이 절대적으로 왼쪽, 오른쪽인 경우는 없습니다. 즉 특별한 경우가 아니라면, 일반적으로 정관사 the가 적용되지 않은, 즉 단독으로 무관사 ∅인 left와 right로는 사용되지 않습니다. 물론 다음 문장처럼 무관사 ∅인 경우가 존재합니다. 그런데 이 경우는 정관사 the가 생략된 것으로 보아야 합니다.

The people are on **top** of a mountain.
사람들이 산 정상에 있다.

결론적으로, '오른쪽'과 '왼쪽'이라는 단어는 '의미상' 기준점이 존재해야 합니다. 그리고 이러한 기준점은 특정성을 부여하기 때문에. 항상 the left, the right의 형태로 사용되는 것입니다. 그리고 the left, the right의 정관사 the는 '기준의 the'라고 할 수 있습니다. 이러한 점을 보면 영어는 매우 정교하고 논리적인 언어라고 생각됩니다.

한편, 이처럼 동서남북을 나타내는 the east, the west, the south, the north도 the left, the right와 마찬가지로 상대적인 개념인 단어들로서 '기준의 the'를 항상 동반하게 됩니다. 즉 절대적으로 동쪽인 장소, 서쪽인 장소 등은 존재하지 않습니다.

4) 대화상황 속에서 언급되지 않았던 개체, 그리고 존재하지 않거나, 존재하더라도 존재감이 없는 개체(주목하지 않았던 개체)이다.
 - 지시사적 용법과 대명사적 용법이 아니다.

정관사 the는 명사에 '특정성'을 부여합니다. '특정성'은 단어에 붙여진 '제한, 한계, 족쇄'를 의미합니다. 이 때, '제한, 한계, 족쇄'는 '시간적, 공간적, 지역적, 상황적'인 것입니다, 결론적으로 명사에 the가 적용되었다는 것은 '시간적, 공간적, 지역적, 상황적'으로 제한이 있는 구체적인 대상임을 의미하는 것입니다.

> **정관사 the는 단어에 붙여진**
> **'시간적, 공간적, 지역적, 상황적'인 '제한'이다.**

사실 이러한 내용은 앞에서 보았던 내용에도 해당되는 것입니다. 다만 지금 설명할 내용은 앞에서 정리한 내용과 다릅니다.

정관사 the에 존재하는 '1~99% 특정성'의 경우에는 '외부의 도움'이 필수적입니다. 이때 '외부의 도움'의 방식과 형태는 다양하지만, 앞에서 설명한 내용에 있어서는 어떠한 경우라도 반드시 주위에 존재합니다. 즉 어떠한 경우에는 '수행비서'처럼 전면에 드러나서 도움을 주기도 하고, 다른 경우에는 '비밀경호원'처럼 잘 보이지 않게 도와주기도 하지만, 분명한 것은 대화의 구체적인 내용이나 개별적인 고유의 상황 안에서 분명하게 존재한다는 것입니다.

하지만 지금부터 설명할 '1~99% 특정성'에 대한 내용에서는 '외부 도움'의 실체가 구체적으로 존재하지 않습니다. 즉 대화의 구체적인 내용 안에서는 전혀 발견할 수 없다는 것입니다. 비유가 적절할지는 모르겠지만, '수행비서'와 '비밀경호원'으로 비유했던 앞의 내용과 비교해 볼 때, 이 경우는 '투명인간'처럼 생각됩니다. 이처럼 <'외부 도움'의 실체가 구체적으로 존재하지 않는 경우>에 대해서 '1% 특정성'이라고 하겠습니다.

'외부 도움'의 실체가 구체적으로 존재하지 않는 경우 = '1% 특정성'

■ 1% 특정성

(가) 특정성이 필수적인 단어

미시적 접근

1. 항상 특정 지역 및 상황과 연관되어 사용되는 단어
   - '지역적인 제한'이 존재하는 단어

정관사 the는 명사에 대한 '시간적, 공간적, 지역적, 상황적'인 제한이라고 했습니다. 부정관사 a/an이 적용되는 'an apple'은 '시간적, 공간적, 지역적, 상황적'인 제한이 존재하지 않은 상태입니다. 그런데 만약 an apple에 이러한 제한이 적용되면 특정성이 부여되어서 the apple이 되는 것입니다. 즉 an apple은 일반적인 사과를 의미하지만, 어제 먹은 사과, 현재 방안에 있는 사과, 경북에서 생산되는 사과' 등은 특별한 경우가 아니라면 'the apple'로 나타내야 합니다.

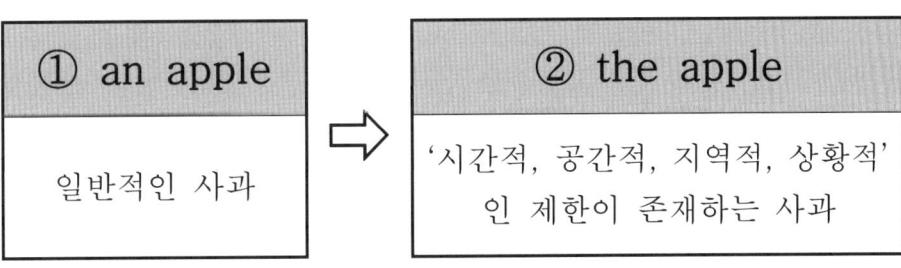

일반적으로 보통의 단어들은 ①과 같은 경우가 일반적이고, ②처럼 정관사 the가 적용된 경우는 일반적이지 않습니다. 즉 보통 '사과'라고 하면 'an apple'인 것입니다. 그런데 이와 달리 <정관사 the가 적용되는 것이 일반적인 단어들>이 존재합니다.

<정관사 the가 적용되는 것이 일반적인 단어들>이 존재한다.

즉 어떠한 단어들은 일반적으로 '시간적, 공간적, 지역적, 상황적'인 제한이 '자동적으로' 동반되게 된다는 것입니다.

climate(기후)를 예로 들어 설명하도록 하겠습니다. climate의 사전적 의미는 다음과 같습니다.

> - **climate** : the weather in some location averaged over some long period of time

위 정리처럼, climate는 <'한 지방'의 연간에 걸친 평균적 기상 상태>를 의미합니다. 결국 이러한 사전적 의미로부터 climate는 <항상 '특정 지역'과 연관되어 사용되는 단어>라는 것을 알 수 있습니다. 즉 climate는 명시적으로 제시하지 않더라도 '서울의 climate(기후)', '미국의 climate', '영국의 climate, 등과 같이 '특정 지역의 기후'의 의미로만 사용된다는 것입니다. 결국, climate는 항상 지역적인 제한이 존재하기 때문에 '일반적으로' 다음 예문처럼 정관사 the가 적용되어 'the climate'로 사용되는 것입니다.

The climate of the Sahara Desert is very hot and dry.
사하라 사막의 기후는 매우 덥고 건조합니다.

예문을 몇 개 더 보겠습니다.

The climate of Europe is very different depending on the location.
유럽의 기후는 지역에 따라 다릅니다.

미시적 접근

This could lead to drastic consequences for **the climate**, biodiversity, and the global economy.
　이는 기후, 생물의 다양성, 그리고 세계경제에 극적인 결과를 초래할 수 있습니다.

Due to **the extreme climate**, almost 40 percent of the country is uninhabitable.
　극심한 기후 때문에 이 나라의 거의 40 퍼센트는 사람이 살 수 없는 곳입니다.
- the extreme climate
  = the extreme climate of the country

　물론, 당연히 climate가 항상 the climate의 형태로 사용되는 것은 아닙니다. '시간적, 공간적, 지역적, 상황적'인 제한이 존재하지 않는 경우에는 다음과 같이 무관사 ∅와 부정관사 a/an이 적용될 수 있습니다.

As it is close to the equator, Indonesia has **a tropical climate**.
　적도에 가깝기 때문에 인도네시아는 열대성 기후를 가지고 있습니다.

Since the U.S. is a very big country, **climate** varies between states.
　미국은 매우 큰 나라이기 때문에, 주마다 기후도 다양합니다.

　이번에는 '기온, 온도'의 의미를 갖는 temperature에 대해서 살펴보겠습니다. temperature도 '일정한 지역적 한계'가 설정된 단어입니다.

즉 이 단어도 당연히 <'어떠한 대상'의 기온이나 온도>를 의미할 수밖에 없기 때문에, '어떠한 대상'이라는 '제한'을 반영하여 '일반적으로' 다음 예문과 같이 정관사 the가 적용된 the temperature형태로 사용됩니다.

During the winter time, **the average temperature** at the North Pole is -34 degrees.
겨울 동안에, 북극의 평균 온도는 영하 34도입니다.

예문을 몇 개 더 보겠습니다.

Snow is precipitation, or moisture in the air, that freezes when **the temperature** is below freezing.
눈에 대해 알아야할 모든 것 눈은 '강설(precipitation)' 즉, 기온이 영하로 내려갈 때 얼어붙은 공기 중의 습기이다.

The sky is blue and **the temperature** is mild.
하늘은 푸르고 날씨도 포근해.

However, due to **the cold average temperature**, trees do not grow there. Only grass and moss can survive the harsh climate.
하지만 낮은 평균 기온으로 인해 추운 날씨에서도 살아남는 풀과 이끼 외에는 나무가 자라지 않습니다.

- the cold average temperature
   = the cold average temperature of the area
- the harsh climate = the harsh climate of the area

When **the temperature** is 10 degrees, crickets chirp about 60 times a minute.   *cricket - 귀뚜라미
온도가 10도일 때, 귀뚜라미는 일 분에 약 60번 찍찍거려요.

In the winter, **the temperature** drops to -50 degrees and even the top layer of soil freezes!
겨울에 (이지역의) 기온이 영하 50도까지 떨어지고 토양의 상층부가 얼기도 한다!

이처럼 단어의 의미상 '지역적 제한'이 존재하여 일반적으로 정관사 the가 수반되는 단어들에는 다음과 같은 것들이 있습니다.

---

the climate, the temperature, the weather, the atmosphere, the population, the situation the environment, etc.

예문을 통해서 확인해 보시기 바랍니다.

[the atmosphere]

Anthony felt the need to lighten **the atmosphere**.
앤소니는 분위기를 좀 밝게 해야겠다고 느꼈다.
The atmosphere was thick with tension.
분위기 속에는 긴장이 가득했다.
We are pumping huge quantities of CO_2 into **the atmosphere**, almost one-third of which comes from cars.
우리는 대기 속으로 엄청난 양의 탄산가스를 주입하고 있는데, 이것의 거의 삼분의 일은 자동차에서 나온 것이다.

I think it's because of **the atmosphere**.
나는 주위환경 때문이라고 생각해.

[the weather]

What's **the weather** like these days?
요즘 날씨 어떠냐?

I feel great today because **the weather** is so nice outside.
바깥 날씨가 너무 좋아서 나는 오늘 기분이 너무 좋아.

He gripes about **the weather** or the government all the time.
그는 항상 날씨나 정부에 대해 투덜거린다.

[the population]

These statistics show deaths per 1,000 of **the population**.
이 통계들은 인구 1,000명당 사망 지수를 나타낸다.

A million people died, a seventh of **the population**.
인구의 7분의 1인 백만 명이 죽었다.

The majority of **the population** lives in traditional societies, practicing agriculture.
인구의 대다수가 농사를 지으며 전통적인 사회 안에서 살아갑니다.

- the population = the population of the nation

The population thins out as we approach the desert.
우리가 사막에 가까워지자 주민의 수가 드문드문해졌다.

- the population = the population of the area

[the environment]

This is great news for both people and **the environment**!
이는 사람과 환경 모두에게 좋은 소식입니다!

Back-country skiing doesn't cause much damage to **the surrounding environment**.
자연 속에서 스키를 탄다고 하여 산의 환경에 많이 손상을 입히는 것은 아니다.   *back-country - 오지

PRTs are safe for **the environment**, and electrical buses will also be used.
PRT는 환경에 안전하며, 전기 버스 또한 사용될 것이다.

The environment we adapt to is probably going to reflect this.
우리가 적응하는 환경도 아마 이러한 것을 반영할 것이다.

What have you done lately or are willing to do for **the environment**?
당신은 최근 환경을 위해 무엇을 했고 기꺼이 하고 싶이 하는가?

[the situation]

Is there another way to solve **the situation** here?
지금 상황을 해결할 만한 또 다른 방법이 있을까요?

Common sense aside, the most important asset in business is a sense of humor, an ability to laugh at yourself or **the situation**.
일반상식 외에도 사업에 있어서 가장 중요한 자산은 당신 자신 또는 자신이 처한 상황에 웃을 수 있는 능력인 유머 감각이다.

- yourself → the situation (= your situation)

The situation is in no way serious.
사태는 결코 심각하지 않다.

There was a sudden change in the situation.
정세는 급전했다.

2. 그 외의 제한이 존재하는 단어
- '상황적인 제한'이 존재하는 단어

정관사 the는 명사에 대한 '시간적, 공간적, 지역적, 상황적'인 제한이라고 했었습니다. 이러한 측면에서 다음에 제시하는 단어들도 '일반적으로' '상황적' 제한이 존재하기 때문에, 정관사 the를 적용하게 됩니다.

---

the demand,   the supply,   the process,
the lead,   the sequel, etc.

먼저, demand를 예를 들어 설명하도록 하겠습니다. demand는 '수요'라는 의미의 단어입니다. 수요는 일반적으로 '~에 대한 수요'라는 의미입니다. 즉, 명시적으로 말하지 않더라도, 문장에서 demand가 사용되면 일반적으로 '사과에 대한 수요(the demand of an apple)', '자동차에 대한 수요(the demand of a car)', '귀금속에 대한 수요(the demand of jeweler)' 등의 의미로 사용됩니다. 결국, demand는 항상 상황적인 제한이 존재하기 때문에 '일반적으로' 다음 예문처럼 정관사 the가 적용되어 'the demand'로 사용되는 것입니다.

The supply cannot meet the demand.
공급이 수요를 따라가지 못하다.

미시적 접근

The demand is three times as great as the supply.
수요는 공급의 삼배이다
The demand appears to be reviving.
수요는 회복되는 것 같다.

이번에는 process를 예를 들어 설명하도록 하겠습니다. process는 '과정'이라는 의미의 단어입니다. '과정'은 일반적으로 '~의 과정'이라는 의미입니다. 즉, 명시적으로 말하지 않더라도, 문장에서 process가 사용되면 일반적으로 '어떠한 일이나 사건의 진행 과정'의 의미로 사용됩니다. 결국, process는 항상 '상황적인 제한'이 존재하기 때문에 일반적으로 다음 예문처럼 정관사 the가 적용되어 'the process'로 사용됩니다.

Please render an account of the process.
과정을 설명해 주십시오.
The process was at a stop then.
그 당시 과정이 정지한 상태였다.
Enjoy the process, not just the goal.
목표를 위해서만이 아닌 과정을 즐겨라.

나머지 단어들은 예문을 통해서 확인해 보시기 바랍니다.

[the supply]

A stroke can disrupt the supply of oxygen to the brain.
뇌졸중은 두뇌로 산소가 공급되는 것에 지장을 초래할 수 있다.
The supply cannot meet the demand.
공급이 수요를 따라가지 못하다.

The demand is three times as great as **the supply**.
수요는 공급의 삼배이다

[the lead]

Their research about biological engineering has **the lead**.
유전자 공학에 대한 그들의 연구는 앞서가고 있다.

Last year's champion gained **the lead** in the race and won it.
지난해의 챔피언은 경주에서 선두에 나섰고 이겼다.

He swept into **the lead** with an almost perfect performance.
그는 거의 완벽한 기량 발휘[연기]로 거뜬히 선두[주연] 자리에 올랐다.

[the sequel]

The sequel will hit theaters in 2011.
이 속편은 2011년에 극장에 개봉될 것이다.

The sequel is packed with action and comedy.
그 속편은 액션과 코미디로 가득 차 있습니다.

But don't worry, I'll be back for **the sequel**.
하지만 걱정하지 마세요. 속편을 위해 다시 돌아올 겁니다.

참고로 반복해서 언급하는 것이지만, 위에 제시된 단어들도, '일반적인 경우'는 아니지만 조건이 충족된다면 부정관사(a/an, -s)나 무관사 ∅가 적용될 수 있습니다. 동일한 종류의 대상이 2개 이상 존재하는 경우, 즉 가산성이 존재하는 경우에는 부정관사(a/an, -s)가 적용되어야 합니다.

미시적 접근

또한 만약에 '시간적, 공간적, 지역적, 상황적'인 제한이 존재하지 않는다면, 그리고 사람의 머릿속에서 관념적, 개념적으로만 존재하는 상황(총칭적 상황)이라면 무관사 ∅가 적용되게 됩니다.

(나) 지역적 제한 = 국가

1. 국가에 1개만 존재하는 유일한 대상

정관사 the는 명사에 대한 '시간적, 공간적, 지역적, 상황적'인 제한을 의미합니다. 앞에서 설명한 the climate, the demand 등과 같은 단어들은 '일반적으로' 이러한 제한들이 항상 존재하기 때문에, 거의 대부분 정관사 the가 적용되게 됩니다. 그리고 이러한 '제한'은 의도적으로 외부에서 부여한 것이 아니라, 단어의 '의미적' 특성상 '자동적'으로 수반되는 것입니다.

이번에 설명할 단어들은 '시간적, 공간적, 지역적, 상황적'인 제한이 '특정한 하나의 대상'으로 고정되어 있는 경우입니다. 이해를 돕기 위해서 일단 demand로 설명하도록 하겠습니다.

앞에서 설명한 것처럼 일반적으로 demand는 단순히 '수요'라는 의미가 아니라, 대부분 '~에 대한 수요'라는 의미로 사용됩니다. 즉 상황에 따라 '사과에 대한 수요(the demand of an apple)', '자동차에 대한 수요(the demand of a car)', '귀금속에 대한 수요(the demand of jeweler)' 등의 의미로 사용되는 것입니다. 이러한 이유로 항상 정관사 the를 수반하여 the demand의 형태로 사용됩니다. 여기까지가 앞에서 정리한 내용입니다.

이번에는 '특정한 이유' 때문에 demand에 대해서는 '자동차에 대한 수요'만을 의미하는 것으로 사람들이 서로 약속하였다고 가정해 보겠습니다.

그렇게 된다면 demand는 항상 the demand의 형태로 사용되게 되고, 의미는 '~에 대한 수요'가 아니라 '자동차에 대한 수요'로 고정되는 것입니다. 물론 이는 설명을 위해서 '가정'하여 말하는 것이고, demand의 의미는 '~에 대한 수요'가 맞습니다.

그런데 영어에는 실제로 이러한 경우가 존재합니다. 대표적인 단어가 nation입니다. 일반적으로 공통된 언어를 사용하는 사람들의 대표적인 소속은 '국가'입니다.

무슨 말인가 하면, 우리가 보통 <어떠한 대상이 어떠한 언어를 사용한다>라고 말하는 경우, 일반적으로 '런던사람들은 영어를 사용한다', 또는 '베이징 사람들은 중국어를 사용한다'라고 말하지는 않습니다. 이러한 경우에 보통은 '영국 사람들은 영어를 사용한다', 또는 '중국 사람들은 중국어를 사용한다'라고 말하는 것이 상식일 것입니다. 즉 공통된 언어를 사용하는 사람들이 속하는 최상위 단계는 국가인 것입니다. 국가를 벗어나는 세계, 아시아 등의 단계는 대화에 있어서 일반적이지 않기 때문에, 이는 별도로 생각해야 하는 것이고, 일반적으로 '국가'는 사람들의 의사소통과정에서 존재할 수 있는 '가장 넓은 범위의 범주'가 되는 것입니다. 그리고 일반적으로 대화를 하는 사람들이 속하게 되는 최상위 단계(범주)로서의 국가는 당연히 1개만 존재합니다. 결국 명사에 부여될 수 있는 '시간적, 공간적, 지역적, 상황적'인 제한 중에서 '국가'는 이론의 여지없이 '가장 확실한 특정성의 원천'이 되는 것입니다.

일반적으로 '국가'는 사람들의 의사소통과정에서
존재할 수 있는 '가장 넓은 범위의 범주'이다.

⇩ ⇩ ⇩

'일반적으로' '가장 넓은 범위의 범주'로서의 국가는
1개만 존재한다.

미시적 접근

⇩ ⇩ ⇩

'국가'는 '가장 확실한 특정성의 원천'이다.

 한편, 국가(nation)가 아닌 다른 제한들은 유일하지 않기 때문에, 특정성의 구체적인 내용을 판단해서 확정해야 되는 과제가 남겨져 있게 됩니다.

 예를 들어 어떤 사람이 '서울에 위치해 있는 모든 도서관들'이라는 의미로 the libraries라고 표현했다고 했다고 가정해 보겠습니다. 이때 정관사 the는 '서울'이라는 '지역적 제한'을 의미하게 됩니다.

 한편 이를 접한 청자의 입장에서 보면, 청자가 the libraries의 정확한 의미를 알지 못하는 경우라고 가정하면, 도서관은 전국에 걸쳐 많은 수가 존재하기 때문에, 정관사 the에 존재하는 '제한'의 정확한 내용을 파악하는 것이 쉽지 않습니다. 혹시 정관사 the가 '한국의 도시'라는 지역적 제한이라는 것까지 판단했다 하더라도 여기서 끝나지 않습니다. 왜냐하면 한국의 도시에는 '서울, 부산, 대구, 인천, 광주 등' 복수의 도시가 존재하기 때문에, 이중에서 어느 하나를 확정해야 하는 판단 과정이 필요합니다. 결론적으로 the libraries를 무조건 '서울의 모든 도서관'이라고 할 수는 없다는 것입니다. 즉 정확한 판단의 과정이 요구되는 것입니다.

the libraries ≠ 서울의 모든 도서관

 이번에는 the nation에 대해서 살펴보겠습니다.

nation은 '국가'라는 의미입니다. 국가는 한국, 미국, 중국, 일본, 영국 등 다수가 존재하지만, 현재 the nation에는 정관사 the가 적용되어 있기 때문에 '시간적, 공간적, 지역적, 상황적'인 제한이 존재함을 알 수 있습니다.

그런데, 앞에서 말했듯이 공통된 언어를 사용하는 사람들이 속하는 최상위 단계는 국가입니다. 일단 국가를 벗어나는 세계, 유럽, 아시아 등의 범주는 생각할 필요가 없습니다. nation(국가)은 국가라는 범주 안에서 유일합니다. 즉 일반적으로 1개만 존재합니다.

우리의 입장에서 보면, 국가라는 '지역적 범주' 안에서 nation(국가)이라는 조건을 충족하는 것은 '대한민국'이 유일합니다. 따라서 the nation은 '무조건' 대한민국을 의미하는 것입니다.

$$\boxed{\text{the nation} \quad = \quad \text{대한민국}}$$

이때 the nation은 어떻게 보면 '대명사적 용법'의 정관사 the에 해당되는 것으로 볼 수도 있고, 어찌 보면 더 나아가 사람의 이름과 같은 '고유명사'로서의 특성을 갖는다고 할 수도 있을 것 같습니다. '대명사적 용법'의 정관사 the와 고유명사의 공통점은 모두 1:1로 대응되는 대상이 존재한다는 것입니다.

결론적으로 다음과 같은 2개의 조건을 충족하는 경우, '1~99% 특정성'에 해당되는 정관사 the는 '100% 특정성'처럼 처음부터 1:1로 대응되는 오직 하나의 대상만을 가리키게 됩니다.

$$\boxed{\begin{array}{l}\text{①첫째, '국가'라는 지역적 제한이 존재한다.}\\ \text{②둘째, 1개만 존재한다(유일한 대상이다).}\end{array}}$$

미시적 접근

위 정리를 한마디로 말하면, <국가에 1개만 존재하는 유일한 대상>에 대해서 정관사 the를 적용되는 경우, 이는 1:1로 대응되는 하나의 대상만을 의미하게 됩니다.

> <국가에 1개만 존재하는 유일한 대상>에 대해서 정관사 the를 적용하면, 1:1로 대응되는 하나의 대상만을 의미하게 된다.

결국 the nation과 같은 경우는, 표면적으로는 <'외부 도움'의 실체가 구체적으로 존재하지 않는 경우>, 즉 '1% 특정성'처럼 보이지만, '일반적으로' <the nation = 대한민국>이 성립하기 때문에, 즉 <the nation = 대한민국>은 암묵적으로 굳어져 있기 때문에 '의미상으로' 보면 실질적으로는 대명사적 용법이나 지시사적 용법과 같은 '100% 특정성'으로 볼 수도 있을 것 같습니다.

이는 오랜 시간동안 축적된 경험으로부터, 사람들 사이에서 자연스럽게 합의된 사항입니다. 즉 정관사 the가 적용된 단어에 대해서, 화자의 입장에서 보았을 때 '특정성'의 정체를 파악해야 하지만, 계속해서 사용하다 보니 the nation과 같이 <국가에 1개만 존재하는 유일한 대상>의 경우는 1:1로 대응될 수 있는 대상이 오직 1개뿐이어서 결국 '고유명사'와 동일한 성격을 보여준다는 것을 깨닫게 된 것입니다. 즉 the nation에 대해서 처음에는 '정체'를 파악하기 위해서 고민(?)했지만, 계속해서 반복되다보니, 원어민들은 the nation이 대부분 항상 미국, 영국 등 '해당 국가'를 의미하게 된다는 것을 파악하게 되었고, 그 이후에는 자연스럽게 the nation에 대해서는 고유명사처럼 미국, 영국 등 '해당 국가'의 의미를 갖는 것으로 통용하게 된 것입니다. the nation은 원래는 '1~99% 특정성'을 갖는 단어였지만, 이후 자연스럽게 '100% 특정성'을 갖는 단어로 성격이 변화된 것입니다.

예를 들어 모두들 the United States에 대해서 고유명사로서 '미국'을 의미한다는 것을 알고 있습니다. 그런데 the nation도 the United States와 거의 동일한 성격의 단어로 받아들인다는 것입니다. 이 말은 the nation이 앞에 나온 the United States를 받는 경우(재언급)가 아니라, 처음 언급되는 경우라도 미국사람들은 '미국'을 의미한다고 받아들임을 의미합니다.

다만 the United States와 the nation은 2가지 차이점이 있습니다.

①첫째, the United States는 전 세계 모든 사람에게 '미국'이라는 의미로 다가오지만, the nation의 경우는 '미국'이라는 지역적 제한이 당연시되는 미국사람들에게만 해당됩니다. 즉 the nation은 '한국'이라는 지역적 제한이 일반적인 한국 사람에게는 '대한민국'이 되고, '중국'이라는 지역적 제한이 일반적인 중국 사람에게는 '중국'이 되는 것입니다.

②둘째, the United States는 항상 '미국'이라는 의미이지만, the nation은 상황에 따라서 '미국'을 의미하지 않을 수도 있습니다. 즉 미국 사람들이 실제로 한국에 대해서 논하는 '특별한' 경우에, 지시사적 용법에 의해서 한국을 the nation이라고 나타낼 수 있을 것입니다. 즉, the nation은 미국 사람들이 한국에 대해서 대화하는 것과 같은 특별한 상황이 아니라면, 일반적인 경우에만 '미국'이라는 의미를 갖게 됩니다.

예문을 보도록 하겠습니다.

> Iowa leads **the nation** in corn production.
> Iowa 주는 미국에서 제일가는 옥수수 산지이다.

위 문장 앞에 아무런 정보가 없다고 하더라도, 미국사람들은 the nation은 '미국'을 의미한다는 것이라고 생각합니다. 이는 아무런 정보가 없기 때문이기도 합니다. 즉 '한국에 대한 내용'이라는 것과 같은 별다른 정보가 없다면, 미국인들은 위 문장을 접하게 되면 '미국이라는 지역적 제한' 안에서 생각하게 되기 때문에 당연히 미국이라고 생각하게 됩니다.

미시적 접근

왜냐하면, the nation은 미국이라는 한정된 지역 안에 존재하는 '특정성이 존재하는 국가'를 의미하게 되는데, 특정성이 존재한다는 것은 '유일성'을 충족하는 경우가 가장 대표적입니다. 이렇게 본다면 미국이라는 한정된 지역 안에 존재하는 단 하나의 유일한 국가는 '미국'일 수밖에 없을 것입니다.

이해를 돕기 위해서 다른 방식으로 접근해 보겠습니다. 지역을 <대한민국으로 한정>하여 다음에 해당되는 것이 무엇인지 생각해 보시기 바랍니다.

①	②	③	④	⑤	⑥
국가	정부	국회	국민	대통령	사회
?	?	?	?	?	?

지역을 <대한민국으로 한정>하게 되면, 답을 찾는 것이 그리 어렵지 않을 것 같습니다. 대한민국이라는 지역 안에 존재하는 국가는 '대한민국(한국)'이 유일합니다. 즉 대한민국으로 지역적 범위를 한정하게 되면, 그 범위 안에서 특정성이 존재하는 국가는 대한민국뿐입니다. 다른 것을 생각할 수가 없을 것입니다.

또한 대한민국이라는 지역 안에 존재하는 정부는 '대한민국 정부'가 유일합니다. 이러한 식으로 생각하면, 위 표는 다음과 같이 정리할 수 있습니다.

①	②	③	④	⑤	⑥
국가	정부	국회	국민	대통령	사회
대한민국	대한민국 정부	대한민국 국회	대한민국 국민	대한민국 대통령	대한민국 사회

이러한 방식으로 다른 많은 것들도 다음과 같이 정리할 수 있습니다.

⑦	⑧	⑨	⑩	⑪	etc
외교부	기상청	국회의장	수도	감사원	
대한민국 외교부	대한민국 기상청	대한민국 국회의장	대한민국 수도	대한민국 감사원	

이외에도 <국가에 1개만 존재하는 유일한 대상>이라고 생각되는 것은 모두 정관사 the를 사용하여 나타낼 수 있습니다.

이제 다시 영어 표현으로 돌아오겠습니다. 앞에서 정리한 것처럼, <국가에 1개만 존재하는 유일한 대상>의 경우에는 특정성을 나타내는 정관사 the만으로도 나타낼 수 있습니다.

이번에는 지역적 범위를 '프랑스'로 제한하도록 하겠습니다. 다음 표현이 무엇을 의미하는지 생각해 보시기 바랍니다.

①	②	③	④
the nation	the government	the President	the people
?	?	?	?

그리 어렵지 않을 것입니다.

미시적 접근

①	②	③	④
the nation	the government	the President	the people
프랑스	프랑스 정부	프랑스 대통령	프랑스 국민

굳이 별다른 부연설명하지 않더라도, 그리고 굳이 the President of France라고 할 필요 없이 정관사 the를 적용하여 the President라고 하는 것만으로도 '프랑스 대통령'을 나타낼 수 있는 것입니다.

사실 실제로 이러한 방식에 적응하게 되면 the President, the nation 등과 같은 방식의 표현에 대해서 충분히 이해할 수가 있을 것입니다. 무엇보다도, 누가 보더라도 the President of France 보다는 the President라는 표현이 훨씬 간결하다는 것을 알 수 있습니다. 그리고 특히 하나의 지문 안에서 동일한 '프랑스 대통령'이라는 표현이 계속 반복해서 등장하는 경우에, the President of France 보다 the President라는 표현이 매우 합리적이고 타당하다는 것을 더욱 느낄 수 있을 것입니다.

중요한 점은, the President, the nation이라는 표현이 지시사적 용법이 아니라, 즉 the President of France, France라는 표현이 앞에 없더라도, 쉽게 말해서 '밑도 끝도 없는 상황'에서도 처음부터 사용될 수 있다는 것입니다. 이 말은 어떻게 보면, the President, the nation이라는 표현은 the President of France, France와는 전혀 상관없이, 과장하면 the President of France, France와 같은 표현이 존재하지 않더라도 처음부터 독립적으로 존재하는 '고유명사'와 같다는 것입니다. 즉 the President, the nation은 '철수', '영희'와 같은 고유명사와 유사한 특성을 보여준다는 것입니다.

마지막으로, 영어를 외국어로 배우는 학습자들의 입장에서 보면, 대통령과 국가라는 의미를 나타내기 위해서 굳이 너무 친절하게(?) the President of France, France라고 할 필요 없이 처음부터 the President, the nation라는 표현을 자연스럽게 사용할 수 있어야 합니다.

잘 생각해 보면, 우리들도 한국 사람들끼리 의사소통하면서 대한민국을 '대한민국'이라고 말하는 경우 보다는, 우리나라, 국가 등의 표현을 더 많이 사용함을 알 수 있습니다.

다음은 지금까지 설명한 내용을 예문을 통해서 확인해 보도록 하겠습니다. 먼저 the nation에 대한 예문입니다.

[the nation]

However **the nation** has never received a Nobel Prize in an academic field.
   그러나 한국은 학술 분야에서 노벨상을 받지 못했다.

The nation's temperature is currently remaining far beyond the threshold.
   전국 날씨는 현재 한계점을 훨씬 넘어섰다.

The time has long past for **the nation** to get out of this collective farce that is anchored with increasing economic burdens and diminishing cordiality.
   우리나라도 경제적 부담은 커지고 진정한 마음은 사라져 가는 이러한 집단적 코미디로부터 오래 전에 벗어나야 했다.
      *farce - 광대극, 웃음거리   *cordiality - 진심

Son is undoubtedly **the nation**'s most dependable and promising striker.
   손흥민은 의심할 여지없이 한국의 가장 신뢰할 수 있는 유망한 스트라이커이다.

별도의 설명은 하지 않겠습니다. 예문을 더 보도록 하겠습니다.

The President also confirmed that **the government** will begin creating a strong foundation for the nation to become an advanced and more powerful country while countering one of the world's most belligerent nations.
　대통령은 정부는 세계에서 싸움을 좋아하는 국가 중 하나를 상대하는 동시에 더 선진화되고 더 강력한 국가가 되기 위해 강한 기초를 다지기 시작할 것이라고 역설했다.
　　*counter - 반대하다, 대항하다　*belligerent - 호전적인

"**The government** can reach its best when we learn from others and receive public support for what we do," **the President** said in his speech."
　"**정부**는 다른 국가의 경우에서 배우고 우리가 하는 일에 대한 국민들의 지지를 받을 때 최선을 다할 수 있습니다,"연설에서 **대통령**은 말했다.

An absolute majority of **the people** oppose the new economic policy.
　국민의 절대 다수가 새 경제 정책에 반대한다.

So, Louis XVI asked **the people** to pay new taxes.
　따라서 루이 14세는 **국민**들로 하여금 새로운 세금을 납부할 것을 요구했다.

참고로 the people이 항상 <국가에 1개만 존재하는 유일한 대상>에 적용하는 정관사 the에 해당되는 것은 아닙니다. 즉 항상 the people이 '국민'이라는 의미를 갖는 것은 아닙니다. '특정한 제한이 존재하는 사람들'이 아니라, 일반적인 '사람들'이라는 의미를 나타낼 수도 있습니다. 다음 예문을 보도록 하겠습니다.

People in the colonies began to join together in small groups to fight and win freedom from England. **The people** in these groups were ready to fight at any minute.
　식민지 **주민**들은 영국과 싸워 자유를 얻어내기 위하여 소규모 집단으로 뭉치기 시작하였다. **이 집단의 사람들**은 언제라도 싸울 준비가 되어 있었다.
　　▪ people → the people : 지시사적 용법(특정지시)

위 예문의 the people은 '국민'이라는 의미가 아니라, 정관사 the의 지시사적 용법으로서 '그 사람들'로 해석됩니다.

이번에는 지금까지 언급하지 않았던 단어들에 대한 예문들입니다. 예문들을 보면서 반드시 염두에 두어야 할 점은, 모두 <**국가에 1개만 존재하는 유일한 대상**>에 대한 내용이라는 것입니다.

Family-style restaurants throughout ①**the country** are suffering from ②**the nation**'s slowing economy.
　①**한국** 전역의 패밀리 레스토랑들은 ②**한국**의 경기 침체로 어려움을 겪고 있다.

The World Cup amused the people across **the country**.
　월드컵은 온 **나라**에 사람들을 즐겁게 하였다.

Until now, **the government** has dismissed tax cut measures to stimulate **the economy**.
　현재까지 **정부**는 **경기(경제)** 부양을 위한 감세 정책을 고려하지 않아 왔다.

미시적 접근

Since then **the economy** has been on a very fast recovery track.
　　그 이후로, **경제**는 매우 빠른 회복세를 보였다.

You must realize that you are a member of **the society**.
　　당신은 **사회**의 일원임을 자각해야 한다.

The end-result is something positive for **the society**.
　　그 결과는 **사회**에 긍정적이다.

한편 계속 강조하지만, 앞에서 설명한 단어들이 정관사 the를 항상 동반하는 것은 아닙니다. '시간적, 공간적, 지역적, 상황적'인 제한이 존재하는 '구체적이고 특정한 상황'에서만 특정성을 의미하는 정관사 the가 적용됩니다.

다음 government에 대한 문장처럼 '시간적, 공간적, 지역적, 상황적'인 제한이 존재하지 않는 상황에서는 무관사 Ø와 부정관사 a/an이 적용될 수 있습니다. 만약 '구체적인 상황이 아닌 추상적인 개념'인 경우에는 무관사 Ø가 적용되게 되고, 그리고 만약 가산성이 존재하는 상황에서는 부정관사 a/an이 적용될 수 있습니다.

- **[무관사 Ø]**

Churchill once said that democracy is the worst form of **government**.
　　처칠은 한때 민주주의가 정부의 가장 악한 모습이라고 말했다.

Helsinki is Finland's center for business, education, culture, and **government**.
　　헬싱키는 핀란드의 사업, 교육, 문화, 그리고 정부의 중심입니다.

- **[부정관사(a/an, -s)]**

National elections take place regularly, and **governments** can be changed.
선거는 정기적으로 행해지며, (어떠한 정부라도) 정부는 교체될 수 있다.

Huge amounts of advertising are purchased by **local governments** as well.
많은 양의 광고 또한 **지방 정부**에 의해 구매된다.

When **a new government** arrives, only minor and moderate adjustments are made.
새로운 정부가 도착할 때, 작고 중간의 수정들만이 행해진다.

2. 공공(公共)의 the

지금까지 <국가에 1개만 존재하는 유일한 대상>에는 정관사 the를 사용하여 고유명사처럼 사용한다는 내용을 정리하였습니다. 그런데, 지금까지의 내용을 잘 살펴보면, <국가에 1개만 존재하는 유일한 대상>은 거의 대부분 <공공(公共) 조직, 공공(公共) 기관 또는 공공(公共) 단체> 등이 됩니다.

실제로, 거의 대부분의 <공공(公共) 조직, 공공(公共) 기관 또는 공공(公共) 단체> 등을 의미하는 단어에는 정관사 the가 적용됩니다. 이러한 단어들이 명칭(고유명사)일수도 있고 명칭이 아닐 수도 있습니다.

예를 들어 the government, the council 등은 공공기관을 나타내는 단어입니다. 이 단어는 '대한민국정부', '대한민국 (지방) 의회'만을 의미하는 것이 아니라, 세계에 존재하는 모든 정부, 모든 (지방) 의회에 대해서도 사용할 수 있는 표현입니다.

미시적 접근

　반면에 The Korea Meteorological Administration은 한국의 기상청을 의미하는 '공식 명칭', 즉 '공공(公共)의 명칭'입니다. 즉 전세계에 존재하는 모든 '기상청' 하나하나에 대해서 공통적으로 사용할 수 있는 단어가 아니라, 한국의 기상청만을 나타내는 고유명사인 것입니다. 이를 구분하는 것은 어렵지 않습니다. 대문자가 사용되었다면, 고유명사의 특성을 갖는 '공공(公共)의 명칭'에 해당됩니다. 반면에 대문자가 사용되지 않았다면, 보통명사로서 '공공(公共)의 단어'입니다.

> A: ①The city government plans to file an administrative suit against the council with the Supreme Court.
> 　서울시 정부는 대법원에 서울시 의회를 행정고소 할 계획이다.
>
> B: On October 15, ②the Seoul City Government said that it will open a special shelter for them soon.
> 　10월 15일, 서울시 정부는 그들을 위한 특별한 쉼터를 곧 열 것이라고 말했습니다.

　위 A, B문장에서 ①과 ②는 모두 '서울시 정부'를 의미하는 단어입니다. 그런데 ①은 소문자이고 ②는 대문자가 사용되었습니다. 결국, ①은 '일반적인' 보통명사이고, ②는 '특정한 정부인' '서울시정부'의 공식 명칭으로서 고유명사입니다. A문장의 the council과 the Supreme Court도 동일한 관점에서 이해될 수 있습니다. 즉 the council은 ①the city government와 동일 선상에서 이해할 수 있고, the Supreme Court는 ②the Seoul City Government와 동일 선상에서 이해할 수 있습니다.

　참고로 이렇게 분류되는 핵심 기준은 '공식 명칭'인지 여부입니다. 즉 the Supreme Court와 the Seoul City Government는 대한민국에 1개만 존재할 뿐만 아니라, '공식 명칭'입니다. 이와 달리 the council과 the city government는 '공식 명칭'이 아닙니다.

한편, 고유명사인 the Supreme Court와 the Seoul City Government는 고유명사의 '이름짓기'의 차원에서 정관사 the를 이해할 수도 있습니다. 이는 고유명사부분에서 확인해 보시기 바랍니다.

결론적으로 '어느 경우에 해당되는지 와는 상관없이' 즉 '공식 명칭'인지 여부와는 상관없이 '공공(公共)'의 성격이 조금이라도 존재하는 '유일한 대상'을 칭하는 단어들에는 정관사 the가 적용됩니다.

> '공공(公共)'의 성격이 조금이라도 존재하는 '유일한 대상'을 칭하는 단어들에는 정관사 the가 적용된다.

이러한 정관사 the에 대해서 '공공(公共)의 the'라고 칭하도록 하겠습니다. 앞으로 <공공(公共) 조직, 공공(公共) 기관 또는 공공(公共) 단체> 등을 의미하는 '공공(公共)의 단어 및 명칭'에 대해서는 '자동적으로 무조건' 정관사 the를 사용하시기 바랍니다.

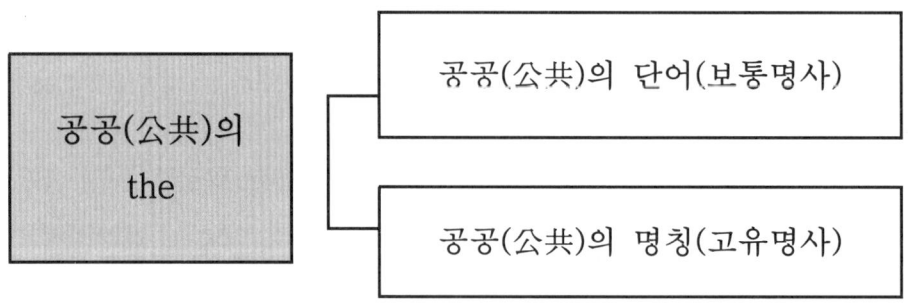

'공공(公共)의 the'에 대해서는 예문을 제시하는 것으로 설명을 대신하도록 하겠습니다(밑줄 친 단어들이 앞에서는 제시되지 않았던 새로운 단어들입니다). 그 전에 3가지만 언급하겠습니다.

미시적 접근

①첫째, '공공(公共)의 the'는 앞에서 정리한 <국가에 1개만 존재하는 유일한 대상>에 적용되는 정관사 the와의 연장선상에 위치합니다. 따라서 앞에서 정리한 the nation, the people 등도 넓은 의미에서 '공공(公共)의 the'에 해당된다고 할 수 있습니다.

②둘째, 이러한 '공공(公共)의 the'는 국가를 구성하는 하위 행정조직, 예를 들어 서울, 부산, 대구, 광주 등의 지방자치단체를 구성하는 <공공(公共) 조직, 공공(公共) 기관 또는 공공(公共) 단체> 등에도 적용됩니다.

③셋째, '공공(公共)의 the' 중에서 '공공(公共)의 명칭'에 사용되는 정관사 the의 원리를 설명하는데 있어서는 이와 다른 또 하나의 관점이 존재합니다. 앞에서도 언급했듯이 이는 고유명사의 '이름짓기'의 차원에서 이해할 수 잇습니다. 이에 대해서는 '고유명사' 부분에서 설명됩니다.

For example, the KMA predicted on July 18 that due to the influence of a typhoon, rain would start to fall across the country next day in the afternoon, and called for heavy precipitations on July 20.
예를 들어, 기상청은 7월 18일 태풍의 영향 때문에 다음 날 오후에 전국적으로 비가 내리기 시작할 것이라고 예측했고 7월 20일에는 폭우가 내릴 것으로 예상했다.

- the afternoon = the afternoon of the day

The Korea Meteorological Administration predicted last year that the average temperature would soar 4 degrees Celsius by 2100 with precipitation rising 17 percent.
기상청은 작년에 2100년이면 평균 기온이 4도 가량 치솟고 강수량도 17퍼센트 증가할 것이라고 예측한 바 있다.

*soar - 높이 날다, 급등하다

So **the Ministry of Knowledge Economy** said that they will make toys safer.
그래서 **지식 경제부**는 장난감을 더욱 안전하게 만들 예정이라고 말했어요.

The finance ministry recently blamed tobacco sales for stifling **the economy**.
재경부는 최근 경기 회복에 지장을 준다며 담뱃값 인상을 비난했다.   *stifling – 숨막힐 듯한, 질식할 것 같은

My husband's sight was too poor to join **the Army** at the time.
그때 당시 내 남편은 **군대**에 입대하기에는 시력이 너무 좋지 않았어요.

As many expected, **the elections** were won by **the Union Solidarity and Development Party**, a political group backed by **the authoritarian military government**.
많은 사람들이 예상했듯, 선거는 **독재 군부**의 지지를 받고 있는 **연방단결발전당**의 승리였다.

The country's human rights watchdog, **the National Human Rights Commission** stated that it opposes the move and a revision of the law will violate the offenders' dignity and privacy.
우리나라 인권 감시단체인 **국가인권위원회**는 그것에 반대하며, 법안의 개정은 성 범죄자들의 존엄성과 사생활을 침해할 것이라고 말했다.   *watchdog – 집지키는 개, 감시인

The purpose of **the court system** is to protect the rights of the people.
사법제도의 목적은 국민의 권리를 보호하는 것이다.

미시적 접근

3. 정관사 the와 '우리'
= 공공의 단어
≠ 공공의 명칭

　이번에 정리할 내용은 결론적으로, 정관사 the는 많은 경우 우리말 '우리'로 해석될 수 있다는 것입니다. 이는 '영어 문법'에 대한 설명이라기보다는, 한국인의 시각에서 영어를 이해하기 위한 측면으로 받아들이시기 바랍니다. 즉 우리말에 있어서만 존재하는 해석 차원의 문제라는 것입니다. 본격적으로 내용을 전개하기에 앞서 2가지 사항을 먼저 정리하겠습니다.

　①첫째, 이 부분은 the Seoul City Government와 같은 '공공(公共)의 명칭-고유명사'에는 해당되지 않고, the city government와 같은 '공공(公共)의 단어-보통명사'에만 해당되는 내용입니다.

　②둘째, '공공(公共)의 단어-보통명사'의 경우에도 모두 다음에 정리하는 내용에 부합하는 것은 아닙니다. 즉 공공(公共)의 단어-보통명사'가 항상 우리말 '우리'로 해석되는 것은 아닙니다.

먼저 예문을 보도록 하겠습니다.

- Wouldn't you agree we don't know much about **the society**?
  ①우리가 **사회**에 대해 별로 아는 것이 없다는 사실에 동의하지 않니?
  ②우리가 **우리 사회**에 대해 별로 아는 것이 없다는 사실에 동의하지 않니?

동일한 문장에 대한 두 개의 해석을 비교해 보시기 바랍니다.

차이는 the society에 대한 우리말 해석에 있습니다. ①은 '사회'로 해석했고, ②는 '우리 사회'로 해석하였습니다. 결국 ①과 ②의 차이는 '영어의 차이'가 아니라 '해석의 차이'입니다. ①과 ② 중에서 어느 것이 적절한 해석이라고 생각되십니까? 아마 모두들 이것이 맞고 틀리고의 문제가 아니라고 생각할 것입니다. 맞습니다.

②번 해석에 주목하고자 합니다. 이에 따르면 the society는 '우리 사회'입니다. 이렇게 본다면 정관사 the는 '우리'를 의미하는 것으로 볼 수 있습니다.

the society	=	우리 사회

⇩⇩⇩

the	=	우리

예문을 하나 더 보겠습니다.

With a unified mind and soul towards one major objective, **the nation** and **the government** must continue to solidify its position in the international circle.
　하나의 중요한 목표를 위해 통일된 마음으로, **우리나라**와 **우리 정부**는 국제사회에서 그 위치를 확고히 해야 한다.

위 문장에서도 the nation과 the government가 각각 '우리나라'와 '우리정부'로 해석되었음을 알 수 있습니다.

위에서 나온 the nation, the government는 모두 <국가에 1개만 존재하는 유일한 대상>에 대해서 정관사 the를 적용한 경우입니다. 이렇게 본다면, <국가에 1개만 존재하는 유일한 대상>에 적용된 정관사 the는 우리말 '우리'에 해당된다고 말할 수도 있겠습니다.

물론 처음에 정리한 것처럼 <국가에 1개만 존재하는 유일한 대상>에 적용된 정관사 the 중에는 '우리'로 해석되지 않는 경우도 많이 존재합니다. 이번에는 다른 문장을 보도록 하겠습니다.

> Years may wrinkle **the skin**, but to give up enthusiasm wrinkles **the soul**. Worry, fear, self-distrust bows **the heart**'s enthusiasm and turns **the spirit** back to dust.
>
> ①세월은 **피부**를 주름지게 하지만, 열정을 버리는 것은 **영혼**을 주름지게 한다. 근심과 두려움, 자기 불신은 **마음**의 기를 꺾고 **정신**을 죽인다.
>
> ②세월은 '**우리의 피부**'를 주름지게 하지만, 열정을 버리는 것은 '**우리의 영혼**'을 주름지게 한다. 근심과 두려움, 자기 불신은 '**우리 마음**'의 기를 꺾고 '**우리의 정신**'을 죽인다.

앞에서 살펴본 방식과 같습니다.
이번에도 동일한 문장에 대한 두 개의 해석을 비교해 보시기 바랍니다.

차이는 [the + 명사]에 대한 우리말 해석에 있습니다. ①은 '피부, 영혼, 마음, 정신'으로 해석했고, ②는 '우리'를 추가하였습니다. 모두들 ①과 ②에 존재하는 해석상의 차이가 옳고 그름의 문제가 아니라고 생각하실 것입니다.

결론적으로, <국가에 1개만 존재하는 유일한 대상>에 적용된 정관사 the 뿐만 아니라, 다른 경우에도 정관사 the는 '우리'로 해석될 수도 있습니다. 물론 항상 그러한 것은 아닙니다.

- '우리'

이제 이 부분을 통해서 제가 주장하고자 하는 내용을 제시하도록 하겠습니다.

우리말을 생각해 보면 우리는 정말로 '우리'라는 말을 많이 사용 합니다. 우리 집, 우리나라, 우리 엄마, 우리 아빠 등등. 혹자는 이에 대해서 영어와 비교하기도 합니다. 즉 정서적인 측면과 연결 지어서 너무 '개인'보다는 '우리'를 내세우는 것이 아닌가 하고 비판하기도 합니다. 즉, 독립적이지 못하고 너무 의존적이라는 것입니다. 그래서 '우리'라는 표현을 될 수 있는 한 사용하지 말자고 제안하기도 합니다.

'우리'라는 말을 많이 사용하는 것이 부정적인 방향에서의 정서적인 측면과 관계있다는 것에 대해서는 개인적으로 절대 동의할 수 없지만, '언어적 습관'이 '사람들의 생각'에 영향을 미칠 수도 있다는 점에서 그렇게 생각할 여지는 어느 정도 있다고 생각 됩니다. 하지만 '우리'라는 단어를 사용하는 것이 비판 받아야만 하는 일인지에 대해서는 동의하기 어렵습니다.

한편, 여기서 제가 주목하고자 하는 바는 '우리'라는 말을 <많이> 사용한다는 점입니다. 왜 '내 나라', '나의 집' 등과 같이 '내', '나의' 등 다른 말도 많은데 '우리'를 사용하는가에 대해서 문제 삼는 것이 아니라, 단순히 '우리'라는 말을 '많이' 사용한다는 점에 대해서 주목하고자 합니다.

'우리'라는 말의 '사전적 의미'는 다음과 같습니다.

- **우리** : 자기와 함께 자기와 관련되는 여러 사람을 다 같이 가리킬 때, 또는 자기나 자기편을 가리킬 때 쓰는 말

위에 정리한 '사전적 의미'에 따르면, 일단 '우리'라는 말은 '소유'를 나타내어 주고 있다고 할 수 있습니다.

미시적 접근

　의미적으로만 보면 영어로는 소유격인 our에 해당됩니다. 어떠한 대상에 '소유'를 나태 낸다는 것은 '정체'를 밝혀주는 것입니다. 이러한 맥락에서 '집'과 '우리 집'은 전혀 다른 말입니다. 아래 문장들을 비교해 보시기 바랍니다.

　　　A: 나는 어제 **'우리 집'**에서 생일 파티를 했어
　　　B: 나는 어제 **'집에서'** 생일 파티를 했어

　　　C: **우리 대통령은** 경제적 위기 극복을 위하여 회의를 소집했다.
　　　D: **대통령은** 경제적 위기 극복을 위하여 회의를 소집했다.

　'우리'가 사용된 A와 C문장과, '우리'가 사용되지 않은 B, D문장이 의미에 있어서 동일하지 않다는 것을 알 수 있을 것입니다. B, D문장은 '해석의 여지'가 훨씬 넓습니다. 예를 들어 B문장의 경우, '집'은 '나의 집' 뿐만 아니라 '철수의 집', '할아버지 집' 등 어느 것이나 가능합니다. 이와 달리 A, C문장은 문장의 내용이 확정되어 있습니다. 이로부터 '우리'는 명사의 정체(소유 관계)를 밝혀서 '다양한 해석의 여지'를 제거하는 역할을 하고 있음을 알 수 있습니다. '소유 관계'를 밝혀주는 이러한 '우리'의 역할은 원활한 의사소통을 위해서 필수적입니다. 이러한 측면에서 혹시 '우리'라는 표현이 못마땅하신 분들도 '우리'를 아무 대안 없이 사용하지 않을 경우 문장의 '명확성'의 정도가 낮아진다는 점은 인정하시리라고 생각합니다.

　우리말과 세계의 다른 언어들은 '자음과 모음의 형태', '생성 원리' 등에서 많은 차이가 존재합니다. 그러나 의사소통의 측면에서 보면, <전달하고자 하는 내용의 의미적 요소들>은 비슷할 것으로 보입니다. 한국어를 포함하는 세계의 모든 언어들은 '나는 학교에 갔다', '그녀는 아름답다' 등의 동일한 의미를 전달한다는 것입니다. 다만 이를 표현하는 언어적 도구에 있어서, 우리나라 사람들은 한국어로, 미국인들은 영어로 표현하고 있을 뿐입니다. 즉, 표현하는 도구로서의 언어는 다르지만 전달하는 내용은 동일하다는 것입니다.

따라서 모든 언어에는 우리말 '우리'와 같이 명사에 대해서 '화자편향적인 일반적인 정체(소유 관계)'를 밝혀주는 역할을 하는 보편적인 단어가 분명하게 존재할 것으로 보입니다. 화자편향적인 정체'란, '화자가 포함되는 소속'을 의미합니다.

예를 들어 우리말 '우리'는 상황에 따라 '화자인 내가 소속되어 있는 가족'일 수도 있고, '화자인 내가 소속되어 있는 지역사회', '화자인 내가 소속되어 있는 단체', '화자인 내가 소속되어 있는 국가' 등 다양한 의미를 나타낼 수 있습니다.

결론적으로 우리말의 '우리'에 해당되는 역할을 영어에서는 정관사 the가 담당합니다.

> **우리말의 '우리'에 해당되는 역할을 영어에서는 정관사 the가 담당하고 있다.**

물론 정관사 the는 우리말 '우리'보다 훨씬 더 다양한 기능과 역할을 가지고 있습니다.

이를 반대로 생각하면, 영어와 우리말은 모두 언어이기 때문에, 의미적으로 영어의 정관사 the에 해당되는 역할을 하는 표현이 분명히 우리말에도 존재할 것입니다. 우리말에서는 '우리'라는 표현이 정관사 the가 수행하는 기능의 일부분을 담당하고 있는 것입니다.

따라서 우리가 사용하는 '우리'라는 말의 기능이 무엇인지 잠시 생각해 보시고, 아울러 공통점이 존재하는 정관사 the와 서로 비교해서 생각해 보면, 특정성을 나타내는 정관사 the에 대한 전반적인 이해에 도움이 될 것입니다.

미시적 접근

특히 앞에서 설명한 <국가에 1개만 존재하는 유일한 대상>에 적용되는 정관사 the와 '공공(公共)의 the'를 이해하는데 도움이 될 것입니다. 적어도 <왜 이런 특이한(?) 표현을 할까?>, <왜 이런 쓸데없는(?) 표현을 할까?>라는 등의 생각은 사라질 것입니다. 이는 우리말의 '우리'라는 표현에도 해당됩니다. 즉 '우리'라는 표현에 대해서 '부정적인(?)' 생각을 갖고 있는 분들도 이 표현의 필요성에 대해서 공감하실 것입니다.

다만, 왜 하필이면 '우리'라는 표현인가라고는 생각할 수도 있겠습니다. 제 생각으로는 꼭 의존적인 정서 때문에 다른 표현들을 모두 제쳐두고 '우리'라는 표현을 일부러(?) 사용한 것이 아니라 동일한 역할을 하는 여러 표현을 사용해본 결과, 발음 등 다양한 이유로 '우리'라는 표현이 최종적으로 선택되었다고 생각하는 것이 합리적이라고 판단됩니다.

그리고 다음 문장에서처럼 우리말 '우리'라는 말은 단순히 정관사 the 또는 our라는 영어 표현으로는 정확하게 변환시킬 수 없는, 고유의 '느낌'이나 '맛'이 존재합니다.

> 강원문화재단에서 주관하는 **'우리가락 우리마당'** 하반기 공연이 9월 5일부터 강릉 대도호부 관아에서 시작된다. **'우리가락 우리마당'** 사업은 전통예술분야의 상설공연으로, 상반기는 5월~7월까지 원주와 삼척에서 진행됐다.

다음 문장을 영작해 보시기 바랍니다.

그 뉴스는 나에게 **우리 정부**를 다시 한 번 의심하게 만들었다.

다음 두 문장 중 어떤 것이 더 적절한 표현인지 생각해 보시기 바랍니다.

①The news made me once again have doubts in our government.

②The news made me once again have doubts in the government.

정답은 없습니다. 둘 다 가능합니다. 그리고 상황에 따라 ①번이 더 적절할 수도 있습니다. 일반적이라면 영어에서는 ②번이 자주 사용되는 표현입니다. 학습자의 입장에서 중요한 것은 '우리 정부'에 대해서 our government만이 아니라 정관사 the를 사용하여 the government로 나타낼 수 있어야 한다는 것입니다. 즉 무조건 '우리 = our'가 아닌 것입니다.

다음 문장도 영작해 보시기 바랍니다.

한국의 금 보유고는 14.4톤에서 39.4톤까지 치솟았다.

이번에도 다음 두 문장 중 어떤 것이 더 적절한 표현인지 생각해 보시기 바랍니다.

③<u>The South Korea</u>'s gold reserves hiked from 14.4 tons to 39.4 tons.

④The nation's gold reserves hiked from 14.4 tons to 39.4 tons.

먼저, 화자가 한국 사람이 아니라면 ③번이 적절합니다. 반면에 화자가 한국 사람이라면 둘 다 가능합니다. 정답은 없습니다.

미시적 접근

그런데 이번에도 학습자의 입장에서 중요한 것은 '한국'에 대해서 the South Korea뿐만이 아니라 정관사 the를 사용하여 the nation으로 나타낼 수 있어야 한다는 것입니다. 왜냐하면 원어민들이 흔히 사용하는 표현이고, 원어민이라면 ③the South Korea보다는 ④the nation을 더 많이 사용하기 때문입니다.

마지막으로 다음 문장도 영작해 보시기 바랍니다.

> 그는 우리가 **우리의 눈**을 이용하여 모델이 누구인지 알아내기를 원했다.

이번에도 다음 두 문장 중 어떤 것이 더 적절한 표현인지 생각해 보시기 바랍니다.

> ⑤He wanted us to know the identity of the model using **our eyes**.
>
> ⑥He wanted us to know the identity of the model using **the eyes**.

둘 다 가능합니다. 그런데 이번에는 정관사 the를 적용한 ⑥번 예문이 월등하게 일반적입니다. 이번에도 학습자의 입장에서 중요한 것은 '우리의 눈'에 대해서 our eyes가 아니라 정관사 the를 사용하여 eyes로 나타낼 수 있어야 한다는 것입니다. 즉 이번에도 무조건 '우리 = our'가 아닌 것입니다.

끝으로 다시 한 번 더 강조하고자 합니다. 조금 장황하고, 내용의 일부는 '저의 주관적인 판단 또는 의견'으로서 영어서적의 성격상 맞지 않을 수도 있지만, 제가 이 부분에서 우리말 '우리'에 대한 내용을 다루는 것은 오직 하나의 목적뿐입니다. 그것은 정관사 the에 대한 이해를 돕기 위함입니다.

5) 용법이 다양하다.

이에 대해서는 이미 언급한바 있습니다. '100% 특정성'은 하나의 점으로 고정되어 있지만, '1~99% 특정성'은 스펙트럼이 넓기 때문에 당연히 용법이 다양할 수 밖에 없습니다. 결국, 정관사 the의 다양한 의미 및 용법 중 많은 부분이 '1~99% 특정성'에 해당됩니다.

■ 여섯. 전체와 부분

A. 관사가 나타내는 것

'<집합과 원소>의 관점'에서
관사의 적용대상이 되는(관사로 나타내어야 하는)
존재 가능한 '집합과 원소의 형태들'

■ 부분과 부분집합
   - '불특정한 부분'과 '특정한 부분' -

관사가 <집합과 원소>의 원리 안에서 나타낼 수 있는 대상은, 대표적으로 부정관사 a/an과 정관사 the의 대상인 <집합의 '**원소**'>와 <(부분)**집합**>만 존재하는 것이 아닙니다.
이 외에도 <집합이 아닌 단순한 부분>, <전체집합>이 존재합니다.

언어가 존재하는 것을 표현하지 못한다는 것은 있을 수 없는 일입니다. 따라서 관사의 시작은 원소를 나타내는 부정관사 a/an과 부분집합을 나타내는 정관사 the이지만, 이후 **'당연히' 관사는 존재하는 현상을 모두 표현할 수 있도록 진화되어 적용되어왔습니다.** 이러한 진화에는 '재활용'의 방식도 포함됩니다.

결국 일단 앞에서는 대표적인 관사형태인 부정관사 a/an과 정관사 the와 관련된 가장 기본적인 내용을 정리한 것이고, 이 외에도 <집합과 원소>의 원리 안에서 정리해야 할 내용이 더 있습니다.

이 장에서는 관사를 의미가 아니라, **순전히 '<집합과 원소>의 원리'로만 바라보았을 때, 관사의 적용대상이 되는(관사로 나타내어야 하는) 존재 가능한 집합과 원소의 형태들**에 대해서 정리하도록 하겠습니다. 이를 통해 다시 한 번 관사가 <집합과 원소>의 원리에 부합한다는 것을 확인할 수 있을 것입니다. 이러한 작업은 궁극적인 목표인 관사를 의미적으로 이해하는데 도움이 될 수 있을 것이라고 생각됩니다.

영어 관사는 <집합과 원소>의 원리를 기본으로 하며, 이 경우 보통명사가 기본이 됩니다. 아래와 같은 그림이 관사 체계를 구성하는 <집합과 원소>의 기본적인 모습입니다.

[관사체계 I]
- <집합과 원소>의 원리

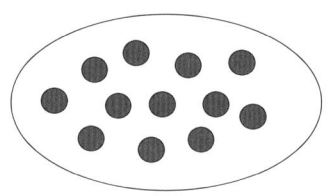

위 그림 안에 존재하는 관사의 적용대상이 되는 것들을 모두 표시하면 다음과 같습니다.

미시적 접근

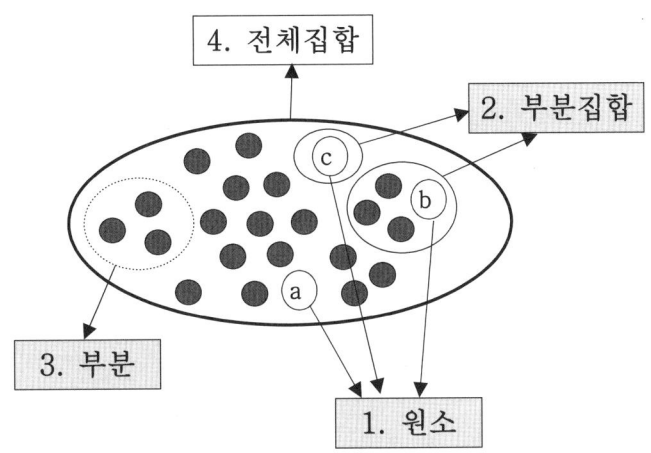

각각에 대응되는 관사 형태에 대해서 간략하게 정리하도록 하겠습니다. 우선, 관사가 나타내는 대표적인 것은 <원소>와 <(부분)집합>입니다.

1. 원소

원소는 부정관사 a/an으로 나타냅니다. 한 가지 알아둘 점은, 원소는 모두 전체집합을 구성하는 구성원으로서의 원소라는 것입니다. 즉 전체집합 내의 부분집합의 원소로 포함되어 있다하더라도 우선적으로는 전체집합의 원소로 보는 것입니다.

예를 들어 위 그림에서 원소 b는 의미적으로는(그림상으로는) 전체집합을 구성하는 원소로 볼 수도 있고 부분집합을 구성하는 원소로 볼 수도 있습니다. 하지만, 영어의 관점에서는, 구체적으로 '단어의 관점'에서는 부분집합을 구성하는 원소 b도 전체집합의 원소로만 보게 됩니다.

'세상에 존재하는 모든 사과'로 구성된 전체집합을 구성하는 '어느 하나의 사과'는 an apple입니다.

한편, '지금 우리 집 냉장고에 있는 사과'의 집합은 전체집합에 포함되는 부분집합입니다. 이때 '지금 우리 집 냉장고에 있는 사과'라는 부분집합을 구성하는 '어느 하나의 사과'를 관사적으로 어떻게 표현하여야 할까요?

'어느 하나'라는 표현으로 보아서 이는 불특정한 하나의 원소이기 때문에 부정관사 a/an을 적용해야 하는 것은 명백한 것이기 때문에 이 경우에도 <'세상에 존재하는 모든 사과'로 구성된 전체집합을 구성하는 '어느 하나의 사과'>와 마찬가지로 an apple입니다. 부분집합에 존재하는 원소에 대해서 별도로 a/an XXX, a/an OOO로 다르게 나타내지 않고 동일하게 an apple이라고 한 것은, 부분집합에 존재하는 원소도 근본적으로는 전체집합의 원소라는 현실을 반영한 것입니다. 이는 이미 바로 앞에서 언급했던 내용이기 때문에 이해하실 수 있을 것입니다.

만약 위 그림에서 원소 b가 an apple이 아닌 a/an XXX, a/an OOO 등과 같이 다른 명칭으로 불리려면, 원소 b가 포함된 부분집합이 스스로 전체집합이 되어야 하는 것입니다.

결론적으로 영어 단어는 전체집합을 구성하는 원소에 대한 명칭입니다.

> **영어 단어는 전체집합을 구성하는 원소에 대한 명칭이다.**

2. (부분)집합

(부분)집합은 정관사 the로 나타냅니다. (부분)집합에는 위 그림에서처럼 <복수의 원소가 존재하는 (부분)집합>과 <단일원소가 존재하는 (부분)집합>이 있습니다.

그런데 <집합과 원소>의 원리 안에는 부정관사 a/an과 정관사 the의 대상인 <원소>와 <(부분)집합> 외에도 **<부분>**과 **<전체집합>**이 존재합니다. 그리고 이에 대해서도 당연히 **관사적 표현 방법**이 존재합니다.

3. 부분(불특정한 복수)

관사의 대상이 되는 원소의 경우에도 '하나의 원소'만이 관사의 대상이 되는 것은 아닙니다. 상식적으로 두 개 이상의 '복수의 원소'도 관사적 표현 대상이 되어야 한다는 것은 당연한 것입니다.

복수의 원소는 <'일정한 조건'아래 모여 있는 복수>와 <'일정한 조건'이 존재하지 않는 복수>로 나누어 볼 수 있습니다. 여기서 '일정한 조건'이란 결국 '특정성'과 동일한 의미입니다. 전자는 <부분집합을 구성하는 복수>이고 후자는 <부분집합을 구성하지 않는 복수>입니다. 전자는 앞에서 정리한 '부분집합'에 해당되고, 후자가 '부분'이 됩니다.

■ 복수의 원소

▪ '일정한 조건'아래 모여 있는 복수	부분집합을 구성하는 복수	부분집합
▪ '일정한 조건'이 존재하지 않는 복수	부분집합을 구성하지 않는 복수	부분

앞으로 다시 다루겠지만 '부분'과 '부분집합'은 전혀 다른 것입니다.

ⓐ'부분집합'은 정관사 the를 적용하여 [정관사 the + 단수명사], [정관사 the + 복수명사]형태를 취하게 됩니다.
ⓑ반면에 '부분'은 '복수형 -s'를 적용하여 [명사 + -s]의 형태로 나타냅니다.

한편, '의미적으로' 접근하면, 정관사 the는 '전체'를 나타내고, 부정관사 a/an과 복수형 어미 -s(불특정한 복수)'는 '일부분'을 나타냅니다.

4. 전체집합

전체집합은 처음에는 관사의 적용대상이 아니었습니다. 즉 관사가 도입될 초기에는 전체집합을 관사적용의 대상으로 전혀 생각하지 않았기 때문에, 전체집합은 <집합과 원소>의 원리라는 논리적 그림 안에 존재하지 않았습니다. 그런데 관사에 대한 논리적 체계가 이미 어느 정도 완성된 이후, 이를 관사적으로 표현해야 한다는 현실적인 필요성이 제기되었고, 이에 따라 전체집합을 관사로 나타낼 수 있는 방법을 '별도로' 마련하게 되었습니다. 이것이 바로 '총칭'입니다.

참고로 전체집합을 나타내는 표현에는 '집합명사'도 있습니다. 다만 일단, 여기에서는 '집합명사'에 대해서는 다루지 않겠습니다. 아직 집합명사에 대해서 설명이 이루어지지 않았기 때문입니다. 따라서 집합명사부분에서 제시되는 <집합명사가 포함된 관사체계그림>이 최종적인 내용이라고 할 수 있습니다.

총칭은 관사체계가 이미 어느 정도 완성된 이후에 도입되었기 때문에, 이에 대응되는 새로운 관사형태를 만들 수가 없었습니다. 따라서 이러한 문제(총칭)를 해결하기 위해서 영어는 이번에도 '재활용'의 방식을 선택하게 됩니다.

미시적 접근

결론적으로, '기존에 존재하는 관사형태(부정관사 a/an, 부정관사 -s, 정관사 the)'를 '재활용'하여 총칭을 나타내게 되었습니다.

참고로, 총칭과 관련해, 앞에서 이미 정리했던 내용을 다시 보도록 하겠습니다.

| 관사적용 기준 II | 물질명사와 추상명사의 관사사용여부를 판단하기 위해서는 '총칭 상황'인지, 아니면 '비총칭 상황'인지를 먼저 판단한다. |

⇩ ⇩ ⇩

> 관사를 적용함에 있어서, 실질적으로 가장 중요하고 우선되어야 할 것은 가산명사인지 불가산명사인지에 대한 판단이 아니라, <총칭 상황인지 비총칭 상황인지에 대한 판단>이다.

현재 진행되고 있는 관사체계에 대한 내용은, <총칭을 관사적으로 어떻게 나타내는가>와 관련이 있습니다. 그러나 총칭과 관련해서는 위에서 제시한 내용도 매우 중요합니다.

다시 본론으로 돌아오겠습니다.
결국, 전체 관사체계는 ①'<집합과 원소>의 원리'에 의한 '중심 부분'과 ② '총칭'이라는 '별도의 부분'으로 이루어지고 있다고 할 수 있습니다.
이에 따라 앞에 제시된 [관사체계 I]의 그림은 다음과 같이 [관사체계 II]로 수정됩니다.

[관사체계 Ⅱ]

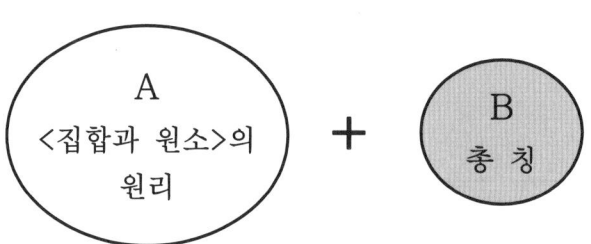

　다시 정리하자면, 거의 '대부분의 관사에 대한 내용'은 A부분의 <집합과 원소>의 원리에 의해서 체계적으로 자리 잡고 있습니다. 그리고 '<집합과 원소>의 원리'에 의해서는 설명이 되지 않는 총칭(전체집합)에 대해서는 B부분과 같이 '별도로' 정리하게 됩니다.

　한편, A부분과 B부분이 별도로 정리되고 있기는 하지만, 전혀 서로 관련이 없는 별개의 영역은 아닙니다. 정확히 말하면, 관련이 있다고 말할 수도 있고, 그렇지 않다고 볼 수도 있습니다.

　앞에서 말했듯이 A부분에서 사용되고 있는 부정관사(a/an, -s)와 정관사 the 등과 같은 관사 형태를 그대로 빌려와서, 총칭을 관사적으로 표현하는 수단으로서 '재활용'하고 있습니다.
　먼저, 관사형태만을 기계적으로 빌려와서 '재활용'하고 있기 때문에, 전체집합을 나타내는 관사적 표현인 '총칭(B)'에 대해서는 A와 같이 <집합과 원소>의 관점'이라는 큰 틀에서 '논리적(의미적)으로' 원리를 파악하려고 하는 접근은 원칙적으로는 바람직하지 않습니다. 이는 총칭으로 사용되는 부정관사(a/an, -s)와 정관사 the 등에 대해서, 기존에 존재하는(정리된) 부정관사(a/an, -s)와 정관사 the 등에 관한 다양한 용법들과의 연결선상에서 이해하려고 할 필요는 없다는 것입니다.

미시적 접근

　다음으로 다만, 총칭이 A부분의 논리적 체계(<집합과 원소>의 원리)에서는 벗어나 있지만, **A에서 사용되고 있는 부정관사(a/an, -s), 정관사 the와 같은 관사를 빌려와서(재활용해서)** 사용하고 있기 때문에, 동일한 총칭이지만 각각의 관사형태에 따른 의미의 차이가 어느 정도 존재하고 있습니다. 즉 총칭으로 부정관사 a/an이 사용된 경우와 정관사 the, 그리고 '복수형 -s'가 사용된 경우에 있어서 의미적으로 '약간의 차이'가 존재한다는 것입니다. 그리고 이러한 차이는 기존에 정리된 부정관사(a/an, -s)와 정관사 the의 기본의미와 일정부분 관계가 있습니다.

B. 전체와 부분

■ 전체와 부분
⇨ '전체'와 '전체의 부분'

■ '전체의 부분'은 '<집합과 원소>의 원리'에 의해서 설명될 수 있는 내용으로서 매우 중요한 내용입니다. 만약 영어가 '<집합과 원소>의 원리'에 의해서 관사와 명사에 접근하지 않았다면, '전체의 부분'이라는 개념은 별도로 존재하지 않았을 수도 있습니다.

　⇨ 결국, '전체의 부분'은 '집합명사' 등과 더불어 영어의 '명사와 관사'가 '<집합과 원소>의 원리'의해서 체계가 이루어지고 있다는 중요한 증거 중의 하나입니다.

한편, 현재 <집합과 원소>의 원리에 입각하여 관사가 설명되고 있지만, 관사가 나타내야 할 명사적 현상들이 모두 '<집합과 원소>의 원리'에 전적으로 부합하는 것은 아닙니다. 경우에 따라서는 '<전체와 부분>의 개념'이 더 적절하기도 합니다.

지금부터 <집합과 원소>의 '중심 원리'로부터 벗어나 있는 '<전체와 부분>의 개념'에 대해서 설명하도록 하겠습니다. 논의를 본격적으로 진행하기에 앞서 2가지만 언급하도록 하겠습니다.

①먼저 지금부터 정리할 '<전체와 부분>의 개념'은 앞에서 살펴본 '집합체(집합명사)'와 '유사한' 내용이라고 보면 되겠습니다. 좀 더 정확히 말하면 '<전체와 부분>의 개념'은 '집합체(집합명사)'의 유형 중 하나로 볼 수 있습니다.

■ '<전체와 부분>의 개념'은 '집합체(집합명사)'와 '유사한' 내용이다.

⇨ 좀 더 정확히 말하면, '<전체와 부분>의 개념'은 '집합체(집합명사)'의 유형 중 하나이다.

하지만 구체적으로 들어가면, 이 둘에는 차이가 존재합니다. 대표적으로, '집합체(집합명사)'는 '집합적 복수의 -s'로 나타내지만, 일반적으로 '<전체와 부분>의 개념'은 정관사 the와 관련된 내용입니다. 이에 대해서는 앞으로 충분히 설명될 것입니다.

②다음으로 지금부터 개괄적으로 '<집합과 원소>의 원리'에 의한 <집합의 부분(불특정한 복수)>과 '<전체와 부분>의 개념'에 의한 **<전체의 부분>**을 비교하여 살펴보도록 할 것입니다.

<전체와 부분>에 대한 정확한 개념정리가 이루어지지 않는 상태에서 논의를 전개하다보니 다소 복잡할 수도 있겠지만, <전체와 부분>에 대한 개념정리에 대해서는 잠시 뒤에 자세히 제시될 것이기 때문에 조금만 따라와 주시기 바랍니다.

사실 <전체와 부분>이 구체적으로 어떠한 것을 의미하는지를 알게 되면, 모두들 개념에 대해서는 쉽게 이해할 수 있을 것입니다. 독립된 타이어가 아니라 현재 <자동차에 달려 있는 타이어>, 독립된 핸들이 아니라 <자동차에 달려 있는 핸들> 등이 <전체와 부분>의 개념에 해당됩니다. 일단 이 정도에서 마치겠습니다.

- 집합의 부분(불특정한 복수) VS 전체의 부분

<전체의 부분>에 대해서 논의를 선개하기에 앞서, 먼저 <전체의 부분>에서 '부분'은 앞에서 <집합과 원소>의 원리에 있어서 설명했던 '부분(불특정한 복수)'과는 전혀 다르다는 것을 강조하고자 합니다.
한마디로 말하면 앞에서 나왔던 '부분(불특정한 복수)'은 <집합의 부분>이고 지금 설명할 '부분'은 <전체의 부분>입니다.

이때, <집합의 부분>은 전체집합에 포함되는 <'불특정한' (일)부분>이고, <전체의 부분>은 전체의 <'특정한' 부분>입니다. 결국 **이 둘의 가장 중요한 차이는 '특정성'의 유무가 됩니다.**

이에 따라 <집합의 부분>은 '불특정한 대상에 적용되는 부정관사(a/an, -s)'의 하나인 '복수형 어미 -s'가 적용되게 되고, 반면에 <전체의 부분>은 '특정한 대상'에 적용되는 정관사 the가 사용됩니다.
이 둘의 차이를 표로 정리해 보겠습니다.

집합의 부분 (불특정한 복수)	전체의 부분
<집합과 원소>의 원리	<전체와 부분>의 개념
전체집합에 포함되는 '불특정한' '일부분'	전체의 '특정한' '부분'
특정성 無	**특정성 有**
'복수형 어미 -s'	정관사 the

*<집합의 부분>과 <전체의 부분>의 근본적인 차이는 **'특정성'**의 유무이다.

    이처럼 <집합의 부분>과 <전체의 부분>은 분명하게 차이가 존재합니다. 다만, '부분'이라는 동일한 용어를 사용하기 때문에 혼란의 여지가 존재할 것 같습니다. 이에 대해서 어느 한쪽의 용어를 변경하려고 생각하기도 했으나 적절한 용어가 쉽게 떠오르지 않을 뿐만 아니라, 실제로는 설명이 겹치는 경우가 많지 않아서 혼동의 가능성이 크지 않다고 판단되었기 때문에 모두 '부분'이라는 용어를 고수하기로 하였습니다.
    다만 혼동의 가능성이 존재하는 경우에 있어서는 각각을 <집합의 부분>과 <전체의 부분>이라고 구별하여 말하도록 할 것입니다.

    관사는 '<집합과 원소>의 원리'에 기초하여 기본체계를 이루고 있지만, <집합과 원소>의 중심 원리를 벗어나는 영역이 존재하기도 하는데, 앞에서 언급했듯이 대표적인 것이 '총칭'입니다. 그리고 그러한 영역 중에서 또 다른 하나가 <전체와 부분>의 개념'과 관계되는 내용입니다.

미시적 접근

　지금부터 본격적으로 '<전체와 부분>의 개념'에 대해서 정리하도록 하겠습니다.

　먼저, '<집합과 원소>의 원리'는 '전체집합'을 제외한 그 안에 존재하는 모든 것(모든 집합과 원소)들이 분석대상이지만, **<전체와 부분>은 오로지 '부분' 하나에만 초점이 맞추어져 있습니다.** 이에 대해서 좀 더 살펴보도록 하겠습니다.

　'<집합과 원소>의 원리'에 있어서는 단일원소, 부분집합, 일부(불특정한 복수) 등과 같은 다양한 요소에 대해서 각각에 대응되는 관사적 표현방법을 마련해 두고 있습니다. 그리고 앞에서 정리한 것처럼 현재는 전체집합에 대해서도, 필요에 의해서 관사적 표현방안을 마련해 놓고 있습니다.

　반면에 '<전체와 부분>의 개념'에서는 '부분' 이외에 다른 것에는 전혀 관심이 없습니다. 여기서 제가 강조하고자 하는 바는, '<집합과 원소>의 원리'에 있어서는 '집합'과 '원소' 모두가 관심의 대상이었지만, '<전체와 부분>의 개념 틀' 안에서는 '전체(온전한 대상)'는 관사적용의 대상이 아니라는 것입니다.

　결론적으로, '<전체와 부분>의 개념'은 <'부분'을 나타내는 명사구(Partitive NPs)에 대한 내용>입니다. 즉 부분을 나타내는 명사구에 관사 적용을 어떻게 할 것인가가 핵심내용이 됩니다.

■ '<전체와 부분>의 개념'은 <'부분'을 나타내는 명사구(Partitive NPs)에 대한 내용>이다.

⇨　'<'전체'와 '부분'>의 개념'에서는 '부분'만이 중요하다.

⇨　'<'전체'와 '부분'>의 개념' 틀 안에서 '전체(온전한 대상)'는 관사적용의 대상이 아니다.

(가) 전체의 부분

일반적으로 부분은 동일한 것이 복수로 존재하지 않습니다. 즉 부분은 1개만 존재한다는 것입니다. 예를 들어 자동차는 타이어, 차문, 핸들, 의자, 엔진, 그리고 수많은 부품들 등과 같은 다수의 '부분'으로 이루어져 있습니다. 이러한 부분들은 '일반적으로' 어느 하나도 동일하지 않기 때문에 각각의 부분들은 '대부분' '유일성'이 충족됩니다. 물론 타이어는 4개가 존재하는 등 동일성이 존재하는 경우도 있습니다. 그러나 이는 '<전체와 부분>의 개념 틀' 안에서는 '예외적'인 사항으로서, 이에 대해서는 어느 정도 설명이 끝난 후에 다루게 될 것입니다.

결국 '<전체와 부분>의 개념'의 관점에서 보았을 때, '부분'은 '유일한 대상'이고, 따라서 '특정성'이 존재하게 됩니다. 이로 인해서 일반적으로 '부분'은 정관사 the가 적용됩니다.

(나) 전체

한편, 앞에서 말했듯이 '전체(자동차)'에 대한 관사적용의 문제는 '<전체와 부분>의 개념'의 틀 안에는 포함되지 않습니다. 즉 '<전체와 부분>의 개념'이라는 범위 안에서 만큼은 전체(자동차)는 관사적 논의의 고려 대상이 되지 않습니다. 전체(자동차)에 대한 관사 적용은 내부에 존재하는 '부분'과의 관계에 의해서 모색되는 것이 아니라, 별도로 외부에 존재하는 다른 자동차들과의 관계에 의해서 <집합과 원소>의 원리 차원에서 적용되게 되는 것입니다.

즉, 한 대의 온전한 자동차(전체)에 대한 관사적용은 <집합과 원소>의 원리에 의해서만 다루어지게 되는 것이고, 타이어, 차문, 핸들, 엔진 등과 같은 <전체의 '부분'>이라는 자동차 '내부의 문제'는 '<전체와 부분>의 개념'에 의해서 파악되는 것입니다.

(다) 부분이 아닌 독립된 대상

한편, 타이어, 차문, 핸들, 엔진 등과 같은 것들이 '<전체와 부분>의 개념'의 틀 안에서 <전체의 부분>으로서의 신분(?)을 갖기 위해서는 실제로 전체를 구성하는 부분이어야 합니다. 이러한 경우에만 특정성을 인정받아 정관사 the를 적용할 수 있습니다. 하지만, 부분에 해당되는 대상(개체)들이 전체에서 벗어나 독립되어 있을 경우에는 '<전체와 부분>의 개념'에 의해서가 아니라 '<집합과 원소>의 원리'에 의해서 관사가 결정되게 됩니다.

예를 들어 자동차 타이어는 자동차에 장착되어 있을 경우에는 자동차(전체)의 부분이 되지만, 만약 <타이어 가게>에 '타이어만이 진열되어 있는 경우'에는 일반적인 보통명사처럼 취급하게 되는 것입니다.

이번에는 <전체와 부분>, 그리고 <집합과 원소>를 그림을 통해서 비교해 보겠습니다.

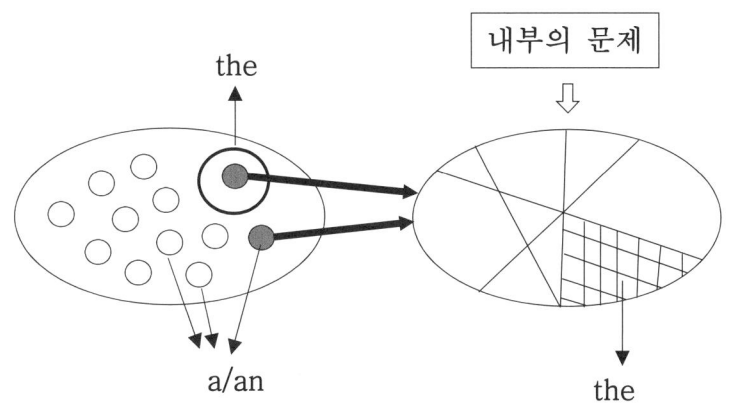

(가)집합과 원소   (나)전체와 부분

이제영어의의문이풀렸다9(관사편6)

설명에 앞서 앞에서 제시한 '집합체'에 대한 그림 1, 2를 다시 보도록 하겠습니다. '집합체'와 '전체와 부분'이 유사한 부분이 많다는 점을 확인하시기 바랍니다.

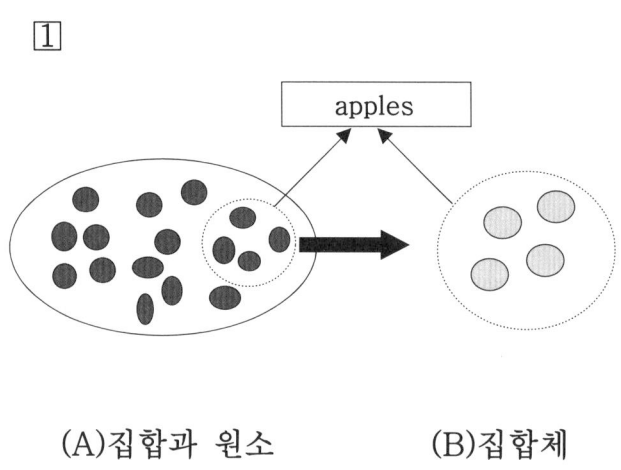

(A)집합과 원소   (B)집합체

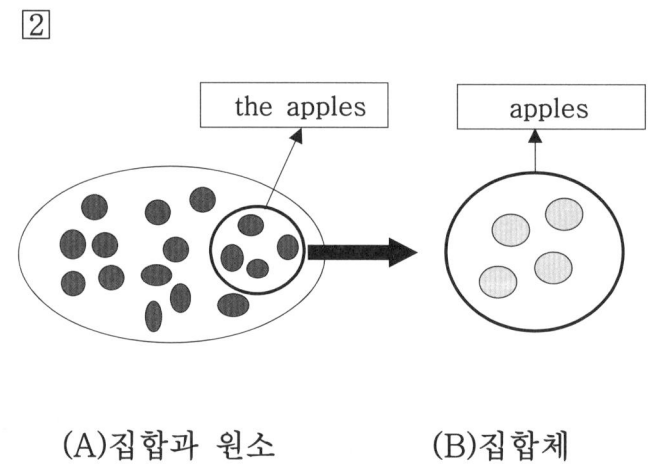

(A)집합과 원소   (B)집합체

그림을 통해서 알 수 있듯이, '집합체'와 '전체와 부분'은 해당집합을 전체집합에서 따로 떼어내어서, '별도의' 하나의 전체집합으로 바라보게 된다는 공통점을 가지고 있습니다.

다시 본론으로 돌아와서, <전체와 부분>에 대한 그림 (나)를 살펴보겠습니다.
- '<전체와 부분>의 개념'에 대한 그림 (나)는 하나의 원이 전체적으로 형태, 내용 등을 파악할 수 있는 여러 부분으로 나누어져 있는 것을 볼 수 있습니다. 그림 (나)에서 나누어진 각각의 영역들은 '전체의 (특정한) 부분'이 됩니다. **이러한 복수의 '부분'들은 '일반적으로' 모두 크기와 모양이 다르기 때문에 어느 하나도 동일하지 않습니다.**

- <전체와 부분>에서의 '전체'는 '<집합과 원소>의 원리'에 있어서의 '전체집합'에 해당됩니다. 앞에서 언급한 것처럼 <집합과 원소>에서의 '전체집합'은 세상에 1개만 존재하게 되지만, 이와 달리 '<전체와 부분>의 개념'에서 '전체'는 복수로 존재할 수 있습니다.

- 그리고 세상에 유일하게 존재하는 전체집합은 일반적으로 규모가 너무 크기 때문에 구체적인 대상이 아니라 추상적인 개념에 가깝다고 볼 수 있습니다. 이와 달리 '전체'는 일반적으로 '한 대의 자동차', '한 채의 집' 등과 같은 '구체적인 대상'입니다.

- 한편, 미리 말하자면, 이 때 <전체와 부분>에서 '부분'을 관사적으로 판단함에 있어서 '구체적인 대상(전체)'에 특정성이 존재하는지의 여부는 중요하지 않습니다. 즉 '특정한 전체'의 '부분'과 '불특정한 전체'의 '부분'이 '<전체와 부분>의 개념'에 있어서 관사적으로 동일하게 취급된다는 것입니다.

이는 <전체와 부분>의 관점에서는 '특정한 자동차의 엔진'과 '불특정한 자동차의 엔진'은 관사적으로 동일하다는 것입니다. 결론적으로 이 두 개의 경우 모두는 동일하게 정관사 the를 적용합니다.

```
┌─────────────────────────┬───┬─────────────────────────┐
│    '특정한 전체'의        │ = │    '불특정한 전체'의      │
│         부분             │   │         부분             │
└─────────────────────────┴───┴─────────────────────────┘
                    ⇩ ⇩ ⇩
┌───────────────────────────────────────────────────────┐
│                   정관사 the 적용                      │
└───────────────────────────────────────────────────────┘
```

자세한 내용은 조금 뒤에 다시 정리하도록 하겠습니다.

'<전체와 부분>의 개념'은 '<집합과 원소>의 원리'와 비교해 했을 때, 그림으로만 보면 어느 정도 유사하다고 생각될 수도 있겠지만, 이 둘 사이에는 명백한 차이가 존재합니다.

먼저 '<전체와 부분>의 개념'에 대해서 두 개의 관점에서 논해보도록 하겠습니다.

①앞에서 언급했듯이, <집합과 원소>의 원리가 관사의 모든 부분과 대응시켜 설명할 수 있는 반면에, <전체와 부분>의 개념은 주로 정관사 the의 용법만으로 설명됩니다. 이렇게 본다면, 무엇보다도 <집합과 원소>의 원리만이 전체적인 관사의 기본 원리인 것은 분명합니다. 왜냐하면 <집합과 원소>의 원리에는 <'부정관사 a/an', '정관사 the', '무관사 ∅', '복수형 -s', '정관사 the + -s'>와 같은 모든 관사형태가 담겨있지만, 이와 달리 <전체와 부분>의 개념에는 정관사 the가 대표적인 핵심 관사형태입니다.

②다음으로 언뜻 보면 영어에서 <전체와 부분>의 그림에 부합하는 내용이 차지하는 비중이 <집합과 원소>의 원리에 부합하는 부분에 비해서 상대적으로 작게 보이기도 합니다.

미시적 접근

　이러한 측면에서 보면, 결국 관사에 대한 가장 중요한 제 1의 원리는 '<집합과 원소>의 원리'가 되고, '<전체와 부분>의 개념'에 대한 내용은 관사에 대한 내용을 완성하는데 있어서 부가적인 내용 정도로 생각될 수 있습니다.

　그럼에도 불구하고 '<전체와 부분>의 개념'은 매우 중요합니다. 왜냐하면 이는 정관사 the의 주요 용법에 대해서 우리들이 이해할 수 있도록 도움을 주는 중요한 원리를 제시해주기 때문입니다.

　물론 '<집합과 원소>의 원리'에 의해서도 정관사 the를 설명할 수 있습니다. 하지만, '<집합과 원소>의 원리'에 의한 정관사 the에 대한 설명과 <전체와 부분>의 개념'에 의한 정관사 the에 대한 설명은 그 내용이 전혀 다릅니다. 즉 동일한 것을 각자 다른 방식으로 설명하는 것이 아니라, 설명하는 내용(대상) 자체가 다릅니다.

　결론적으로, <전체와 부분>의 개념은 '<집합과 원소>의 원리'에 의해서는 설명될 수 없는 대상에 대한 관사적용 원리를 우리에게 제시해 줄 수 있습니다. 즉 '<전체와 부분>의 개념'에 대한 내용은 '<집합과 원소>의 원리'에 의해서는 설명할 수 없는 고유영역인 것입니다.

<전체와 부분>의 개념은 '<집합과 원소>의 원리'에 의해서는 설명될 수 없는 대상에 대한 관사적용 원리를 우리에게 제시해 준다.

⇩ ⇩ ⇩

'<전체와 부분>의 개념'에 대한 내용은 '<집합과 원소>의 원리'에 의해서는 설명할 수 없는 고유영역이다.

부정관사 a/an과 정관사 the는 관사 체계에서 중요한 두 개의 축입니다. 단순히 생각하면 이 두 개의 관사는, 관사 체계에서 각각 1/2의 지분을 차지하고 있다고 보여 집니다. 하지만, 학습자들의 입장에서 보면 정관사 the가 훨씬 더 중요합니다. 왜냐하면 상대적으로 훨씬 난해하기 때문입니다. 실제로 문법책을 보게 되면 부정관사 a/a/n의 용법은 상대적으로 간단한 반면에, 정관사 the의 용법은 매우 복잡합니다. 이러한 이유로 본서에서도 부정관사 a/a/n보다 정관사 the에 대해서 정리하는 부분에 월등하게 많은 지면을 할애하고 있습니다. 이렇게 본다면 정관사 the의 원리를 이해할 수 있는 원리로서 '<전체와 부분>의 개념'의 중요성은 보이는 것보다 훨씬 더 크다고 생각됩니다.

물론, <전체와 부분>에 대한 정리가 정관사 the의 모든 용법을 설명해주는 것은 아닙니다. 그럼에도 불구하고 관사 체계에서 정관사 the가 차지하는 비중이 상당하고, <전체와 부분>의 개념이 이러한 정관사 the의 중요한 부분에 대해서 이해할 수 있도록 돕는다는 점에서 '<전체와 부분>의 개념'에 대한 정리는 큰 의의를 가지고 있다고 판단됩니다.

지금부터 <전체와 부분>의 개념에 대해서 구체적으로 좀 더 들어가 보도록 하겠습니다.

먼저, '<전체와 부분>의 개념'에서 '전체'는 '부분'에 정관사 the를 적용할 수 있도록 '특정성'을 부여해주는 역할을 합니다.

> '전체'는 '부분'에 정관사 the를 적용할 수 있도록
> '특정성'을 부여해 준다.

이 때 '부분'에 존재하는 특정성은 '1~99% 특정성'을 구성하는 내용에 포함되는 것입니다. '1~99% 특정성'에 대해서는 이미 앞에서 설명한 바 있습니다.

미시적 접근

한편, 위 box의 정리가 의미하는 바는 한마디로, 영어는 '전체의 부분'에 해당되는 경우에 정관사 the를 사용한다는 것입니다.

> **'전체의 부분'에 해당되면 정관사 the를 사용한다.**

이에 대해서 잠시 설명해 보도록 하겠습니다. 이하의 내용은 앞에서 잠깐 언급한 바 있습니다. 이번에는 좀 더 자세히 정리하도록 하겠습니다.

'전체의 부분'에 해당되는 단어가 따로 정해져 있는 것은 아닙니다. 여기서 '전체의 부분'이란, '의미'가 아니라 '상황'을 말합니다. 따라서 동일한 대상(단어)이라 하더라도 상황에 따라 '전체의 부분'일 수도 있고, 아닐 수도 있습니다. 그리고 다소 모호한 상황에 대해서는, 동일한 상황에 대해서 화자가 '전체의 부분'으로 볼 수도 있고, 그렇지 않을 수도 있습니다.

한편, 여기서 '그렇지 않을 수도 있다'는 것의 의미는 '<집합과 원소>의 원리'에 의한 상황으로 파악하게 된다는 의미입니다. 여기에서도 화자의 판단이 중요함을 알 수 있습니다.

결국 위 box의 정리는 i)어떠한 대상(단어)이 '객관적으로' '전체의 부분'에 해당되는 경우에는, 그리고 ii)'주관적으로' 화자가 '전체의 부분'이라고 생각하는 경우에는 정관사 the를 적용하게 된다는 것입니다. 그리고 iii)어떠한 대상(단어)이 '전체의 부분'에 해당되지 않는다면 당연히 <집합과 원소>의 원리에 의해서 관사가 적용되게 될 것입니다.

> **i) 어떠한 대상(단어)이 '객관적으로' '전체의 부분'에 해당되는 경우에는 정관사 the를 적용한다.**

> ii)어떠한 대상(단어)이 '주관적으로' 화자가 '전체의 부분'이라고 생각하는 경우에는 정관사 the를 적용한다.
>
> iii)어떠한 대상(단어)이 '전체의 부분'에 해당되지 않는다면 당연히 <집합과 원소>의 원리에 의해서 관사가 적용된다.

이에 대해서 '자동차의 엔진(engine)'을 예로 들어 보겠습니다. 먼저 '전체의 부분'에 해당되는 경우입니다.

- 전체의 부분

    ①She raced **the engine** of her car.
        그녀는 자동차의 엔진을 공전시켰다
    ②I checked **the engine** and tires of my car.
        나는 내 차의 엔진과 타이어를 점검했어요.
    ③**The engine** fired and we moved off.
        엔진에 시동이 걸려 우리는 떠났다.

①번 예문에서 'the engine of her car'는 '명사 of 명사'의 형태이고, 이는 명시적으로 engine과 her car가 관련이 있다는 것을 알려주고 있습니다. 그리고 의미상 the engine은 her car의 부분이라는 것을 쉽게 알 수 있습니다. 따라서 '전체의 부분'에 해당되기 때문에 정관사 the를 사용하였습니다. 결국 이 문장에서 engine은 자동차에 의해서 특정성을 부여받게 된 것입니다.

②번도 마찬가지로 '명사 of 명사'형태이기 때문에 ①번과 동일한 내용으로 파악하면 되겠습니다.

③번은 명시적으로 engine이 어떤 것의 부분이라는 것을 나타내주지는 않고 있습니다. 그런데 문장의 내용상 일반적이라면 여기서 engine은 우리가 탄 차의 engine일 것입니다. 결국 engine은 우리가 탄 차의 '부분'이기 때문에 정관사 the가 적용되었습니다.

이번에는 '전체의 부분'에 해당되지 않는 경우의 예문입니다. 앞에서도 언급했듯이 '전체의 부분'에 해당되지 않는다면 <집합과 원소>의 원리에 의해서 관사가 적용되게 됩니다.

▪ 집합과 원소

④The flight lasts several hours without **an engine**.
　　그 비행은 엔진 없이 여러 시간 지속됩니다.

⑤It even has **an engine** like other cars.
　　다른 자동차들처럼 엔진까지도 갖추고 있습니다.

⑥The man is working on **an engine**.
　　남자가 엔진을 손보고 있다.

④번과 ⑤번에서 engine은 모두 '전체의 부분'으로서가 아니라, 독립된 하나의 대상으로서 다루어지고 있습니다. 따라서 <집합과 원소>의 원리에 의해서 관사가 적용되어야 하고, 결국 '불특정한 구체적인 하나의 대상'이기 때문에 부정관사 a/an이 적용되었습니다.

⑥번은 상황에 따라서, '전체의 부분'으로 볼 수도 있고, 그렇지 않을 수도 있을 것 같습니다. 일단 ⑥번 문장 앞에 아무런 내용이 없는 경우로 한정하겠습니다. 만약 자신의 차인 경우에는 '전체의 부분'으로 보아 the engine도 가능할 것 같습니다. 그리고 만약 자신의 차가 아니라면, 또는 '남자(the man)'가 정비공이라면 <집합과 원소>의 원리에 의해서 an engine이 적절합니다.

위 내용을 정리하면 한마디로, '어떠한 대상'이 '독립된 개체'인지 아니면 '전체의 부분'인지는 객관적으로 확정된 사실이 아니라 '상황에 따라' 유동적이라는 것입니다.

(가)먼저, 이는 상대적인 개념입니다. 예를 들어 '사람'은 일반적으로 '독립된 개체'이지만, 만약 '그 사람'이 속해있는 어떠한 '인적(人的) 조직(집합)'에 대해서는 '부분'이 될 수 있을 것입니다. '집'의 경우도 일반적으로 '독립된 개체'이지만, 만약 여러 채의 집으로 이루어진 주택 단지에 대해서 '하나의 집'은 '부분'이 될 수도 있을 것입니다.

앞에서 보았듯이 반대의 경우도 가능합니다. engine은 일반적으로 자동차나 비행기 등의 부분으로 존재하지만, engine을 생산하는 공장 안에 수많은 engine이 놓여 있다고 생각해 보시기 바랍니다. 이 경우에는 engine은 분명하게 독립된 개체로 보입니다.

(나)다음으로 이러한 (가)와 같은 이유로 이는 '화자의 주관적 판단의 요소'가 개입될 여지가 존재합니다. 예문 ⑥에서 화자의 주관적 판단에 따라 '전체의 부분'으로 볼 수도 있고 반대로 <집합과 원소>의 원리에 의해서 접근할 수도 있다는 것을 설명한 바 있습니다.

한편 앞에서 '(전체의) 부분'을 관사적으로 판단함에 있어서 '구체적인 대상(전체)'에 특정성이 존재하는지의 여부는 중요하지 않다고 정리하였습니다. 결국 '특정한 전체'의 '부분'과 '불특정한 전체'의 '부분'이 '<전체와 부분>의 개념'에 있어서 동일하게 취급되어 모두 정관사 the를 적용한다고 하였습니다. 이를 위 ⑥번 예문을 통해서 설명해 보도록 하겠습니다.

이미 언급했듯이 ⑥번은 상황에 따라서 '전체의 부분'으로 볼 수도 있고, 그렇지 않을 수도 있는 유동적인 문장입니다. 그런데 이 문장에 대해서 '전체의 부분'이라는 점을 확실하게 한다면 무조건 정관사 the를 적용해야 합니다.

⑥-1 The man is working on **the engine of** <u>his car</u>.

⑥-2 The man is working on **the engine of** <u>a car</u>.

미시적 접근

일단 위 두 예문은 모두 '명사 of 명사'의 형태를 취함으로서 the engine이 '전체의 부분'이라는 점을 확실하게 제시하였습니다. 따라서 '일반적인 경우'라면 모두 선택의 여지없이 정관사 the를 사용해야 합니다. 여기서 '일반적'이라는 표현을 사용한 것은, '전체의 부분'은 일반적으로, 그리고 월등하게 정관사 the의 대상이지만, 부분이라고 해서 무조건 정관사 the가 적용되는 것은 아니라는 점을 반영한 것입니다. 이에 대해서는 뒤에 설명하게 됩니다.

이번에는 두 예문의 차이점에 주목해 주시기 바랍니다. ⑥-1문장의 his car는 특정한 대상이고 반대로 ⑥-2의 a car는 불특정한 대상입니다. 그런데 이러한 차이와는 상관없이 모두 정관사 the를 적용하여 the engine으로 나타내었습니다. 이는 앞에서 정리한 것처럼, 전체의 부분이기만 하면 <'특정한 전체'의 '부분'>인지, 아니면 <'불특정한 전체'의 '부분'>인지를 따지지 않고 모두 정관사 the를 사용하는 것입니다.

이에 대해서 좀 더 살펴보겠습니다. 자동차를 구성하는 부분 A, B, C, D는 다음과 같이 나타낼 수 있습니다.

① the car	② a car
the A of the car	the A of a car
the B of the car	the B of a car
the C of the car	the C of a car
the D of the car	the D of a car

결국 A, B, C, D가 특정성을 가지는 데에 있어서 특정성을 부여하는 자동차(car)가 스스로 특정성을 갖는지의 여부(①the car OR ②a car)는 영향을 미치지 않습니다.

결국 '부분'은 일반적으로, 다른 어떠한 것도 고려할 필요 없이 '전체의 부분'이라는 이유 때문에 정관사 the의 대상이 되는 것입니다. 이에 대해서 예문으로 살펴보겠습니다.

> Whether we dream of sitting in a cafe in Paris or on **the back of an elephant** in Southeast Asia, travel gives us the chance to do things we have only imagined.
> 파리의 간이음식점에 앉아있거나 혹은 남아시아에서 코끼리를 타고 앉아있는 꿈을 꾼다면, 여행은 우리가 상상하기만 했던 일들을 할 기회가 되는 것이다.

위 예문에서 the back of an elephant(코끼리의 등)가 '<전체와 부분>의 개념'에 부합합니다. 전체(an elephant)가 불특정한 개체임에도 불구하고 부분(the back)에 정관사 the가 적용되었음을 알 수 있습니다.
참고로 다음 문장을 보도록 하겠습니다.

> In Japan I am invited to **the apartment of a young couple**.
> 일본에서 나는 아파트에 사는 젊은 부부의 초대를 받았다.

위 문장에서 the apartment of a young couple는 <전체의 부분>이라기보다는 '소유'의 개념입니다. 소유하는 사람(a young couple)이 불특정한 개체임에도 불구하고 소유물(the apartment)에 정관사 the가 적용되었습니다.
이로부터 '<전체와 부분>의 개념'은 '소유의 개념'으로까지 확대될 수 있음을 알 수 있습니다. 아무튼 이 경우도 <전체의 부분>과 마찬가지로 소유하는 사람이 '특정한 사람'이든 '불특정한 사람'이든지 간에 소유물에 대해서 정관사 the가 적용됨을 알 수 있습니다.

미시적 접근

<전체의 부분>이 갖는 '특정성'에 대해서 지금까지의 내용을 토대로 정리해보겠습니다. 결론적으로 <전체의 부분>은 다음과 같은 2개의 특성으로 인해 '특정성'이 존재합니다.

> a. '전체'에 의해서 '부분'은 '특정성'을 부여받습니다.
> b. 일반적으로 '부분'은 동일한 다른 개체가 없이 '하나'만 존재하기 때문에 특정성'이 존재합니다. - 유일성

일반적인 명사의 특정성은 b에 대한 내용이 기본입니다. a의 내용은 <전체의 부분>의 경우에만 해당되는 내용입니다.

이번에는 잠시 영어가 기본적으로 어떠한 접근방식으로 <전체와 부분>이라는 현상을 관사적으로 처리하는지에 대해서 알아보겠습니다. 이 경우도 총칭(전체집합)과 기본적으로는 동일합니다.

관사는 <집합과 원소>의 원리에 의해서 서서히 그 체계를 확립하게 됩니다. 그리고 그 체계 안에서 부정관사 a/an과 정관사 the 등과 같은 관사들에 대해서 오랜 시간을 거쳐 각자의 용법들이 정리되어 왔습니다. 그리고 이후 영어는 '<집합과 원소>의 원리'의 중심에서 벗어나는 경우에 대해서 기존에 확립한 관사체계 내에 존재하는 부정관사 a/an과 정관사 the 등과 같은 관사를 '재활용'하여 해결하는 방식을 취하게 됩니다. 이러한 대표적인 경우가 전체집합을 나타내는 총칭입니다. 그리고 지금 다루고 하는 <전체와 부분>도 마찬가지로, 기본적으로는 이러한 방식을 취하고 있습니다. 즉 관사체계가 어느 정도 확립된 이후에 <전체와 부분>의 문제가 새롭게 대두된 것입니다.

다만, '재활용'하는 방식에 있어서는 차이가 있습니다. 총칭의 경우는 의미와는 관계없이 단순히 형식적으로 관사 자체만을 재활용한 것입니다.

물론 앞에서 설명한 것처럼 동일한 총칭이지만 각각의 관사형태에 따른 의미의 차이가 어느 정도 존재하고 있습니다. 즉 총칭으로 부정관사 a/an이 사용된 경우와 정관사 the, 그리고 '복수형 -s'가 사용된 경우에 있어서 의미적으로 약간의 차이가 존재한다는 것입니다. 그리고 이러한 차이는 기존에 정리된 부정관사(a/an, -s)와 정관사 the의 기본의미와 일정부분 관계가 있습니다.

반면에 <전체와 부분>은 '총칭'과는 달리 '재활용'을 함에 있어서 처음부터 '의미'적 측면을 고려하여 접근하게 됩니다. 그 결과 일반적으로 이에 부합하는 정관사 the만을 적용하게 되는 것입니다. <전체와 부분>의 경우는 정관사 the를 적용함에 있어서 '의미적으로'도 부합하기 때문에 '재활용'했다는 것 보다는, <집합과 원소>의 원리에 따라 정관사 the를 적용했다고도 볼 수 있을 것 같습니다. 다만 위에서 제시한 '<집합과 원소>의 원리'에 대한 기본 그림에는 벗어난 부분이라는 측면에서 '재활용'한 것으로 분류하였습니다.

■ 원소와 부분의 차이점

이번에는 원소와 부분의 차이에 대해서 살펴보겠습니다.
먼저, <집합과 원소>, 그리고 <전체와 부분>에 대해서 그림으로 살펴보도록 하겠습니다. 아래 그림을 통해서 이 둘의 유사점과 차이점에 대해서 잠시 생각해 보시기 바랍니다.

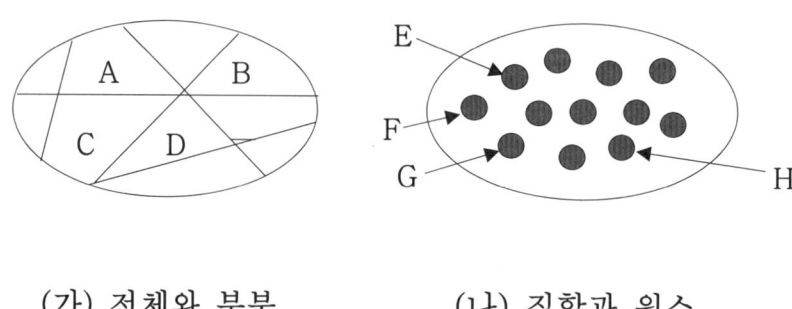

(가) 전체와 부분   (나) 집합과 원소

위 그림을 보면 알 수 있겠지만, <집합과 원소>, 그리고 <전체와 부분>은 비슷한 그림을 가지고 있습니다. 그림으로만 보게 되면, 일단 <전체와 부분>의 경우, <집합과 원소>에서 '집합'이 '전체'로 바뀌었고, '원소'가 '부분'으로 바뀌었다고 생각해도 되겠습니다. 즉, <집합과 원소>에서 '집합'은 <전체와 부분>에서 '전체'에 대응되고, '원소'는 '부분'에 대응됩니다.

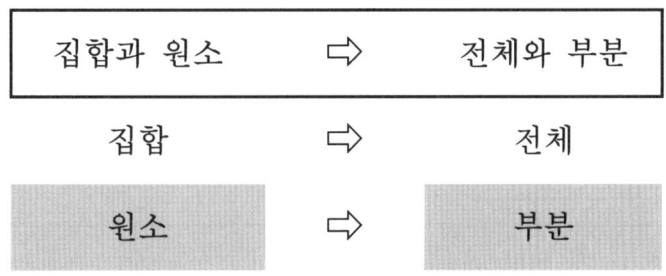

중요한 것은 유사점이 아니라 차이점입니다. 지금부터 '원소'와 '부분'의 차이를 살펴보도록 하겠습니다.

- 원소 VS 부분

그림으로만 보면 비슷하게 보이기도 하지만, <집합과 원소>, 그리고 <전체와 부분>은 차이가 분명하게 존재합니다. '원소'와 '부분'에 존재하는 차이는 관사적으로 중요한 의미를 갖습니다. 차이가 존재한다면 그 차이를 반영해서 다르게 취급해야 하는 것은 기본 중의 기본이라고 할 수 있겠습니다.

일단 '원소'와 '부분'의 차이점을 한마디로 말하면 '특정성'의 유무입니다.

■ '원소'와 '부분'의 가장 중요한 차이점

'특정성'의 유무

원소의 기본적인 모습은 특정성이 존재하지 않고, 반면에 '부분'은 기본적으로 특정성이 존재합니다. 이에 따라 원소의 기본 관사는 부정관사 a/an이 되고, '부분'의 기본 관사는 정관사 the가 됩니다.

	특정성	기본 관사
원소	부존재	부정관사 a/an
부분	존재	정관사 the

이를 바탕으로 이하에서는 '원소'와 '부분'의 차이점에 대해서 세부적으로 살펴보겠습니다. **'사과'**와 **'부엌'**을 예로 설명하도록 하겠습니다.

①먼저, 집합을 구성하는 복수의 '원소'는 동일한 종류이지만, 전체를 구성하는 부분은 일반적으로 동일하지 않습니다.

[▪ 사과 - <집합과 원소>] 예를 들어 '세상에 존재하는 모든 사과들의 집합(전체집합)'을 구성하는 원소인 '하나의 사과'는 다른 사과와 동일한 종류입니다. 물론 사과도 세세히 따지고 들면, 사과 하나하나가 모두 다르지만, 일반적인 경우라면 그 정도까지 들어갈 필요는 없습니다.

[▪ 부엌 - <전체와 부분>] 반면에 '어느 하나의 집'을 구성하는 부분인 '부엌'은 침실, 거실, 화장실 등과 같이 <그 집을 구성하는 다른 부분>들과 동일한 종류라고 볼 수 없을 것입니다. 어떻게 보면 일반적으로 못, 전구, 타일, 벽돌 등이 아닌, 부엌, 침실, 거실, 화장실 등과 같이 집을 구성하는 대표적인 부분들은 어느 하나도 같은 것이 없습니다.

②다음으로 위 그림에서 볼 수 있듯이, 복수의 '원소'는 물리적으로 서로 독립적이고 개별적이지만, 복수의 '부분'은 서로 연결되어 있어서 물리적으로 전혀 독립적이지 않습니다.

예를 들어, 하나의 사과와 다른 사과는 물리적으로 연결되어 있지 않습니다. 반면에 집의 부분인 부엌과 거실, 침실 등은 모두 하나로 연결되어 있습니다. 집에 따라 각각의 부분들의 구성과 위치에 있어서 차이는 있겠지만 물리적으로 서로 붙어서 연결되어 있는 것입니다.

③일반적으로 집합에서 원소 하나가 빠져 나갔다고 하더라도 집합이 존재하는 데에는 전혀 문제가 없습니다. 즉 위에 제시된 <집합과 원소>의 그림에서 E라는 원소가 하나 없어지더라도 집합 자체가 구성되는 데에는 전혀 문제가 되지 않습니다. 결론적으로 집합의 원소는 그 구성이 고정되어 있지 않고, 변할 수 있습니다. 따라서 '특정 원소(E)'는 집합이 구성되는 데 있어서 '필수 요소'는 아닌 것입니다. 즉 '원소 E'와 '집합'이 필수불가분의 관계를 갖는 것은 아닙니다.

반면에 모든 '부분'은 전체를 구성하는데 있어서 필수 요소입니다. 즉 모든 부분은 전체와 필수불가분의 관계에 놓여 있습니다. 이번에는 자동차를 예로 하나 더 들어보겠습니다(물론 앞에서 보았던 집/부엌의 경우도 예가 될 수 있습니다). 자동차를 구성하는 하나의 부분인 차문, 바퀴, 핸들 등 중에서 어느 하나라도, 그 중요성에 있어서는 차이가 있겠지만, 존재하는 것과 존재하지 않는 것의 차이는 자동차 전체를 놓고 보았을 때 모두 중요한 의미를 가지게 된다는 것을 알 수 있을 것입니다.

즉 아무리 사소한 부분이라도 그것이 존재하지 않게 되면 '전체'라고 말 할 수 없다는 것입니다. 극단적으로 엔진이라는 부분이 없는 자동차, 바퀴라는 부분이 없는 자동차를 온전한 자동차라고 할 수는 없을 것입니다.

④원소는 일반적으로 하나의 집합에만 속하는 구성원은 아닙니다. 예를 들어 하나의 사과는 '세상에 존재하는 모든 사과의 집합'에 속하는 원소이기도 하지만, 동시에 과일이라는 집합의 원소일 수도 있고, '부사'라는 집합 또는 '홍옥'이라는 집합의 원소일 수도 있습니다. 그리고 또한 동시에 '경북에서 생산된 사과' 또는 '중국에서 생산된 사과'의 원소일 수도 있습니다.

반면에 특정 '전체'를 구성하고 있는 '부분'은 원소처럼 동시에 다른 '전체'를 구성하는 '부분'이 될 수는 없습니다. 'A라는 집의 부엌'이 'B라는 집의 부엌'이 될 수는 없을 것입니다. 이는 앞에서 정리한 ③번의 내용이 중요한 이유가 될 수 있을 것 같습니다. 즉 이는 'A라는 집의 필수 요소인 부엌'이 'B라는 집의 부엌'이 될 수는 없다는 것을 의미합니다.

집합의 원소	전체의 부분
집합을 구성하는 복수의 '원소'는 동일한 종류이다.	전체를 구성하는 부분은 일반적으로 동일하지 않다.
복수의 '원소'는 물리적으로 서로 독립적이고 개별적다.	복수의 '부분'은 서로 연결되어 있다.
'특정 원소'는 집합이 구성되는 데 있어서 '필수요소'는 아니다.	'모든 부분'은 전체를 구성하는 데 있어서 필수 요소이다.
원소는 일반적으로 하나의 집합에만 속하는 구성원은 아니다. 즉 복수의 집합을 구성하는 원소일 수 있다.	특정 '전체'를 구성하고 있는 '부분'은 원소처럼 동시에 다른 '전체'를 구성하는 '부분'이 될 수는 없다.

이상의 정리로부터 '집합'과 '원소'의 관계와는 달리, '전체'와 '부분'은 서로 강력하게 연결되어 있음을 알 수 있습니다. 이처럼 '강력한 연결' 때문에 '전체'는 '부분'에 '특정성'을 부여해 줄 수 있게 되는 것입니다.

> '전체'와 '부분'은 서로 강력하게 연결되어 있기 때문에, '전체'는 '부분'에 '특정성'을 부여할 수 있다.

미시적 접근

이해를 돕기 위해서 예를 들어보겠습니다.

우리는 어떤 사람에 대해서 이름 대신에 '철수 엄마', '요 아래 슈퍼 집 아들', '철수 동생' 등으로 지칭하는 경우를 흔히 접할 수 있습니다. 이러한 방식이 가능한 이유는, 두 대상이 강력하게 연결되어 있기 때문입니다. '철수 엄마'를 예로 들어보면, '철수'와 '엄마'는 서로에게 특정성을 부여해 줄 수 있을 정도로, 둘 사이에는 매우 밀접한 관계가 존재합니다. 이러한 이유로 엄마의 이름을 모르더라도, 철수를 이용하여 엄마에게 특정성을 부여하여 지칭할 수 있습니다. 그것이 바로 '철수 엄마'인 것입니다.

물론 '철수 엄마'가 '전체와 부분'의 관계는 아닙니다. 그러나 둘 사이에 '강력한 연결'이 존재하고, 이로 인해 한쪽이 다른 한쪽에 '특정성'을 부여해 줄 수 있다는 점에서는 '전체와 부분'의 관계와 유사하다고 생각됩니다.

한편 관사와 관련하여 <전체와 부분>의 개념은 '부분'에만 초점이 맞추어져 있습니다. 따라서 '전체'와 '부분'이 서로 각각 상대방에게 특정성을 부여해주는 것이 아니라, '전체'만이 '부분'에게 특정성을 부여해 주게 됩니다. 결국, 다시 한 번 더 반복해서 말하면, 영어에서는 '전체의 부분'에 해당되는 경우에 정관사 the를 사용합니다.

그리고 한 번 더 언급하자면, <전체의 부분>과 <전체를 벗어난 개체로서의 부분>은 전혀 다른 것입니다. 즉 <자동차에 부착되어 있는 엔진>과 <자동차 엔진 공장에서 생산되어 배열되어 있는 수많은 엔진>은 관사의 관점에서 보았을 때, 다른 차원의 대상이라는 것입니다. 이때 가장 중요한 점은, <전체의 부분>은 전체와의 강력한 연결이 존재하기 때문에 특정성이 존재하고, 반면에 <전체를 벗어난 개체로서의 부분>은 전체와의 연결이 존재하지 않기 때문에 기본적으로 특정성이 존재하지 않는다는 것입니다.

한 가지 추가할 점은, 지금까지 '<집합과 원소>의 원리'와 '<전체와 부분>의 개념'은 서로 다른 것이라고 정리하였습니다. 이는 총칭도 마찬가지라고 하였습니다. 즉 '<집합과 원소>의 원리'와 총칭'은 서로 다른 원리에 의한 것입니다.

그런데 '총'칭과 <전체와 부분>의 개념'은 동일한 '재활용'의 방식이라고 정리되지만, 다소 차이가 있습니다.

ⓐ먼저, 총칭의 대상인 '전체집합'은 <집합과 원소>의 원리에 의해서 처음부터 그 존재를 파악하고 있었지만, 관사의 적용 대상이 아니었던 것이었습니다.

ⓑ반면에 '<전체와 부분>의 개념'은 처음부터 전혀 인지하지 못하던 부분이었던 것이, '<집합과 원소>의 원리'에 의해서 '명사와 관사'를 조망하는 도중에 나중에 발현된 문제라는 것입니다.

이러한 이유로 앞에서 제시했던 그림 상으로는 차이가 존재하기 때문에 '<전체와 부분>의 개념'이 <집합과 원소>의 '중심 원리'로부터 벗어나 있는 것처럼 보이지만, <전체와 부분>은 '총칭'과는 달리 '재활용'을 함에 있어서 처음부터 '의미'적 측면을 고려하여 접근하였기 때문에 넓게 보면, <집합과 원소>의 원리와 <전체와 부분>의 개념은 동일한 관점에 의한 접근이라고 볼 수도 있습니다.

<집합과 원소>의 원리와 <전체와 부분>의 개념은 크게 보면 동일한 관점에 의한 접근이라고 볼 수 있다.

이에는 두 가지 이유가 존재합니다.

i)먼저, 앞에서 정리한 것처럼, 영어적 현상을 '<집합과 원소>의 원리'라는 시각으로 바라보았을 때, 이에 부합하지 않는 현상이라고 새롭게 정리된 것이 <전체의 부분>의 개념이기 때문입니다.

쉽게 말해서 <전체와 부분>의 개념은 '<집합과 원소>의 원리'에 의해서 '명사와 관사'를 조망하는 도중 새롭게 나타나게 된 '부산물'이라는 것입니다. 즉 <전체와 부분>의 개념도 '<집합과 원소>의 원리'라는 기준에 의해서 파악되었다는 것입니다.

ii)다음으로, 앞에서 언급했듯이 <전체와 부분>에서 <부분>에 정관사 the를 적용한 것은, 결국 <집합과 원소>의 원리에 의해서 부분집합에 정관사 the를 적용하는 것과 '동일한 논리'이기 때문입니다.

즉 '<전체와 부분>의 개념'이 '<집합과 원소>의 원리'에 의해서 '명사와 관사'를 조망하는 도중 생겨난 '전혀 성격이 다른' 부산물이기는 하지만, 여기게 정관사 the를 적용하는 것은 결국 '<집합과 원소>의 원리'의 원칙에 의한 것입니다.

■ 영어의 관사 체계

앞에서 [관사체계 I - ⓐ집합과 원소의 원리]과 [관사체계 II - ⓐ집합과 원소의 원리 + ⓑ총칭]까지는 정리하였습니다.

이번에는 '전체와 부분'의 개념을 포함하여 모든 관사적용 원리를 반영하는 관사체계에 대해서 [관사체계 III]에서 [관사체계 V]까지 단계별로 그리고 '최종적으로' 정리하도록 하겠습니다.

▪ 관사체계 III - 전체와 부분

먼저 지금까지 정리한 내용은 다음과 같습니다.

A <집합과 원소>의 원리에서는 존재 가능한 대부분의 요소가 관사의 적용대상입니다.

반면에 <전체와 부분>의 개념에서는 '부분'만이 관사의 적용대상이 됩니다.

B 구체적으로 '<집합과 원소>의 원리'에서 '(부분)집합'은 정관사 the로 나타내고, '원소'는 부정관사 a/an으로 나타냅니다.

이를 좀 더 세세하게 정리하면, ⓐ'(부분)집합'은 [the + 단수명사]와 [the + 복수명사]로 나타낼 수 있습니다. ⓑ'원소'는 [a/an + 명사]와 [명사 + -s]로 나타냅니다. 그리고 마지막으로 ⓒ'전체집합'은 원칙적으로 관사의 대상이 아니었지만, 나중에 이를 표현할 방법으로서 '총칭'표현을 마련하게 됩니다.

반면에 <전체와 부분>의 개념에서는 '부분'만이 관사의 적용대상이고, 이는 대부분 정관사 the로 나타냅니다.

위 내용은 현재까지 정리한 관사에 대한 전체적인 기본 체계입니다.

그리고 여기에 덧붙여 만약 <전체와 부분>의 개념에서 '부분'에 가산성이 존재하는 경우에는, 예를 들어 자동차 바퀴처럼 동일한 부분이 복수로 존재하는 경우에는 부정관사(a/an, -s)가 적용될 수도 있습니다.

결국 미리 말하자면, 부분의 경우도 [the + 단수명사]뿐만 아니라, [a/an + 명사], [명사 + -s], [the + 복수명사]의 형태로 나타낼 수 있습니다. 즉 '부분'도 '가산성'이 존재하는 경우에는, 부정관사(a/an, -s)를 적용할 수 있다는 것입니다. 결국, '부분'의 경우에도 [무관사 ∅ + 명사]를 제외한 모든 관사형태가 가능합니다. 물론 빈도는 정관사 the에 비해서 현저히 낮습니다. 이에 대해서는 뒤에서 다시 설명하도록 하겠습니다.

지금까지 정리한 내용을 표로 정리해 보겠습니다.

■ '집합과 원소' & '부분'의 형태

구 분				관사 적용
집합과 원소 (A)	원소	①단일 원소		부정관사 (a/an, -s)
		②복수의 원소(=부분)		
	집합	부분집합	③단일원소집합	정관사 the
			④복수원소집합	
		⑤전체집합(B)		X → 총칭
전체와 부분 (C)	전체			X
	⑥부분			정관사 the

　　<전체와 부분>의 개념을 반영한 '관사체계 III'은 다음 그림과 같이 나타낼 수 있습니다.

[관사체계 III]

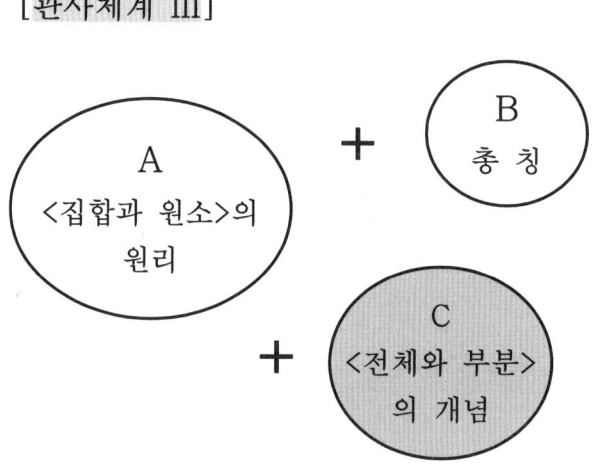

*C에는 '집합체'의 내용이 포함됩니다.

앞에서 다음과 같이 정리한 바 있습니다.

<전체와 부분>의 개념은 '집합체(집합명사)'와 '유사한' 내용이다. 좀 더 정확히 말하면, <전체와 부분>은 '집합체(집합명사)'의 유형 중 하나이다.

'집합체'는 이미 앞에서 설명한 내용으로서, <관사와 명사>에서 매우 중요한 부분을 차지하는 영역입니다. 따라서 여기서 별도로 설명하지는 않지만, 관사체계에 반드시 포함되어야 할 내용입니다. 결론적으로 위 그림에서 '집합체'는 [C <전체와 부분>의 개념]에 포함되어 있는 것으로 약속하도록 하겠습니다.

그러나 정확하게 말하면, <전체와 부분>은 '집합체(집합명사)'의 유형 중 하나이기 때문에, 위 도표는 다음과 같이 나타내는 것이 더 적절합니다.

미시적 접근

[관사체계 III - 수정]

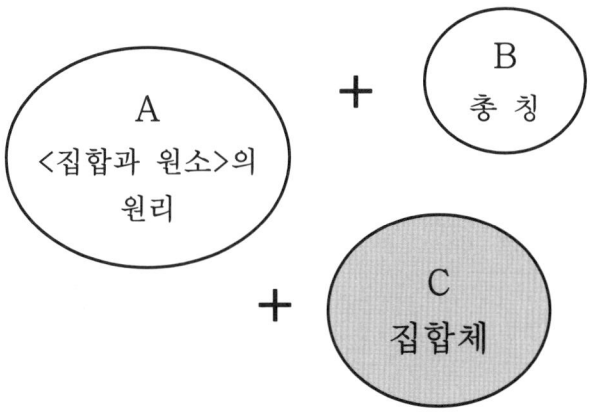

*C에는 '전체와 부분'의 내용이 포함됩니다.

즉 '집합체(집합명사)'가 더 큰 개념이고, <전체와 부분>은 '집합체(집합명사)'에 포함되는 개념입니다.

집합체(집합명사)   ⊃   전체와 부분

다만, 현재 설명하는 내용이 '전체와 부분'에 대한 것이기 때문에 C는 '<전체와 부분>의 개념'으로 정리하도록 하겠습니다.

아무튼 좀 더 정확한 내용은 바로 위에 제시된 [관사체계 III - 수정]이라고 할 수 있습니다.

• 관사체계 IV - 불가산명사

한편 영어에서 '존재 가능한' 모든 관사와 명사의 조합 형태는 다음과 같이 총 5가지입니다.

■ 관사와 명사의 조합 형태

부정관사 (a/an, -s)	ⓐ	[a/an + 단수명사]
	ⓑ	[명사 + -s]
무관사 ∅	ⓒ	[∅ + 단수명사]
정관사 the	ⓓ	[the + 단수명사]
	ⓔ	[the + 복수명사]

결국 이 5가지 형태의 관사가 앞에서 정리한 <'집합과 원소(5가지)' & '(전체의) 부분(1가지)'의 형태> 총 6가지를 표현하게 되는 것입니다. 이 때 모두 알고 있듯이, ①단일 원소는 ⓐ[부정관사 a/an + 단수명사]로 나타내고, ②복수의 원소는 ⓑ[명사 + -s], ③단일원소(부분)집합은 ⓓ[정관사 the + 단수명사], 그리고 ④복수원소(부분)집합은 ⓔ[정관사 the + 복수명사] 등으로 표현하게 됩니다.

대부분 1:1로 대응되지만, 반드시 그렇지만은 않습니다. 6가지의 <'집합과 원소의 형태'와 '(전체의) 부분'> 중 어느 하나를 나타내기 위해서 5가지(ⓐ~ⓔ)의 <관사와 명사의 조합 형태> 중에서 복수의 형태가 가능한 경우도 있습니다. 예를 들어 무관사 ∅(ⓒ)를 제외한 존재 가능한 모든 <관사와 명사의 조합 형태(ⓐ, ⓑ, ⓓ, ⓔ)>가 ⑥'(전체의) 부분'을 나타내는데 사용될 수 있습니다. 그리고 <ⓐ, ⓑ, ⓓ>형태는 ⑤전체집합을 나타낼 수 있습니다.

이를 표로 정리하면 다음과 같습니다.

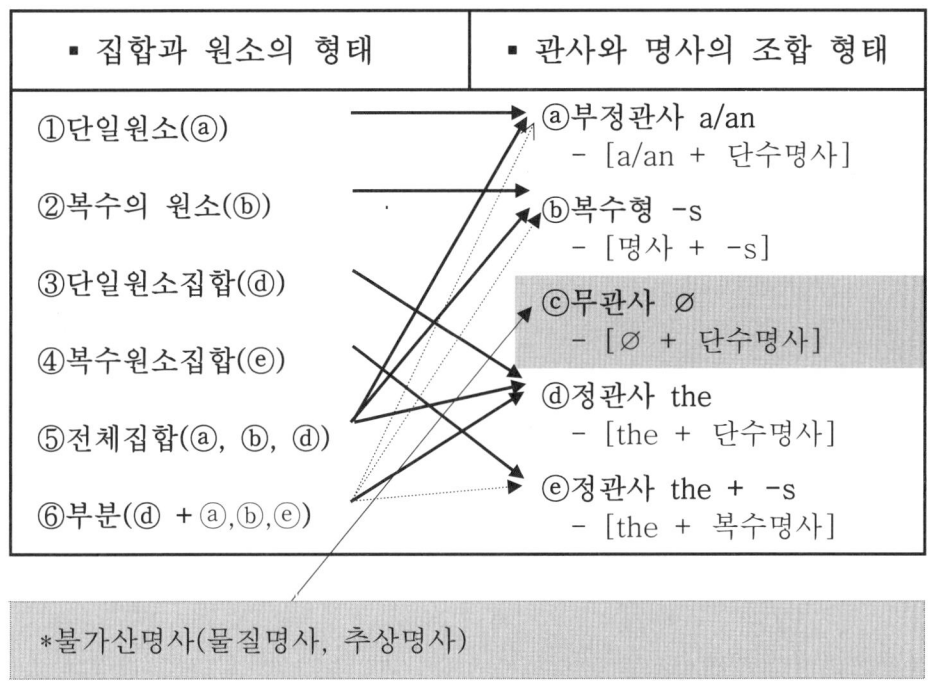

한편, 위에 정리한 6가지의 <'집합과 원소' & '(전체의) 부분'의 형태>가 모든 언어적 상황을 설명하는 것은 아닙니다. 일단, 위 6가지 경우는 <집합과 원소>, 그리고 <전체와 부분>의 관점에서 설명 가능한 경우, 즉 <부정관사 a/an과 정관사 the가 적용될 수 있는 '구체적인 원소'>에 해당되는 보통명사에 한정되어 있습니다. 앞에서 관사에 대한 설명은 기본적으로 보통명사를 기초로 한다고 하였음을 기억해 주시기 바랍니다.

1 영어는 '기본적으로' <집합과 원소>, 그리고 <전체와 부분>의 관점으로 설명이 안 되는 영역이 많은 부분에서 존재합니다. 그 중에 하나가 바로 불가산명사인 물질명사와 추상명사입니다.

'<집합과 원소>의 관점'에서 보면, 물질명사와 추상명사는 원소가 존재하지 않습니다. 따라서 당연히 집합도 존재할 수 없습니다. 결국 물질명사와 추상명사는 <집합과 원소>의 원리가 적용되지 않는다고 말할 수 있습니다. 당연히 관사의 적용대상이 될 수 없기 때문에, 원칙적으로 무관사 Ø입니다. 그리고 불가산명사에는 '구체적인(물리적인) 분할'의 개념이 원칙적으로 적용될 수 없기 때문에 '기본적으로' <전체와 부분>의 개념에도 맞지 않습니다.

[2] 다만, 불가산명사도 엄밀히 따지면, '원칙적으로' <집합과 원소>의 원리에 포함되는 것으로 볼 수도 있습니다.

> 불가산명사도 엄밀히 따지면, 원칙적으로 <집합과 원소>의 원리에 포함되는 것으로 볼 수도 있다.

즉, 불가산명사(물질명사, 추상명사)를 <집합과 원소>의 원리의 관점에서 조망해 보니, 집합도 원소도 모두 존재하지 않기 때문에 부정관사 a/an과 정관사 the의 적용 대상이 아니라는 것입니다. 즉 무관사 Ø의 대상이라는 것입니다. 이러한 관점도 가능함을 기억해 주시기 바랍니다.

사실 불가산명사에 대해서 두 개의 관점([1], [2]) 중에서 어느 한쪽으로 접근을 하더라도 모두 가능합니다. 이 책에서는 일반적으로 불가산명사(물질명사, 추상명사)를 '<집합과 원소>의 원리'에 포함되지 않는 것으로 분류할 것입니다. 다만, 이 부분(관사체계)에서만큼은 설명의 편의상 '<집합과 원소>의 원리'에 포함되는 것으로 보겠습니다.

결국 위에서 정리한 6가지의 경우(①~⑥)에 <무관사 Ø가 적용되는 불가산명사인 물질명사와 추상명사의 경우>를 반영하면, '<집합과 원소>의 원리'와 관련된 거의 모든 언어적 상황이 포함 되는 것입니다.

미시적 접근

그리고 여기에 앞으로 '<집합과 원소>의 원리'와는 관련 없는 2가지 경우 (고유명사 + 가시성에 의한 '물리적, 가시적 특정성')만 더 추가하게 되면, 최종적인 모든 관사체계가 완성되게 됩니다. 이에 대해서는 잠시 뒤에 정리할 것입니다.

우선, '불가산명사'의 내용을 반영하여 관사체계를 다시 정리하면 다음과 같습니다(관사체계 IV).

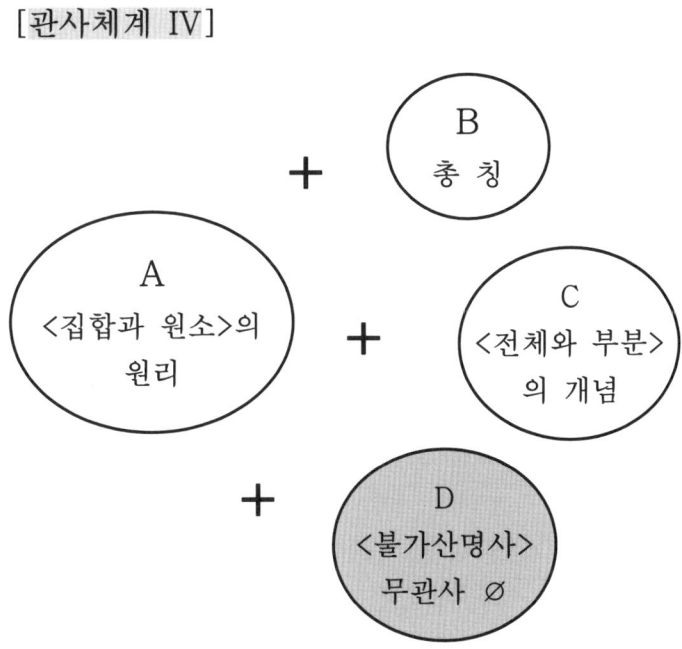

*C에는 '집합체'의 내용이 포함됩니다.

위 그림에서 B, C, D는 자세히 들여다보면, 모두 A와는 구별되는 영역으로서의 특성이 존재하기 때문에, '별도의 독립된 영역'으로 나타내어지고 있습니다. 그러나 넓게 보면, 앞에서 정리했듯이 위 그림에서 B, C, D는 모두 '<집합과 원소>의 원리(A)'와 '일정 부분' 관련이 있습니다.

하지만, B(총칭)는 '<집합과 원소>의 원리'에 의해서 만들어진 부정관사 a/an과 정관사 the 등과 같은 관사형태를 '재활용'한 것으로서, '<집합과 원소>의 원리(A)'와는 많이 벗어나 보입니다. 즉 B(총칭)는 '<집합과 원소>의 원리'에 의한 '전체집합'을 나타낸다는 점에서는 동일한 '<집합과 원소>의 원리'의 범주로 볼 수 있는 여지가 있지만, '단순히' 기존에 존재하는 관사형태를 '재활용'한 것이기 때문에 B, C, D 중에서 가장 '<집합과 원소>의 원리(A)'와 관계없는 것처럼 보인다는 것입니다. 쉽게 말해서 총칭에 정관사 the를 사용한 것은, '<집합과 원소>의 원리'에 의해서 부분집합에 정관사 the를 적용하는 것과는 동일하지 않다는 것입니다.

정리하면, [관사체계 IV]에서 A, C, D는 '<집합과 원소>의 원리'의 범주로 분류되고, B(총칭)는 '<집합과 원소>의 원리'의 범주에서 벗어나는 것입니다.

■ 관사체계 V – 고유명사

다음으로 관사를 사용하고 있지만, 지금까지의 관사에 대한 논의와는 전혀 다른 부분이 존재합니다. 바로 고유명사에 대한 것입니다. 고유명사에는 무관사 Ø와 정관사 the를 적용하게 됩니다. 그리고 이 중에서 무관사 Ø가 고유명사의 '원칙적인' 형태가 됩니다. 그런데 이러한 고유명사에 대한 관사적용은 지금까지의 내용과 전혀 다릅니다.

앞에서 [관사체계 IV]에서 A, C, D는 '<집합과 원소>의 원리'의 범주로 분류되고, B(총칭)는 '<집합과 원소>의 원리'의 범주에서 벗어나는 것이라고 정리하였습니다. 그리고 B(총칭)를 '<집합과 원소>의 원리'의 범주에서 벗어나는 것으로 정리하더라도, 어떻게 보면 B(총칭)도 어느 정도 '<집합과 원소>의 원리'와 관계가 있다고 하였습니다.

따라서 지금까지 관사체계 IV(A, B, C, D)의 내용이 기본적으로 <집합과 원소>의 원리와 어떤 식으로든지 직, 간접적으로 크고 작게 관련이 있는 것이라고 한다면, 고유명사는 완전히 다른 차원의 문제입니다.

미시적 접근

설명에 앞서 먼저, '고유명사'에 대한 내용을 반영하여 관사체계를 다시 정리하면 다음과 같습니다(관사체계 V).

[관사체계 V]

```
              B
              총칭
         +
   A              C
 <집합과 원소>의  + <전체와 부분>
     원리           의 개념

   +   +      D
              <불가산명사>
      E       무관사 ∅
     고유명사
```

*C에는 '집합체'의 내용이 포함됩니다.

한편, 고유명사에 대한 관사 적용은 <영어의 '이름짓기' 방식>에 의한 것으로서, 앞에서 제시한 A, B, C, D와 비교해 볼 때, <집합과 원소>의 원리'와는 거의 관련이 없다고 할 수 있습니다.

결국, 고유명사에 정관사 the를 적용하는 부분은 '총칭'과 마찬가지로 기존에 존재하는 관사를 '재활용'한 것으로 보아야 합니다.

즉 <집합과 원소>의 원리에 의해서 '부분집합'에 정관사 the를 적용하는 것과 '고유명사'에 정관사 the를 적용하는 부분에는 논리적 연관성이 전혀 존재하지 않는다는 것입니다. 즉 고유명사는 '부분집합'과 전혀 관계가 없습니다.

다만, 고유명사에 부정관사 a/an이 아닌, 정관사 the를 적용하는 것은, 정관사 the가 <'유일성'에 기반한 '특정성'>을 나타낸다는 점이 고려되었다고 할 수 있습니다. 따라서 이러한 면에서 보면, '결과적으로는' <집합과 원소>의 원리에 의해서 '부분집합'에 정관사 the를 적용하는 것과 '고유명사'에 정관사 the를 적용하는 부분이 서로 관련이 있는 것처럼 보일 수도 있습니다. 그러나 이는 '결과적으로' 그러한 것이고, '원리'라는 측면에서는 100% 다른 차원에 속하게 됩니다. 고유명사에 대한 원리, 즉 <영어의 '이름짓기' 방식>은 고유명사부분에서 자세히 제시될 것입니다.

한편, [관사체계 V]에서 A, C, D는 '<집합과 원소>의 원리'의 범주로 분류되고, B(총칭)와 E(고유명사)는 '<집합과 원소>의 원리'의 범주에서 벗어나는 것입니다.

▪ 관사체계 VI - 물리적, 가시적 특정성

이제 마지막으로, 위 그림의 내용(관사체계 V)에서 한 가지만 추가하면, '최종적인' 관사체계를 나타낼 수 있는 그림이 됩니다. 그것은 바로 <가시성에 기반한 '물리적, 가시적 특정성'>입니다.

지금까지의 관사체계(I~V)가 전반적으로 가산성(可算性)이 중심적인 내용이었다고 한다면, 이번에 추가되는 '물리적, 가시적 특정성'은 가시성(可視性)에 의한 정리입니다.
<가시성에 기반한 '물리적, 가시적 특정성'>은 지금까지 [관사체계 V]로 정리되는 내용과는 완전히 다른 성격의 부분입니다.

미시적 접근

관사체계 VI ①	가산성 (可算性)	A. <집합과 원소>의 원리
		B. 총칭
		C. <전체와 부분>의 개념
		D. <불가산명사> - 무관사 ∅
		E. 고유명사
	가시성 (可視性)	F. '물리적, 가시적 특정성'

먼저, '<집합과 원소>의 원리'의 범주에서 벗어나는 B(총칭)와 E(고유명사)도 가산성(可算性)의 범주로 묶은 것은, A에 의해서 만들어진, 관사형태를 B와 E에서 재활용하고 있기 때문입니다. 이는 편의적 측면의 분류이기 때문에 분류에 대해서는 크게 고민하지 마시기 바랍니다.

결국 영어의 관사체계는 최종적으로 총 6가지 내용으로 이루어졌다는 것을 알 수 있습니다.

한편 위 표에서는 A~F의 총 6개의 요소가 모두 동등하게 정리되어 있습니다. 하지만, 내용상 따져보면 전체 관사체계에서 차지하는 빈도와 중요성에는 차이가 존재합니다.

결론적으로 가시성(可視性)에 기반한 '물리적, 가시적 특정성'은 가산성(可算性)에 기반한 '<집합과 원소>의 원리'와 함께 관사 체계를 구성하는 가장 핵심적인 2개의 요소 중 하나입니다.

> ①가산성(可算性)에 기반한 '<집합과 원소>의 원리'와 ②가시성(可視性)에 기반한 '물리적, 가시적 특정성'은 관사 체계를 구성하는 가장 핵심적인 2개의 요소(축)이다.

가시성(可視性)에 의한 '물리적, 가시적 특정성'도 <'집합과 원소'의 원리>에서 벗어나는 경우입니다. 그리고 '물리적, 가시적 특정성' 부분도 <총칭>과 <고유명사>처럼, '<집합과 원소의 원리>에 의해서 기존에 확립된 관사체계' 내에 존재하는 부정관사 a/an과 정관사 the 등과 같은 관사를 '재활용'하여 해결하는 방식을 취하고 있습니다.

결국, 관사체계 내에서 <'집합과 원소'의 원리>에서 벗어나는 경우로서, '재활용'의 방식을 활용한 것은 <총칭>, <고유명사>, <물리적, 가시적 특정성>입니다.

> ■ <'집합과 원소'의 원리>에서 벗어나는 경우
> ('재활용'의 방식을 활용한 것)
>
> B. 총칭
>
> E. 고유명사
>
> F. 물리적, 가시적 특정성

'관사체계 VI'를 그림으로 나타내면 다음과 같습니다.

미시적 접근

[관사체계 VI]

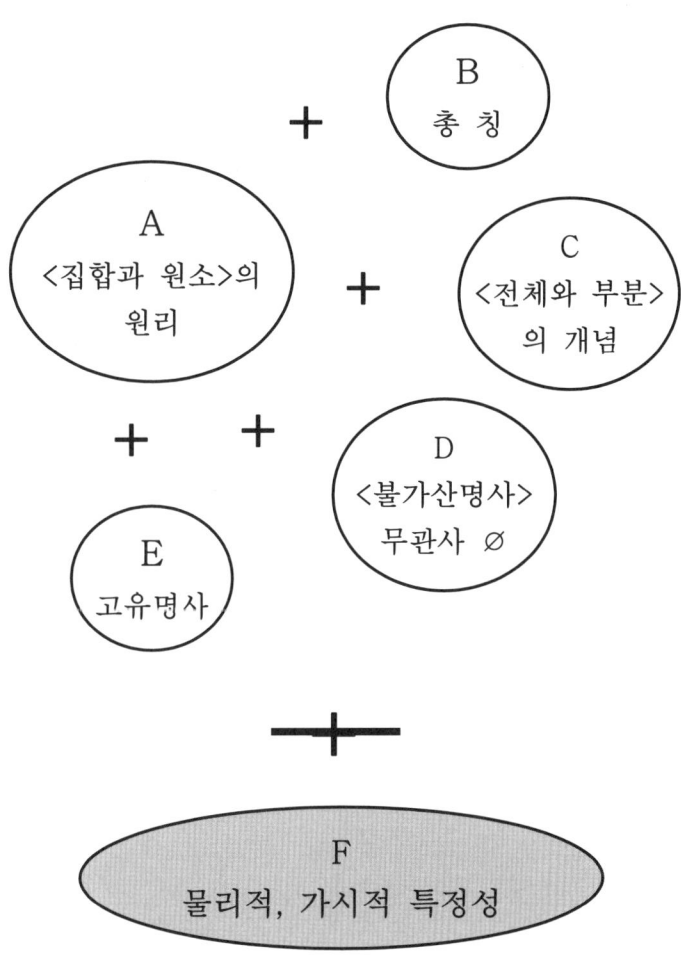

*C에는 '집합체'의 내용이 포함됩니다.

앞에서(관사체계 III - 수정), '집합체(집합명사)'가 더 큰 개념이고, <전체와 부분>은 '집합체(집합명사)'에 포함되는 개념이라고 하였습니다. 이에 따라 [관사체계 VI]를 수정하면 다음과 같습니다.

[관사체계 VI - 수정]

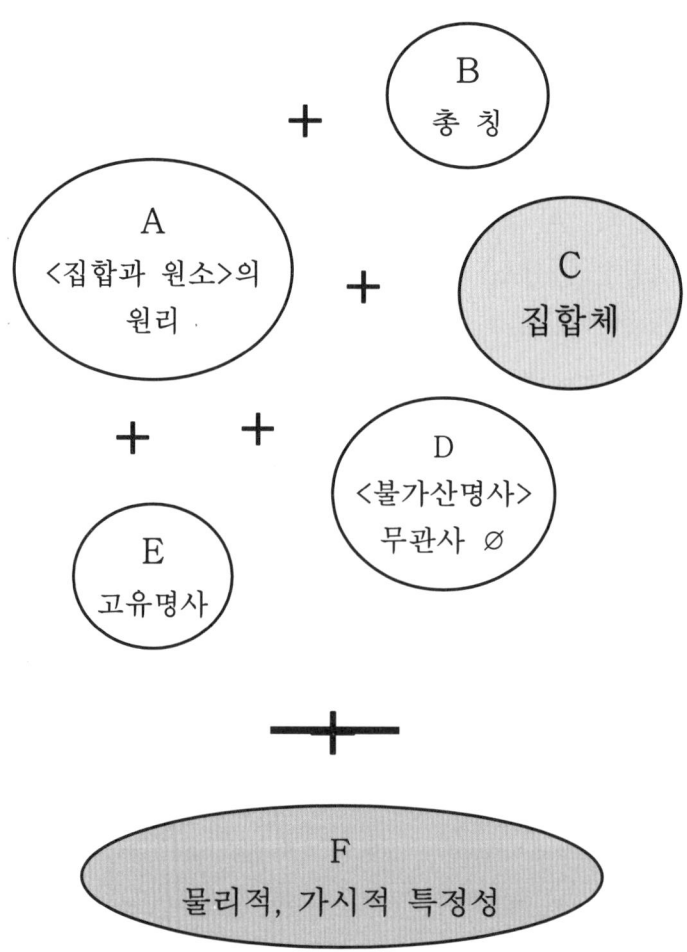

*C에는 '전체와 부분'의 내용이 포함됩니다.

위 그림의 내용이 '일단' **최종적인 관사체계**'로 볼 수 있습니다. 위 그림의 내용을 바탕으로 관사체계를 표로 정리해 보겠습니다.

■ 관사체계 VI ②

가산성 (可算性)	A. <집합과 원소>의 원리 　- 부정관사(a/an, -s), 정관사 the	
	B. 총칭	재활용
	C. 집합체(& 전체와 부분)	
	D. <불가산명사> - 무관사 ∅	
	E. 고유명사	재활용
가시성 (可視性)	F. '물리적, 가시적 특징성'	재활용

■ 관사체계 - 집합명사 : 최종

한편, 앞에서 현재의 관사체계에 대한 논의에 있어서 집합명사 부분은 제외한다고 하였습니다. 그리고 이는 중요하지 않기 때문이 아니라, 너무도 중요해서 별도로 정리하겠다고 하였습니다.

당초 계획은 집합명사부분에서 집합명사가 포함된 관사체계그림을 제시하려고 하였지만, 일단 여기서 집합명사에 대한 설명은 별도로 하더라도, 집합명사가 포함된 관사체계의 그림을 제시하도록 하겠습니다.

[관사체계 - 최종]

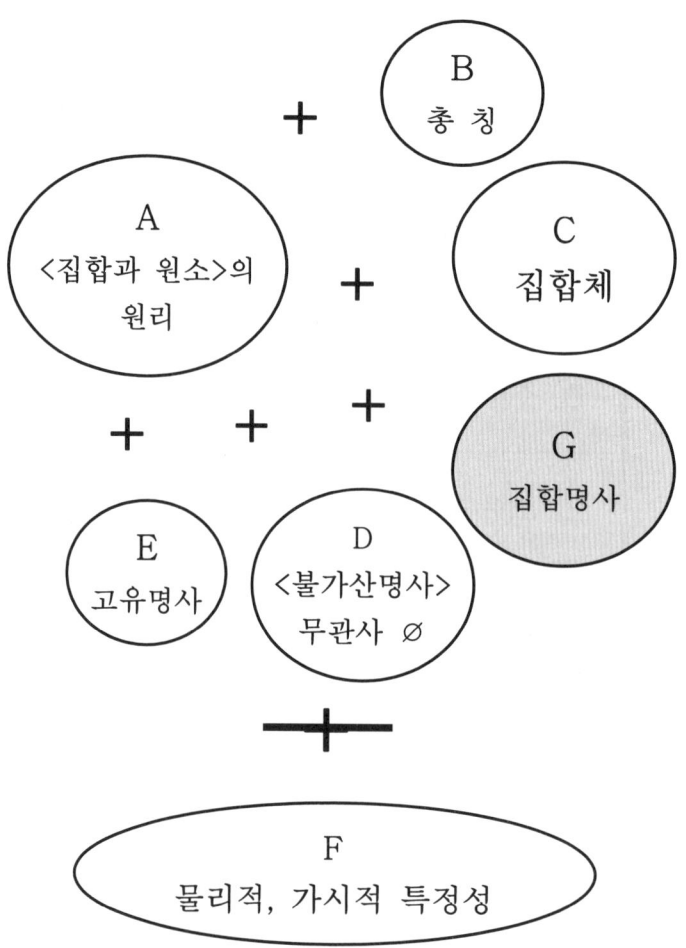

*C에는 '전체와 부분'의 내용이 포함됩니다.

위 그림에서 전체집합에 해당되는 것은 <B. 총칭>과 <G. 집합명사>입니다. 그리고 집합명사는 집합체와 유사한 개념으로 설명되기 때문에, 본서에서 '넓은 의미'의 집합명사는 <C. 집합체>와 <G. 집합명사>를 합한 것입니다.

위 그림을 표로 정리해 보겠습니다.

■ 관사체계 - 최종

가산성 (可算性)	A. <집합과 원소>의 원리 - 부정관사(a/an, -s), 정관사 the	
	B. 총칭	재활용
	C. 집합체(& 전체와 부분)	
	D. <불가산명사> - 무관사 ∅	
	E. 고유명사	재활용
	G. 집합명사	
가시성 (可視性)	F. '물리적, 가시적 특정성'	재활용

위 표의 내용이 의미하는 바는, **관사에 대해서 파악하기 위해서는 위에서 제시한 A~F의 내용을 '모두' 파악해야 한다는 것입니다.**

한편, 앞에서 언급했듯이 영어의 관사는 하나의 원리로 설명될 수 있는 것이 아니라 명사의 종류별로 원리가 상이하고, 또한 하나의 명사종류 안에서도 복수의 원리가 작동하고 있습니다.

결국 위에서 정리한 A~F는 모두 각기 다른 원리로 설명되어야 합니다. 따라서 영어의 관사는 기존 문법에서 설명하는 것처럼 단순히 <'가산성'의 관점에서 접근하는 것>만으로는 해결될 수 없습니다. 단순하게 '가산성의 개념'으로 해결할 수 있는 것은 10%도 되지 않는다고 생각합니다.

위 표에 정리된 것 중에는 제목만 보아도 처음 보는 내용도 있을 것입니다. 특히 <F. 가시성에 기반한 '물리적, 가시적 특정성'> 부분과, <C. 집합체(& 전체와 부분)>, 그리고 'A. <집합과 원소>의 원리'와 같은 내용은 기존의 문법책에서는 전혀 다루고 있지 않는 내용입니다.

그리고 내용으로 들어가 보면, A~F의 대부분이 기존 문법과는 완전히 다른 내용으로 채워져 있기 때문에, 실질적으로 조금 관장(?)하면, 본서에서 정리하는 관사체계는 기존의 문법과는 100% 다르다고 할 수 있을 정도입니다.

한편, 위에서 정리한 A~F를 파악하게 되면, 관사와 관련된 기본 내용은 어느 정도 완성된 것입니다. 다만, 다음과 같은 내용들을 이해하는 것이 필수적입니다.

①관사의 역사(歷史)
②화자의 주관적인 선택의 영역(문제)
③혼동 & 구별(구조적 구별 & 의미적 구별)
④총칭 VS 비총칭의 중요성
⑤관사 결정 과정
⑥관사적용여부의 원칙 +관사선택의 원칙
⑦구조적 법칙 II

미시적 접근

　사실 A~F의 내용은 서로 각기 독립되어 있기 때문에, 정리하는데 있어서 나름대로 명확한 측면이 있습니다.

　그러나 ①~⑦의 내용은 A~F의 모든 내용에 관여되어 있는 '기본 사항'들로서 설명하기도 어렵고 이해하기도 쉽지 않습니다. 이해하기 쉽도록 사진을 찍는 것으로 비유하면, A~F가 모델이라면 ①~⑦은 배경이라고 생각하면 될 것 같습니다. 본서의 내용이 다소 장황하게(?)된 것은 대부분 ①~⑦의 내용 때문입니다.

　특히 ①~⑦의 내용 중에서 <②화자의 주관적인 선택의 영역(문제)>는 정리하는 것이 가장 난해합니다. 지금까지 계속해서 제시되었기 때문에 어느 정도 공감이 되실 것으로 생각합니다.

　한편, <②화자의 주관적인 선택의 영역(문제)>는 '추상명사'에 있어서 가장 중요하지만, 이 외에도 <주관적인 선택의 영역(문제)>를 고려해야 되는 부분이 몇 개 더 있습니다. 영어에서 **<주관적인 선택의 영역(문제)>**가 관여되어야 하는 부분은 대체로 다음(ⓐ~ⓓ)과 같습니다.

■ 화자의 '주관적인 선택의 영역(문제)'

ⓐ추상명사
- 총칭 VS 비총칭
- 가산편향적 추상명사 VS 불가산편향적 추상명사

ⓑ총칭상황 VS 비총칭상황

ⓒ'객관적 설명'의 상황 VS '주관적 묘사'의 상황

> ⓓ집합명사
> - 명사종류의 선택
>   (보통, 물질, 추상명사 VS 집합명사)
> - 집합명사(집합체)의 형태
>   ('집합적 복수의 -s' 적용 여부 선택)

위 내용 중에서 집합명사에 대해서는 아직 정리되지 않았습니다. 집합명사에 대해서는 뒤에서 자세히 다룰 것입니다. 그 외 나머지 내용들은 이미 한두 차례 언급되었던 것이기 때문에 생소하지는 않을 것입니다.

참고로 여기에 하나 추가하도록 하겠습니다. 이는 계속해서 다루어 왔던 내용이기도 하고, 또한 위 정리 중 ⓐ추상명사와 관련된 내용이기도 합니다. 즉 어떠한 명사를 실제에서 **가산명사로 보느냐 아니면 불가산명사로 보느냐(가산명사 VS 불가산명사)**도 화자의 <주관적인 선택의 영역(문제)>에 해당됩니다.

여기서는 이러한 내용이 존재한다는 것을 확인하는 차원이기 때문에 일단 이 정도로 넘어가도록 하겠습니다.

다시 본론으로 돌아오겠습니다.

앞에서 정리한 관사체계를 구성하는 A~F는 모두 중요한 내용이지만, 그 중에서 <가시성에 기반한 '물리적, 가시적 특정성'>은 조금 과장해서 말하면, '<집합과 원소>의 원리'와 함께 관사체계를 양분한다고 할 만큼 중요한 개념입니다. 그리고 '집합명사'와 '집합체'의 개념도 매우 중요합니다.

정리하면, A~G에서 핵심적인 3가지는 A, G, F입니다.

미시적 접근

A	<집합과 원소>의 원리	가산성의 관점	①무관사 ∅ ②부정관사 a/an ③복수형 어미 -s
G	집합명사	집합명사의 관점	①무관사 ∅ ②집합적 복수의 -s
F	물리적, 가시적 특정성	가시성의 관점	①정관사 the

특히 위 3가지 중에서 A와 F가 영어 관사체계에서 두 개의 핵심 축입니다.

그리고 반복하면, 더욱 중요한 점은 A~F를 구성하는 내용이 기존 문법에 동일한 또는 유사한 제목이 존재한 경우이든 아니든 간에, 기존 문법책의 내용과는 전혀 다르다는 것입니다. 조금 차이가 있는 것이 아니라, 논리라는 측면에서 보면 거의 70%이상 다르다고 할 수 있습니다. 특히 처음 제시되는 내용도 다수 있습니다.

결국, 지금까지 잘못된 원리로 접근해왔기 때문에 우리가 관사를 제대로 파악한다는 것은 거의 불가능에 가깝다고 볼 수 있습니다.

관사체계에 대해서는 이 정도에서 마치도록 하겠습니다. 이하의 논의에서는 다시 집합명사는 제외하고 설명하도록 하겠습니다.

이번에는 앞에서 정리한 <‘집합과 원소(5가지)’ & ‘(전체의) 부분(1가지)’>의 관사형태‘ 표에 대해서 <총칭과 비총칭의 관점>에서 분류해 보겠습니다.

구 분				총칭/비총칭
집합과 원소 (A)	원소	①단일 원소		비총칭
		②복수의 원소(=부분) (불특정한 복수)		
	집합	부분 집합	③단일원소 (부분)집합	
			④복수원소 (부분)집합	
		⑤전체집합(B)		총칭
전체와 부분 (C)	전체			X
	⑥(전체의) 부분			비총칭

⑤전체집합은 '총칭'을 의미합니다. 정확히 '보통명사의 총칭'입니다. 영어 전체가 총칭과 비총칭의 두 가지로만 구분된다고 했을 때, ⑤전체집합이 총칭이고, 나머지 ①, ②, ③, ④, ⑥은 비총칭입니다.

재강조하면, 앞에서 정리했듯이, 관사를 판단함에 있어서 가장 중요한 것은 '가산성'이 아니라 총칭상황인지 비총칭상황인지를 파악하는 것입니다.
따라서 앞으로 영문을 접하는 경우, 우선적으로 항상 [총칭 VS 비총칭 상황]에 대해서 따져보는 습관을 갖는 것은 매우 중요합니다.

지금부터는 위 표에서 정리한 것 중 ⑤전체집합을 제외한 나머지들에 대해서 관사로 어떻게 표현하게 되는지에 대해서 <A. 집합과 원소>와 <C. 전체와 부분>을 기본으로 하여 차례대로 설명해 나갈 것입니다. 총칭을 의미하는 ⑤ 전체집합은 이미 앞에서 정리한 바 있습니다.

한편 이미 ①단일 원소(부정관사 a/an)와 ③단일원소집합(정관사 the)에 대해서는 자세히 다루었기 때문에 잠깐 언급하는 수준에서 먼저 제시하고 넘어가도록 하겠습니다.

결국 아래에 정리되는 것 중에서 중요한 내용이 되는 것은 **②'복수의 원소(=부분)'**, **④'복수원소(부분)집합'**, **⑥'(전체의) 부분'**이 됩니다.

A. 집합과 원소

1. 단일 원소

1) ①단일 원소 - [부정관사 a/an + 명사]

　　(가)

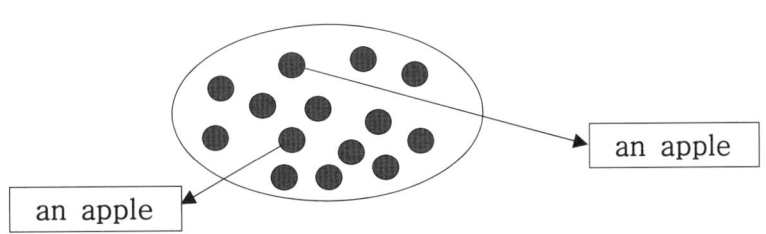

동일한 종류의 복수의 원소들로 구성된 집합이 일반적인 집합입니다. 이러한 일반적인 집합을 구성하는 불특정한 하나의 원소에 부정관사 a/an이 사용됩니다.

2) ③단일원소집합 - [정관사 the + 단수명사]

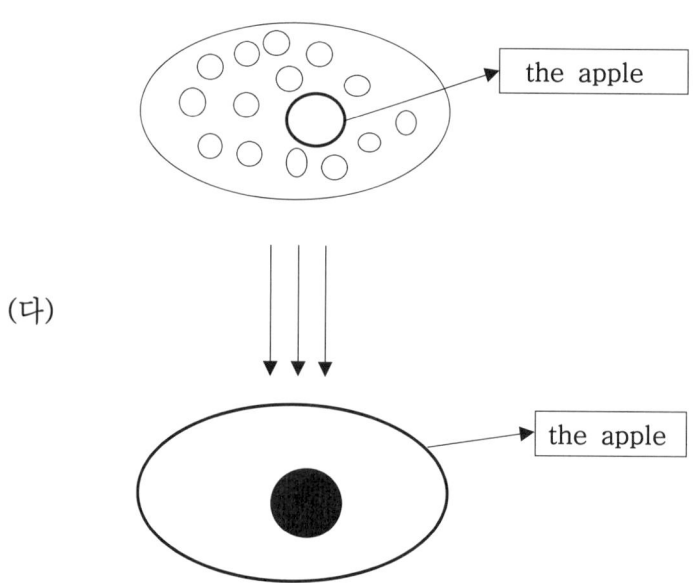

정관사 the는 특정성을 나타냅니다. 정관사 the는 그림 (나)와 그림 (다)의 두개의 그림으로 설명될 수 있습니다. 그림 (나)는 여러 개의 개체 중 어느 하나만을 꼭 집어서 가리키는 경우입니다. 그리고 그림 (다)는 그림 (나)에서 the apple만을 확대한 것입니다. 결국 정관사 the는 집합을 나타내고, [정관사 the + 단수명사]는 단일원소집합을 나타내게 됩니다.

미시적 접근

주의할 점은, 정관사 the는 원소를 나타내는 것처럼 보인다는 것입니다. 특히, 단일원소집합인 [정관사 the + 단수명사]는 [원소 = 집합]이기 때문에 더욱 그러합니다. 그러나 그렇게 보이는 것일 뿐, 실제로 정관사 the는 집합을 나타냅니다.

한편, 모두 알고 있듯이 다음의 the sun과 같이 '유일물'인 경우에는 정관사 the가 사용되고 있습니다. 따라서 아래 그림처럼 나타낼 수도 있을 것 같습니다.

(라)

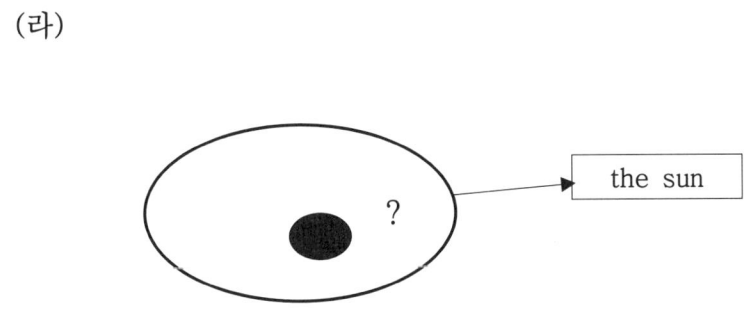

그러나 the sun과 같은 유일물은 앞의 그림 (다)의 the apple과는 차원이 다른 문제입니다. 이는 <집합과 원소>의 원리에 의한 내용이 아니라, 가시성(可視性)에 의한 '물리적, 가시적 특정성'에 관련된 내용입니다. 따라서 <집합과 원소>의 원리에 의한 **위 그림 (라)는 원칙적으로는 적절하지 않습니다**.

하나만 더 언급하면, ⓐ(다)의 the apple은 '**가산성이 존재하는 경우**'이고, ⓑthe sun은 '**가산성이 의미가 없는 경우**'입니다. 그리고 ⓒ불가산명사인 물질명사와 추상명사는 '**가산성이 존재하지 않는 경우**'입니다.
이에 대해서는 <가시성에 의한 '물리적, 가시적 특정성'> 부분에서 정리한 바 있습니다.

2. 복수 원소

앞에서 설명한 두 경우(①, ③)는 '하나의 원소(단수)'에 관한 내용입니다. 그런데 관사의 대상이 되는 원소에는 당연히 복수인 경우도 있습니다. 이 경우에는 '복수형어미 -s'를 사용하여 [명사 + -s]의 형태를 취하게 됩니다.

<관사의 대상이 되는 '복수의 원소'>에는 **<집합을 구성하지 않은 복수>와 <집합을 구성하는 복수>**의 두 가지 경우로 나누어 볼 수 있습니다. 이는 앞에 정리한 표에서 각각 '②복수의 원소(=부분)'와 '④복수원소(부분)집합'에 해당됩니다.

1) ②복수의 원소(=부분/ 일부 개체)
   - 집합을 구성하지 않은 복수

'②복수의 원소'는 <집합을 구성하지 않은 복수>가 해당됩니다. 집합은 정관사 the로 나타내기 때문에, 집합은 '특정성'을 의미합니다. 따라서 집합을 구성하지 않는다는 것은 특정성이 존재하지 않는다는 것을 의미합니다. 결국 ②복수의 원소는 화자, 청자 모두에게 또는 적어도 청자에게 정체가 알려지지 않은 신정보인 경우로서, 특정성이 확보되지 않은 복수입니다. 즉 '불특정한 복수'입니다. 이는 다음과 같이 그림 (마)와 (바)로 나타낼 수 있습니다.

(마)

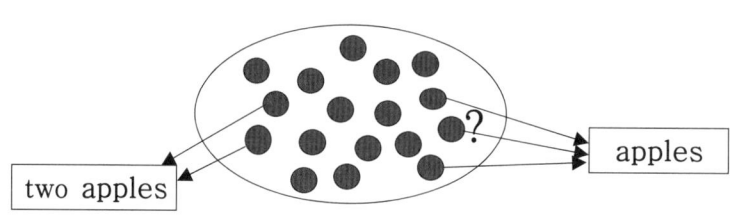

미시적 접근

(바)

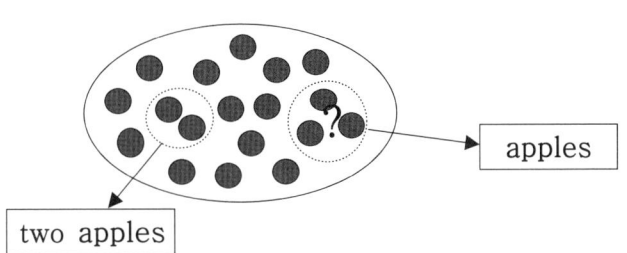

'불특정한 복수'를 의미하는 '일부 개체'의 경우에 대해서 그림을 (마)와 (바) 두 가지로 제시하였습니다. 그림 (마)와 (바)에 차이가 존재하는 것은 아닙니다. 다만, '불특정한 복수'를 의미하는 '일부 개체'가 집합을 이루지는 않는다는 것을 시각적으로 나타내기 위해서 (바)의 그림에서 점선으로 나타낸 원을 첨가한 것입니다. 뒤에 제시될 점선이 아닌 실선으로 표시된, '특정한 복수'를 나타내는 그림 (사)와 비교해 보면 이해가 될 것입니다.

이러한 '불특정한 복수'는 원소의 수(數)가 정확히 알려진 경우와 그렇지 않은 두 가지 경우로 나누어 볼 수 있습니다. 위 그림 (마)와 (바)에서 오른쪽의 물음표(?)가 첨가된 것은 원소의 수가 알려지지 않은 경우이고, 왼쪽의 two apples는 원소의 수가 알려진 경우입니다.

원소의 수(數)가 정확히 알려진 경우는 특정성이 존재하는 것이 아닌가라고 생각할 수 있겠습니다. 하지만 '원소의 수(數)'만으로는 특정성이 확보되지 않습니다. 다음 예문과 같이 정관사 the 또는 이와 유사한 소유격 등과 같은 표현이 사용되어야 특정성이 존재하게 됩니다.

The two men are looking at each other.
두 남자는 서로를 보고 있다.

The two friends became bitter enemies
　두 친구는 철천지원수가 되었다.
He left a large fortune to **his two sons**
　그는 두 아들에게 많은 유산을 남겼다

　다음은 <집합을 구성하지 않은 '복수의 원소'>에서 원소의 수(數)가 정확히 알려진 경우와 그렇지 않은 두 가지 경우에 대한 예문입니다.

　　A: There are **two apples** on the desk.
　　　　책상위에 사과 두개가 있다.

　　B: There are **apples** on the desk.
　　　　책상위에 사과들이 있다.

　집합을 이루지 않는다는 의미는 일반적인 의미의 개체들일 뿐, 특별한 조건에 부합하는 개체들이 아니라는 것입니다. '일반적인 의미의 개체들'이란 '불특정한 개체'를 말합니다. 이러한 점이 드러나도록 해석하면 예문 A는 '책상 위에 일반적인 사과(불특정한 사과) 두개가 있다'가 됩니다.

2) ④복수원소집합
　　- 집합을 구성하는 복수

　앞에서 정리했듯이 복수의 원소는 <집합을 구성하지 않은 복수>와 <집합을 구성하는 복수>의 두 가지 경우로 나누어 볼 수 있습니다. 바로 앞에서 <집합을 구성하지 않은 복수>에 해당되는 '②복수의 원소'를 정리하였고, 이번에 다루는 '④복수원소집합'은 <집합을 구성하는 복수>에 해당됩니다. 그리고 이는 [정관사 the + -s]의 형태를 취합니다.

앞에서 설명했듯이 영어 관사가 '<집합과 원소>의 원리'를 기본으로 한다고 했을 때, 여기서 집합이란 2가지 특징을 가지고 있습니다.

ⓐ첫째, 세상에 존재하는 모든 집합을 의미하는 것이 아니라, <'영어 단어가 존재하는 명사'의 집합>을 의미합니다.

ⓑ둘째, 위 ⓐ에서 말하는 '집합'은 전체집합을 의미합니다. 예를 들어 apple을 <집합과 원소>의 원리에 따라 조명할 경우, apple의 기본적인 집합은 <세상에 존재하는 모든 apple을 원소로 하는 전체집합>을 의미하게 됩니다.

전체집합의 특성을 살펴보면, 전체집합은 1개만 존재할 수밖에 없고, 당연히 이러한 전체집합은 가산성이 존재하지 않게 됩니다. 이러한 이유 때문에 전체집합에 해당되는 '집합명사'는 일반적으로 가산성이 존재하지 않는 **불가산명사**가 되는 것입니다.

알아둘 점은 이러한 전체집합에 대해서, 영어는 처음에는 관사적용의 대상에서 제외하였다는 것입니다. 이는 무관사 ∅라는 의미가 아니라, '전체집합'은 관사적 논의에서 한동안 거론조차 되지 않았다는 것입니다. 이러한 이유로 처음에는 '원소'를 나타내는 부정관사 a/an만이 도입되었을 뿐입니다. 이후 부분집합을 나타내기 위해서 정관사 the가 도입되었습니다. 그리고 많은 시간이 흐른 뒤, 부정관사 a/an과 정관사 the에 의해서 관사체계가 어느 정도 완비된 이후에 비로소 전체집합을 관사로 나타내야할 필요성이 제기되었습니다. 이에 영어는 기존에 존재하는 관사를 재활용하여 전체집합을 나타내게 된 것입니다. 이것이 바로 총칭입니다.

현실을 살펴보면 실제로 명사에 대해서 전체집합보다는 부분집합의 개념이 다양한 상황에서 존재하고 있음을 쉽게 알 수 있습니다.

즉 '전 세계에 존재하는 모든 apple의 집합'인 전체집합에 대한 내용보다는, '현재 책상위에 놓여 있는 여러 개의 apple', '어제 선물로 받은 여러 개의 apple' 등과 같은 부분집합과 관련된 내용이 의사소통과정에서 상대적으로 더 많이 등장합니다. 이에 따라 의사소통과정에서 '현재 책상위에 놓여 있는 여러 개의 apple', '어제 선물로 받은 여러 개의 apple' 등을 '전체'로서 언급할 필요가 빈번하게 발생하게 됩니다. 결국 영어는 전체집합과는 달리 부분집합에 대해서는 정관사 the로 나타내고 있습니다.

한편 부분집합은 명목적으로는 '집합'이지만, 이를 원소의 관점에서 보게 되면 <'전체집합에 속하는 부분집합'을 구성하는 복수의 특정한 개체>라고 할 수도 있습니다. 이러한 측면에서 부분집합을 나타내는 정관사 the는 원소를 나타내는 것으로 보이기도 합니다. 특히 '재언급(특정지시)을 하는 경우에는 더욱 그러한 측면이 두드러집니다.

부분집합을 나타내는 정관사 the에 대해서 가장 대표적인 내용인 '재언급(특정지시)'하는 경우를 보도록 하겠습니다.

    A: There are **apples** on the desk.
        책상위에 사과들이 있습니다.
    B: The **apples** are red.
        그 사과들은 빨간색입니다.

- A: apples → B: the apples

위 예문 A, B는 '현재 책상위에 놓여 있는 여러 개의 apple'에 대한 내용입니다. A문장의 apples를 B문장에서는 '특정한 복수'를 의미하는 the apples로 나타냈음을 알 수 있습니다(apples → the apples). 어떻게 보면 간단합니다. 별도로 정리할 내용이 있을까 하고 생각할 수도 있을 것 같습니다.

미시적 접근

그리고 "이것이 재언급하는 경우이지 무슨 부분집합인가?"라고 생각하는 분도 있을 수도 있을 것 같습니다.

즉 아래의 C와 D문장에서처럼 A문장의 apples를 B문장에서 the apples로 재언급(특정지시)하기 때문에 단순하게 복수명사(원소)에 특정한 것을 의미하는 정관사 the를 사용한 것으로 보면 될 것 같기도 합니다. 정관사 the는 원소를 나타내는 것으로 보인다는 것입니다.

C: There is **an apple** on the desk.

D: **The apple** is red.

- C: an apple → D: the apple

물론 영어에서 정관사 the의 용법이 위 B, D와 같이 재언급(특정지시)하는 경우만 존재한다면, 굳이 부분집합이라는 개념을 끄집어낼 필요가 없다고 생각할 수도 있기 때문에, 그렇게 보는 것도 어느 정도 일리가 있다고 생각합니다. 그러나 모두 알고 있듯이 정관사 the의 기능과 용법은 매우 다양합니다. 즉 영어에서 정관사 the로 나타내야할 부분집합이 위와 B, D와 같은 경우만 존재하는 것은 아닙니다. 생각만큼 간단한 내용이 아니라는 것입니다.

결국 정관사 the의 적용대상인 '부분집합'에 대한 전체적인 내용을 정확히 알기 위해서는 좀 더 세세한 정리가 필요합니다. '다른 경우', 즉 다양한 경우의 부분집합에 대해서는, 즉 '<집합과 원소>의 관점'에 의한 정관사 the에 대해서는 본 서에서 충분히 정리하고 있습니다.

일단 아래 제시된 그림 (사)를 조금 들여다보면, 복수의 대상을 재언급(특정지시)하는 경우도 <집합과 원소>의 관점에서 접근하면 부분집합이라는 것을 이해할 수 있을 것으로 생각합니다.

(사)

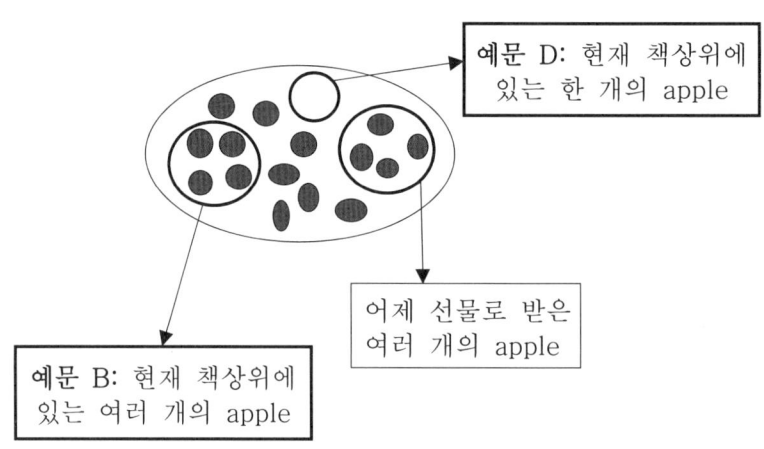

위 그림을 보면, 전체집합 내부에 존재하는 3개의 부분집합들은, 전체의 일부분이지만, 일정한 조건을 충족하는 원소들로만 이루어진 집합으로서 '전체집합 안에서 주위의 다른 원소들과 구분되는 일정한 영역(특정성)'을 확보하고 있습니다. 부분집합을 의미하는 3개의 원은, 외부의 다른 원소들과 내부의 원소들을 구별해 주는 '경계'의 역할을 하고 있습니다. 결국 '(부분)집합을 나타내는 원'이 바로 정관사 the가 나타내는 특정성의 근원인 것입니다.

> '부분집합을 나타내는 원'이 정관사 the가 나타내는
> '특정성'의 근원이다.

이를 다른 측면에서 설명하면, 모두 알고 있듯이, 정관사 the는 특정성을 나타내고, 또한 지금까지 정리했듯이 정관사 the는 (부분)집합을 나타내기 때문에, 결국 (부분)집합은 특정성을 나타내게 됩니다.

미시적 접근

```
┌─────────────────────────────────────────────────┐
│   정관사 the   =   (부분)집합   =   특정성   │
└─────────────────────────────────────────────────┘
```

지금까지 정관사 the는 부정관사 a/an에 대비되는 특정한 것을 나타내기 위해서 도입되었다라고 정리했었습니다. <특정성 = 집합>이기 때문에 이는 <집합과 원소>의 관점에서 <정관사 the는 부분집합을 나타내기 위해서 도입되었다>라는 설명도 가능합니다.

5) ⑤전체집합

전체집합은 '총칭'에 해당되는 것으로서, 이는 총칭부분에서 자세히 정리한 바 있습니다. 그리고 집합명사도 전체집합에 해당됩니다.

■ 부분(部分)과 종류(種類)

'부분(部分)'에 대한 관사적용을 정리하기에 앞서, '종류(種類)'에 대해서 살펴보겠습니다. 종류의 사전적 의미는 <일정한 특질에 따라 나누어지는 사물의 갈래>입니다. 종류는 부분과 여러 측면에서 비교되는 개념이기 때문에, 이 둘을 동시에 놓고 생각해 볼 기회를 갖는 것은, 우리가 종류와 부분 모두를 이해하는데 도움이 될 것이라고 생각됩니다.

'부분'은 <전체의 부분>으로서 전체를 벗어나 단독으로는 존재할 수 없습니다. 이때 전체는 부분에 '특정성(→ 정관사 the)'을 부여하게 됩니다. 참고로 앞에서 말했듯이 <전체를 벗어나 단독으로 존재하는 부분>은 <전체의 부분>과는 전혀 다른 별개의 대상입니다.

'종류'를 관사적 논의에 맞도록 정리하면, <존재하는 복수의 종류 중 불특정한 하나의 종류>라고 말할 수 있습니다. 이러한 정리는 <복수의 동일한 종류의 개체 중 불특정한 하나의 개체>를 의미하는 부정관사 a/an과 유사하다는 것을 알 수 있습니다. 따라서 이로부터 일단, '종류'에 가산성이 존재한다는 것을 알 수 있을 것입니다.

결국, '부분'은 앞에서 정리한 것처럼, 특정성이 존재하기 때문에 일반적으로 정관사 the를 적용하는 반면에, 종류는 일반적으로 부정관사 a/an을 적용하게 됩니다.

(전체의) 부분(部分)	종류(種類)
정관사 the	부정관사 a/an

자세히 조금 더 들어가 보겠습니다.

(가)먼저 <전체의 부분>에 대해서 살펴보겠습니다. 전체(A)는 모든 부분 ⓐ, ⓑ, ⓒ의 합과 같습니다(A = ⓐ+ⓑ+ⓒ). 일반적으로 '전체(A)'의 크기와 모양이 고정되어 있으며, 그 크기도 너무 크지 않아서 대부분 전체적인 파악이 가능합니다. 그리고 전체 내에 존재하는 '부분'도 고유의 고정된 영역을 확보하고 있습니다. 결국, 이러한 이유로 기본적으로 '부분'은 일단 보통명사와 유사하게 '물리적인 대상'으로서의 성격을 가지고 있으며, 더 나아가 1:1로 대응되는 '특정한 대상'이 존재합니다. 즉 특정성이 존재합니다. 결론적으로 '부분'은 <집합과 원소>에서 정관사 the의 대상인 특정한 대상을 나타내는 '단일원소집합(the + 단수명사)'과 유사한 특성을 가지고 있습니다.

(나)다음으로 '종류'는 집합명사와 관련이 있습니다. 따라서 지금부터 정리할 내용은 많은 부분에서 집합명사에 대한 설명과 유사합니다. 이러한 점을 염두에 두고 지금부터 정리할 내용을 읽어나가시기 바랍니다.

미시적 접근

사실 집합명사는 우리가 생각하는 것보다 영어라는 언어에서 차지하는 비중이 매우 큽니다. 왜냐하면, 무엇보다도 영어가 '<집합과 원소>의 원리'를 반영하고 있다는 것을 우리가 확인할 수 있도록 하는 중요한 증거 중의 하나이기 때문입니다. 따라서 이에 대해서는 나중에 집합명사 부분에서 다시 자세히 다룰 것입니다.

지금부터 설명하도록 하겠습니다.
예를 들어 운동화(sport shoes)에는 축구화, 농구화, 조깅화 등의 종류가 있다고 할 때, 이는 아래 그림처럼 나타낼 수 있습니다.

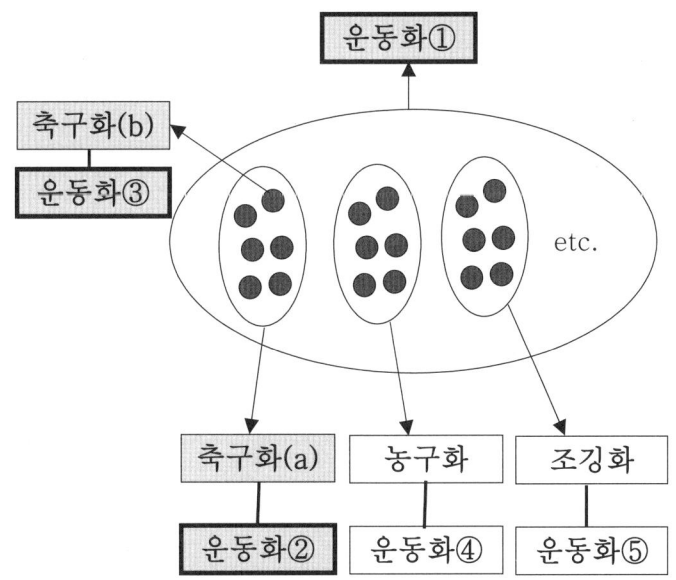

위 그림에서 운동화①, ②, ③을 비교해 보겠습니다.
먼저, 운동화①은 축구화, 농구화, 조깅화 등의 모든 운동화를 포함하는 전체집합을 나타냅니다. 이는 '집합명사'에 해당됩니다.

다음으로 운동화②는 전체집합인 운동화①을 구성하는 '복수의 운동화 종류' 중에서, 하나의 종류로서의 축구화를 의미합니다. 운동화②가 '종류'에 해당됩니다. 마지막으로 운동화③은 개별 개체로서의 축구화를 의미합니다.

운동화①	전체집합	- 세상에 존재하는 모든 운동화를 구성원으로 하는 집합 : 전체집합
	집합명사	- 집합으로서만 존재한다.
운동화②	축구화(a)	- '복수의 운동화 종류' 중 하나의 '종류' - 운동화③을 원소로 하는 집합임. 전체집합(운동화①)에 속하는 부분집합임
	종류	- '동시에' '집합 운동화①'을 구성하는 원소
운동화③	축구화(b)	- 세상에 존재하는 모든 운동화 - '집합 운동화①'을 구성하는 원소이면서, 동시에 '집합 운동화②'를 구성하는 원소이다.
	개별개체	

위 표의 내용 중 핵심 내용만을 다시 정리하도록 하겠습니다.

운동화①	집합명사 (전체집합)	- '집합'으로서만 존재한다.
운동화②	종류	- '집합'이면서 동시에 '원소'의 특성도 가지고 있다.
운동화③	개별개체	- '원소'로서만 존재한다.

미시적 접근

지금까지의 정리로부터, 강조하고자 하는 것은 2가지입니다.
ⓐ첫째, 앞의 그림에서 '운동화②'에 해당되는 그림과 같은 경우가 '종류'에 관한 것이라는 것입니다.
ⓑ둘째, <'종류'는 '집합'의 특성도 가지고 있지만, 동시에 '원소'의 특성도 가지고 있다>는 것입니다. 즉 <'종류'는 '원소'도 될 수 있고, '집합'도 될 수 있다>는 것입니다. 이에 대해서는 조금 뒤에 자세히 다룰 것입니다.

논의를 더 진행하기에 앞서, 한 가지를 정리하도록 하겠습니다.
<집합과 원소>의 원리에 의해서 원소에 대해서는 부정관사 a/an을 적용한다고 하였습니다. 한편, 위 표에서 원소의 특성을 보여주는 것은 운동화②와 운동화③입니다. 이는 결국 운동화②와 운동화③은 부정관사 a/an을 사용할 수 있다는 것입니다. 위 그림에서 운동화②와 운동화③이 어떠한 그림을 가지고 있는지 확인해 보시기 바랍니다. 복수의 원소로 구성된 집합 속에서 하나의 <원소로서의 '그림'>을 보여주고 있음을 확인할 수 있을 것입니다. <원소로서의 '그림'>이라는 표현이 중요합니다.
결론적으로 집합 속에서 '복수의 원소 중 하나'의 그림을 보여주는 경우에 부정관사 a/an을 사용합니다. 즉, '원소'라는 것이 확실하다면 부정관사 a/an을 사용할 수 있습니다. 즉 의미적으로 접근하기에 앞서서, 머릿속에 <원소로서의 '그림'>이 떠오른다면, 부정관사 a/an을 사용할 수 있다는 것입니다.

집합 속에서 복수의 원소 중 하나의 그림을 보여주는
경우에 부정관사 a/an을 사용한다.

⇨ 즉, 집합의 '원소'라는 것이 확실하다면,
부정관사 a/an을 사용할 수 있다.

⇨ 의미적으로 접근하기에 앞서서, 머릿속에 <원소로서의 '그림'>이 떠오른다면, 부정관사 a/an을 사용할 수 있다.

이제영어의의문이풀렸다9(관사편6)

<'원소'의 그림에 해당된다면 부정관사 a/an을 적용한다>는 정리는 특히 부정관사 a/an과 정관사 the 중에서 어느 것을 적용해야 할 것인지에 대해서 확신이 없을 때, 유용합니다.

이에 대해서 예를 들어 보도록 하겠습니다.

For their own benefit, companies have **various ways of offering lower prices.**

One way of doing this is ①**a trade discount**. It is offered to the shops or businesses that buy goods on a large scale and sell them. There is also ②**a quantity discount**, which is offered to individuals who order large quantities of a product. The company gives a price break to these buyers because they help cut the costs of selling, storing, shipping, and billing. Finally, ③**a cash discount** is a lower price offered to people who pay in cash.

자신의 이익을 위해 회사들은 **낮은 가격을 제시하는 다양한 방법**을 갖고 있다.

이런 방법 중 하나는 ①동업자간의 할인(a trade discount)이다. 그것은 대량으로 물건을 사들이고, 그것을 파는 상점이나 회사들에게 제공된다. 또한 ②대량 할인(a quantity discount)이라는 것이 있는데, 그것은 많은 양의 제품을 주문하는 개인에게 제공된다. 회사는 판매, 보관, 선적, 청구서 작성과 같은 비용을 절감시킬 수 있기 때문에 이러한 구매자들에게 가격파괴(저렴한 가격)를 제시하는 것이다. 마지막으로, ③현금 할인(a cash discount)은 현금으로 지불하는 사람들에게 낮은 가격을 제시하는 것이다.

미시적 접근

　위 예문의 내용은 '회사들이 낮은 가격을 제시하는 '다양한 방법(various ways)이 존재하는데, 이에는 ①a trade discount, ②a quantity discount, ③a cash discount가 존재한다는 것입니다.

　먼저, 이를 다음과 같이 그림으로 나타낼 수 있습니다.

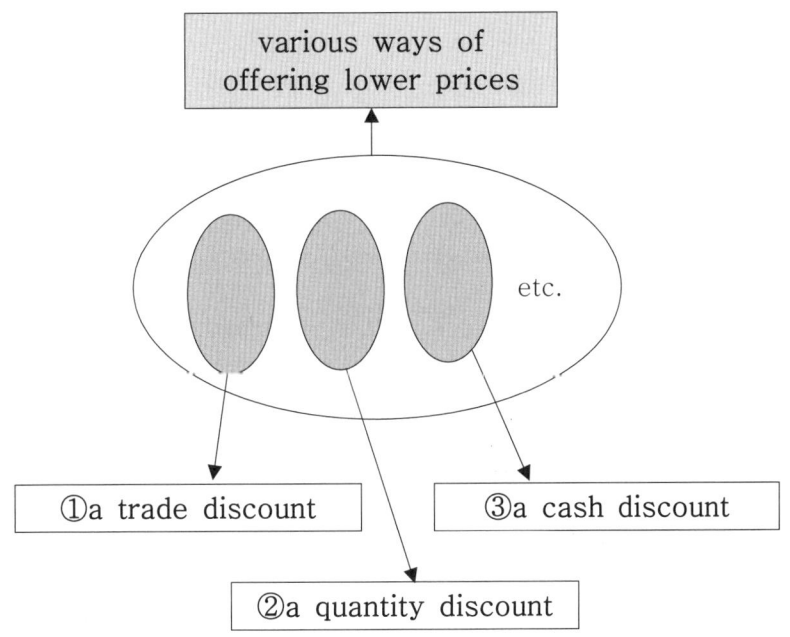

　위 그림을 통해서 ①, ②, ③이 집합의 '원소'에 해당된다는 것을 이해할 수 있을 것입니다. 앞에서 정리했듯이 **'원소'의 그림에 해당된다면 의미를 따지기에 앞서, 부정관사 a/an의 적용대상이라는 것입니다.**

　①, ②, ③에 대해서 부정관사 a/an을 적용하는 이유에 대해서는, 지금까지 정리한 내용들을 바탕으로 하여, 다음과 같이 다각도로 정리할 수 있습니다.

> - 먼저, ①, ②, ③은 위에서 제시한 '그림 상'으로 보게 되면, 전체집합(various ways)을 구성하는 '원소'로 볼 수 있습니다. 즉, 원소이기 때문에 부정관사 a/an이 적용됩니다.

- 다음으로, 앞에서 a half moon, a full moon, a crescent moon을 the moon을 종류로 보았던 것처럼, [부정관사 a/an + 형용사 + 명사]의 형태이기 때문에 ①, ②, ③도 '종류'로 볼 수 있습니다.
  '종류'는 집합이면서 동시에 '원소'의 성격을 가지고 있다고 정리한 바 있습니다. 즉, '종류'도 결국 '원소'이기 때문에 부정관사 a/an이 적용된다는 것입니다.

- '종류'이기 때문에 의미상 ①, ②, ③은 '구체적인 대상'을 지칭하는 것이 아니라 **추상적인 개념**입니다. 실제로 ①, ②, ③은 '의미상' 보통명사가 아니라 추상명사입니다.

> - 그리고 ①, ②, ③은 각각 **'전체'가 아닌 '일부분'**이기 때문에 부정관사 a/an이 적용되는 것이라고도 설명할 수 있습니다.

모두 가능한 설명이지만, 여기서는 이 중에서 첫 번째가 핵심적인 내용입니다. 장황한 설명 보다는 위에 제시된 그림이 모든 것을 설명할 수 있을 것입니다.

참고로, <부정관사 a/an은 '전체'가 아닌 '일부분'에 적용된다>라고 하는 위 정리에서 네 번째 내용도 중요합니다.

다음 예문에서도 <'원소'의 그림>이라는 동일한 이유로 인해서 부정관사 a/an이 적용되게 됩니다.

미시적 접근

For example, debt in America is largely the result of school loans and housing mortgages that were set at **a variable interest rate**.
　예를 들면, 미국의 빚은 대부분 **변동 이자율**에 근거한 학교 등록금과 집을 사기 위한 모기지의 결과이다.

　위 예문에서 a variable interest rate에 부정관사 a/an이 적용되어 있습니다. 위 예문은 하나의 문장으로서 충분한 내용이 제시되어 있지 않지만, 부정관사 a/an이 적용된 것은 <이자율에는 다양한 종류가 존재하고, a variable interest rate는 그 중의 하나>라고 해석되기 때문입니다. 이러한 '해석'이 바로 <'원소'의 그림>에 부합하는 것입니다.

■ 종류(種類)의 이중적 특성 : 집합 & 원소

다시 본론으로 돌아오겠습니다.
　이제 '종류'에 해당되는 운동화②에 대해서만 살펴보겠습니다. 영어 관사의 원리인 <집합과 원소>의 원리의 관점에서 보았을 때, '종류'가 문제가 되는 것은 운동화②가 집합이면서 동시에 원소의 성격도 가지고 있기 때문입니다.

> '종류'가 문제가 되는 것은 집합(A)이면서 동시에
> 원소(B)의 성격도 가지고 있기 때문이다.

　(가) 집합의 특성

앞에서 제시한 '축구화와 운동화'에 대한 그림에서 보듯이 <'종류'에 해당되는 운동화②>는 먼저 세상의 모든 축구화(soccer shoes/soccer cleats)로 구성되어있는 '축구화의 전체집합'입니다.

다음 그림과 같이 '집합 운동화②'만을 따로 놓고 보면 일반적인 보통명사의 '집합'임을 알 수 있습니다.

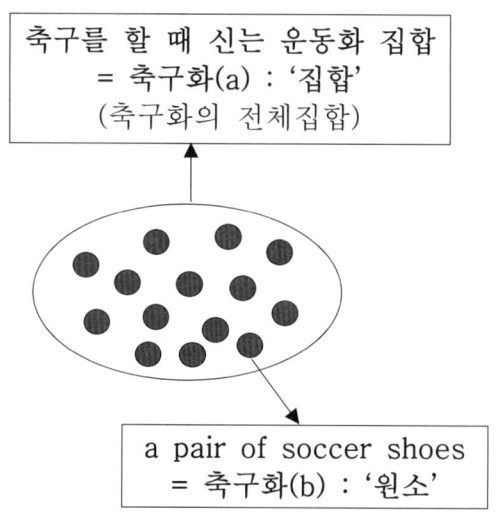

(나) 원소의 특성

중요한 점은, '집합 운동화①'을 구성하는 부분집합이 '축구화 집합(운동화②)' 뿐만 아니라, '농구화 집합(운동화④)', '조깅화 집합(운동화⑤)' 등과 같이 복수로 존재한다는 것입니다.

결국 이러한 복수의 부분집합 각각은, 다음 그림과 같이 전체집합인 '집합 운동화①'의 입장에서 보면 '원소'의 역할을 하게 되는 것입니다.

미시적 접근

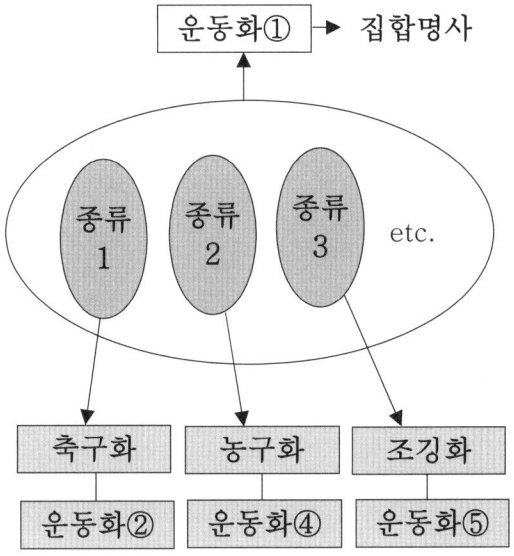

　이처럼, 위 그림의 <축구화, 농구화, 조깅화>의 집합처럼, <자체가 집합이면서 동시에 상위의 전체집합을 구성하는 원소의 역할도 하는 경우>가 존재합니다.

　먼저, 위 그림에서, 전체집합인 '운동화①'은 '집합명사'의 개념에 해당됩니다. 그리고 <축구화, 농구화, 조깅화>의 집합처럼 <자체가 집합이면서 동시에 상위의 전체집합을 구성하는 원소의 역할도 하는 경우>는 '종류'에 해당됩니다. 정리하면 위 그림은 <집합명사와 종류>를 나타내 주고 있다고 할 수 있습니다.

　<집합명사와 종류>에 대한 위 그림에서 알아야 할 또 하나의 중요한 사항은 <축구화, 농구화, 조깅화>의 집합을 구성하는 원소들이 서로 다르다는 것입니다. 즉 '축구화 집합'을 구성하는 축구화와 '농구화 집합'을 구성하는 농구화는 차이가 존재한다는 것입니다. 즉 다른 '종류'라는 것입니다.

이러한 상황은 일부러 창조(?)한 것이 아니고 영어와는 별개로 실제 존재하는 현상입니다. 그리고 이러한 현상에 대해서 영어는 <집합과 원소>의 관점으로 조망하여, 그 차이를 문법에 그대로 반영하고 있을 뿐입니다. 그것이 바로 <집합명사와 종류>입니다.

논의를 더 이어나가기 전에, 위 그림에서 <축구화, 농구화, 조깅화>의 집합은 최상위에 위치해 있는 전체집합인 '집합 운동화①'을 구성하는 '부분집합'의 성격도 동시에 가지고 있다는 점을 알아두기 바랍니다.

다시 내용을 이어가도록 하겠습니다.

■ 집합명사와 종류

①집합명사

먼저 위 그림에서 '집합 운동화①'에 해당되는 '집합명사'에 대해서 정리하겠습니다.

영어의 집합명사는 다양한 관점에서 설명할 수 있지만, 일단 여기서는 지금까지 정리한 부분만을 토대로 정리하면, <각각 다른 종류의 원소로 구성된 다수의 부분집합을 원소하는 전체집합을 지칭하는 명사>라고 할 수 있습니다.

■ 집합명사

각각 다른 종류의 원소로 구성된 다수의 부분집합을
원소하는 전체집합을 지칭하는 명사

---

②종류

   이번에는 '종류'에 대해서 정리하도록 하겠습니다. 지금까지 설명을 통해서 '종류'란 <집합이면서 동시에 원소의 성격을 가지고 있는 대상에 대한 것>이라고 하였습니다. 처음 제시한 그림에서 운동화②(축구화 a), 운동화④(농구화), 운동화⑤(조깅화)가 '종류'에 해당됩니다. 바로 위 그림에서는 진하게 표시된 축구화, 농구화, 조깅화의 집합이 이에 해당됩니다. 이로부터 '종류'에 대해서 2가지 사항을 정리하도록 하겠습니다.

ⓐ첫째, 종류는 원소이다. - 가산성이 존재한다.

   '종류'는 상위의 전체집합과의 관계에서 보면 '원소'입니다. 따라서 원소가 가산성이 존재하는 것처럼 종류도 가산성이 존재합니다.
   특별한 설명을 하지 않더라도 최상위의 전체집합인 '운동화① 집합'은 운동화②(축구화 a), 운동화④(농구화), 운동화⑤(조깅화) 등의 3개 이상의 원소로 구성되어 있음을 알 수 있습니다. 그리고 원소는 종류이기 때문에, '운동화① 집합'은 3가지 이상의 종류로 구성되어 있다고도 할 수 있습니다.
   결국 영어에서는 '원소'만이 가산성이 존재하는 것이 아니라 '종류'도 가산성이 존재합니다. 즉 '종류'도 셀 수 있다는 것입니다. 이는 반복하면, '종류 = 원소'이기 때문입니다. 결론적으로 종류에는 부정관사 a/an을 적용할 수 있습니다.

'원소' 뿐만 아니라, '종류'에도 가산성이 존재한다.
('종류' = '원소')

⇨ 종류도 부정관사 a/an을 적용할 수 있다.

지금까지 우리는 영어에서 가산성을 논하는 경우 일반적으로 '원소'의 차원에서만 정리하였습니다. 그러나 앞에서 언급했듯이, 영어에서 가산성은 '원소' 외에도 '종류'에도 존재합니다. 그리고 뒤에서 제시되겠지만, 지금 다루고 있는 '(전체의) 부분'에서도 가산성이 존재합니다.

따라서 영어에서 가산성이 존재하여 부정관사 a/an을 적용하는 대상은 다음 3가지입니다.

---

① 원소　　② 종류　　③ 부분

ⓑ둘째, '종류'의 본질적인 성격은 결국 집합이다.

앞에서 '종류'가 원소의 성격을 갖는다고 한 것은, 상위의 전체집합과의 관계에서 보면 그러하다는 것이고, 일반적인 원소처럼 '개체'인 것은 아닙니다. 처음 제시한 그림에서 운동화③(축구화 b)이 진정한 의미의 개체로서의 원소인 것이고, '종류'인 운동화②(축구화 a)의 본 모습은 '집합'입니다.

종류의 본 모습은 '원소'가 아니라 '집합'이다.

이로부터 우리는 '종류'의 성격을 알 수 있습니다. '원소'를 의미하는 축구화(축구화 b)와 '집합'을 의미하는 축구화(축구화 a)는 그 성격이 전혀 다른 것입니다. 축구화가 원소를 의미하는 경우(축구화 b)에는 구체적인 대상을 그대로 지칭하게 됩니다. 반면에 축구화가 집합(종류)을 의미하는 경우(축구화 a)에는 집합을 구성하고 있는 원소들이 가지고 있는 공통적인 특징을 말해주게 됩니다.

미시적 접근

　결국 '종류'는 '개체'가 아닌 '집합'에 대한 것이고, '종류'가 주는 정보는 '집합의 특징'이 되는 것입니다. 즉, '종류'는 '구체적인 대상(개체)'을 지칭하는 것이 아니라, 개체가 구성하고 있는 '집합의 특징'을 말해주게 됩니다.

> **'종류'가 주는 정보는 '집합의 특징'이다.**

　한편, 앞에서 부정관사 a/an은 '원소'를 말하는 것 같지만, '집합의 특징'을 말해준다고 하였습니다. 이는 위 box에 정리한 내용과 유사하다는 것을 알 수 있을 것입니다. 물론 '집합의 특징'이라는 표현에 대해서 '부정관사 a/an'과 '종류'가 말하는 '집합'에는 차이가 존재합니다. 그 차이에 대해서는 특별히 설명하지 않겠습니다. 각각의 '그림'을 떠올려 보면 알 수 있을 겁니다. 중요한 것은 '특징'입니다.

　시각적인 정보인 '사진'이 직접적인 정보라고 한다면, 부정관사 a/an에 해당되는 '특징'은 이미 정리했듯이 '간접적인 정보'입니다. 즉, '직접적인 정보'가 정관사 the에 해당되고, '간접적인 정보'는 부정관사 a/an에 해당됩니다. 결론적으로 제가 전하고 싶은 내용은 '종류'는 '집합의 특징'을 나타내기 때문에 부정관사 a/an의 대상이라는 것입니다.

> **'종류'는 '집합의 특징'을 나타내기 때문에
> 부정관사 a/an의 대상이다.**

　지금까지의 정리를 토대로 최종적으로 '종류'에 대해서 다음과 같이 정리할 수 있습니다.

> ■ '종류'는 <상위의 집합을 구성하는 '원소'>로서의
> 특징을 가지고 있는 '부분집합'을 의미한다.
>
> ⇨ '종류'가 주는 정보는 '집합의 특징'이다.
>
> ⇨ '집합의 특징'을 나타내기 때문에,
> '종류'에는 부정관사 a/an을 적용한다.

 결국, 종류는 '물리적 대상(개체)'을 지칭하는 것이 아니라, '집합의 특징(집합의 조건)'을 의미하는 '추상적인 개념'의 성격을 가지고 있습니다. 그리고 이러한 특징을 가지고 있는 '종류'에는 부정관사 a/an을 적용한다는 것입니다. 앞에서 부정관사 a/an이 '추상적 개념'을 나타낸다고 했던 점을 기억해 주시기 바랍니다. 이는 나중에 추상명사에 대한 관사적용에 대해서 정리하는 경우에 논리적 근거의 하나로 등장하게 됩니다.

 앞으로 '종류'라고 분류되는 상황들이 많이 나오게 됩니다. 그런데 이러한 것들이 그림으로만 보면 앞에서 정리한 것과 모두 부합하는 것은 아닙니다. 하지만 그 의미만큼은 동일합니다.
 즉, '종류'라고 칭하는 경우는 모두 '특정한 개체를 지칭(→정관사 the)하는 것이 아니라, '집합의 특징'을 나타내게 된다는 것입니다. 그리고 <종류에는 가산성이 존재하기 때문에>, 이들은 부정관사 a/an을 적용할 수 있습니다.

 한편, 위 정리에 대해서 관점을 조금 전환해 보겠습니다. 앞에서 정리한 내용은 다음과 같이 정리할 수 있습니다.

- 부정관사 a/an은 '집합의 특징'을 나타낸다.
- '종류'가 주는 정보는 '집합의 특징'이고 '종류'에는 부정관사 a/an을 적용한다.

미시적 접근

　결론적으로 위와 같은 정리로부터, <모든 명사에 부정관사 a/an이 적용된 경우는, 그것이 '종류'가 되었든, 아니든 간에, 모두 '집합의 특징'을 나타낸다>고 할 수 있습니다.

■ '종류'가 되었든, 아니든 간에,
　<명사에 부정관사 a/an이 적용된 경우>는 모두
　'집합의 특징'을 나타낸다.

⇨　[부정관사 a/an + 명사]는 모두 '집합의 특징'
　　을 나타낸다.

　물론 이러한 정리를 아무런 논리적 근거 없이 제시하는 것은 아닙니다. 앞에서 <상위의 집합을 구성하는 부분집합>은 '종류'를 의미한다고 했습니다. 그리고 '종류'는 의미상으로 '집합의 특징'을 나타내고, 부정관사 a/an을 적용한다고 정리하였습니다.
　그리고 이러한 내용은 이미 앞에서 부정관사 a/an에 대해서 정리하면서 제시했던 것이기도 합니다.

　잘 생각해 보면, 모든 '명사에 대한 집합'이 하위에 부분집합을 포함하는 '집합명사'가 될 수는 없지만, 반면에 모든 명사에 대한 집합은 '어떤 식으로든지' 상위 집합을 구성하는 부분집합이 될 수는 있습니다.

**모든 명사에 대한 집합은, 상위 집합을 구성하는
'부분집합'이 될 수 있다.**

예를 들어, '고양이'의 집합은 '육지에 사는 동물'의 집합을 구성하는 부분집합일 수도 있고, '포유류'의 집합을 구성하는 부분집합이 될 수도 있으며, '고양이과 동물'의 집합을 구성하는 부분집합일 수도 있습니다.

사과의 집합은 '과일'이라는 집합의 부분집합일 수 있으며, '한국에서 생산되는 과일'의 집합을 구성하는 부분집합이 될 수도 있으며, '가을에 수확하는 과일'의 집합을 구성하는 부분집합일 수도 있습니다.

그리고 고양이와 사과 모두 극단적으로 이 세상에 존재하는 동식물의 집합을 구성하는 부분집합을 구성하는 부분집합일 수도 있습니다.

결국, ①모든 보통명사에 대한 집합은 '어떻게 해서든지(?)' 부분집합의 특성을 가지고 있다는 것입니다. 따라서 ②모든 보통명사에 대한 집합은 '종류'이고, ③모든 보통명사에 대한 집합은 (종류이기 때문에) '집합의 특징'을 나타내게 되고, 또한 ⑤모든 보통명사에 대한 집합은 부정관사 a/an을 적용하게 되는 것입니다. 여기에 하나 더 덧붙이면, 앞에서 정리했듯이 ④모든 보통명사에 대한 집합은 '추상적 개념'을 의미하는 것입니다.

모든 보통명사에 대한 집합	⇨	①부분집합의 특성을 가지고 있다.
	⇨	②'종류'이다.
	⇨	③'집합의 특징'을 나타낸다.
	⇨	④'추상적 개념'을 의미한다.
	⇨	⑤부정관사 a/an을 적용한다.

미시적 접근

　이러한 정리로부터, 그리고 그 이전에 제시한 다음과 같은 정리로부터, 부정관사 a/an이 적용되면 '집합의 특징'을 나타낸다는 결론을 내릴 수 있습니다.

- '종류'는 <상위의 집합을 구성하는 '원소'>로서의 특징을 가지고 있는 '부분집합'을 의미한다.
- '종류'가 주는 정보는 '집합의 특징'이고, 이러한 '종류'에는 부정관사 a/an을 적용한다.

　그런데 문제는, 논리적으로 그러한 결론이 도출되었다고 하더라도, 지금까지 <집합과 원소>의 원리에 따라 부정관사 a/an은 '원소'를 나타낸다고 정리했었는데, 갑자기(?) 부정관사 a/an이 '집합의 특징'을 나타낸다고 한다는 것이 이해가 가지 않을 수 있겠습니다. 하지만 이에 대해서는 이미 앞에서 다음과 같이 정리한 바 있습니다.

- 정관사 the는 '집합'을 나타내지만, 실제로 **의미상**으로는 '구체적인 대상(원소)'을 나타낸다. 반면에
- 부정관사 a/an은 '원소'를 나타내지만, 실제 **의미상**으로는 '집합(집합의 특징)'을 나타낸다.

'He is a doctor'를 예로 들어 설명해 보겠습니다.

- 'He is a doctor'에서 a doctor는 He라는 개인에 대해서 설명하고 있는 것으로 보이지만, 따지고 보면 a doctor는 He가 속해있는 '집합의 특징'을 나타내는 말입니다.

- <집합과 원소>의 원리에 의하면, 'He is a doctor'는 <He는 '사람을 전문적으로 치료하는 직업을 가진 사람들의 집합'에 속해 있다>고 해석될 수 있습니다.
- 그리고 'He is a doctor'는 He가 어떠한 집합에 속해 있는데, 그 집합을 구성하는 원소들은 doctor라는 공통점을 가지고 있다는 것입니다. 즉 a doctor는 He만이 가지고 있는 고유의 특징이 아니고, He가 속해있는 집합의 구성원들 모두에게 동일하게 존재하는 특징입니다.
- 결론적으로 'He is a doctor'는 <He가 속해있는 집합의 특징인 doctor>로 He를 설명하고 있는 것입니다.

이러한 차원에서 부정관사 a/an은 '원소'를 나타내지만, 실제 '의미상'으로는 '집합(집합의 특징)'을 나타낸다고 하는 것입니다.

혼동하지 말아야 할 점은, 부정관사 a/an에 대해서 원소를 나타낸다고 하는 것은 여전히 유효하다는 것입니다. 다만, 지금까지 정리한 내용에 따르면, 부정관사 a/an은 원소를 '직접적으로' '지칭'한다고(나타낸다고) 하는 것 보다는, 원소를 '간접적으로' '설명'한다고 하는 것에 더 가깝다고 생각됩니다.

> 부정관사 a/an은 원소를 '직접적으로' '지칭'한다기 보다는, '간접적으로' '설명'하는 것이다.

이상의 내용은 계속해서 반복되어 설명되는 내용이기 때문에, 일단 이 정도에서 마치도록 하겠습니다.

미시적 접근

마지막으로 여기에 다음과 같은 내용을 하나 더 덧붙일 수 있습니다.
처음부터 말했듯이 부정관사 a/an과 정관사 the는 '구체적인 대상'에 적용하게 됩니다. 이는 변하지 않는 정리입니다. 다만 부정관사 a/an이 '추상적 개념'을 나타낸다는 정리로부터 다음과 같이 정리할 수 있겠습니다.

> 부정관사 a/an은 '외형적'으로는 '구체적인 대상'을 나타내지만, 실제 '의미상'으로는 '추상적 개념'을 나타낸다.

이에 대해서도 앞으로 계속해서 설명되어질 것입니다. 다만, 이처럼 부정관사 a/an에 대해서 다양한 측면에서 조명해 보는 궁극적인 목적은, 1차적으로는 부정관사 a/an에 대한 특성을 정확히 파악하는 것이고, 2차적으로는 부정관사 a/an과 정관사 the의 차이를 정확히 파악하는 것입니다.

문장을 통해서 지금까지의 정리를 확인해 보도록 하겠습니다.
앞에서 'Tom is a doctor'에 대해서 <집합과 원소>의 원리를 반영하여 다음과 같이 정리했었습니다.

■ Tom is a doctor.
① Tom은 doctor라는 집합에 속하는 하나의 원소이다.
② Tom은 다수의(수많은) doctor 중의 한명이다. - Tom은 전체 doctor가 아니라, 일부분의 doctor이다.
③ Tom은 의사라는 종류의 사람이다.
④ Tom은 의사라는 특징을 가지고 있다.

먼저 참고로, 앞에서 <부정관사 a/an은 '전체'가 아닌 '일부분'을 나타낸다>고 하였기 때문에, ②에 보충적으로 <그는 전체 doctor가 아니라, doctor집합의 일부분이다>라고 말할 수도 있습니다. <부정관사 a/an은 '전체'가 아닌 '일부분'을 나타낸다>는 것은 '정관사 the가 '전체'를 나타낸다'는 것과 비교해서 이해하면 되겠습니다. 그리고 이러한 내용은 또한 정관사 the와 관련된 '필요충분조건'의 내용을 참조하면 이해에 도움이 될 것 같습니다.

또한 참고로, '복수형 어미-s'도 부정관사 a/an과 함께 '부정관사'로 분류되기 때문에, 부정관사 a/an이 '일부분'을 나타낸다는 것은, 자동적으로 '복수형 어미-s'도 '일부분'을 나타내게 됩니다.

위 표에서 우리말 해석을 살펴보면 알 수 있겠지만, a doctor는 '특정한 대상'을 지칭하는 것이 아니라, <doctor라는 집합의 특징>, 즉 <doctor라는 집합을 구성하는 복수의 원소들에 존재하는 공통점>을 의미한다는 것을 알 수 있을 것입니다.

결국 위 문장에서 a doctor는 1:1로 대응되는 '특정한 사람'이 아니라, <의사라는 특징을 가진 다수의 사람 중의 한명>을 의미하는 것입니다. 그리고 전체 문장의 의미는 'Tom = a doctor(Tom은 의사라는 특징을 가진 다수의 사람 중의 한명이다)'이라는 것입니다.

다음 문장에서 '특정한 대상'을 1:1로 나타내는(지칭하는) the doctor와 위 문장의 a doctor를 비교해 보면 이해에 도움이 될 것 같습니다.

He is **the doctor** that I met yesterday.

사실 부정관사 a/an이 <집합의 특징(= 추상적 개념)>을 나타낸다고 하는 것은 추상명사에 대한 내용에서 더 도움이 됩니다. 예문을 통해서 살펴보겠습니다.

미시적 접근

Clearly ①modern societies are facing ②a major change into ③a new economic system.
　　분명히 ①현대사회는 ③새로운 경제 체제로의 ②중요한 변화에 직면 하고 있다.

위 예문에서 부정관사(a/an, -s)가 적용된 것은 ①modern societies, ②a major change, ③a new economic system입니다. 부정관사(a/an, -s)가 적용되었기 때문에 ①, ②, ③은 특정한 대상(개체)을 나타내는 것이 아니라, <종류>, <집합의 특징>을 나타내게 되는 것입니다.

한편, ①modern societies의 경우는 '총칭'이라는 점을 반영하여 '전체'를 나타내는 것으로 보아야 합니다.

이러한 점을 반영하여 ①, ②, ③을 정리해 보겠습니다.

① modern societies	- <modern society 종류의>, - <modern society의 특성을 갖는> '전체(총칭)' societies
② a major change	- <major change 종류의>, - <major change의 특성을 갖는> 불특정한 어떤 change 　　cf. '전체 change'의 일부분
③ a new economic system	- <new economic system 종류의>, - <new economic system의 특성을 갖는> 불특정한 어떤 economic system 　　*cf. '전체 economic system'의 일부분

위 정리를 반영하여, 앞 문장에 대한 해석은 다음과 같이 바꾸어 말 할 수 있겠습니다.

분명히 ①<modern society의 특성을 갖는> '전체' modern societies는 ③<new economic system의 특성을 갖는> 어떤 economic system으로의 ②<major change의 특성을 갖는> 어떤 change에 직면 하고 있다.

한편, 위 정리에서 ①modern societies는 총칭이기 때문에 제외하고, ②a major change, ③a new economic system에 대해서 <'원소'의 그림>에 부합하도록 해석해 보겠습니다.

② a major change	변화(change)에는 다양한 종류가 존재하고, a major change는 그 중의 하나이다.
③ a new economic system	경제 체제(economic system)에는 다양한 종류가 존재하고, a new economic system은 그 중의 하나이다.

이번에는 '종류'에 대해서 다른 측면에서 살펴보겠습니다.

the moon	A	a half moon(반달), a full moon(보름달), a crescent moon(= a new moon 초승달)
	B	a bright moon, a wonderful moon, a prairie moon, a blue moon, etc

*이에 대해서도 이미 '거시적 접근'부분에서 설명한 바 있습니다

미시적 접근

설명하기에 앞서, A의 a half moon과 B의 a bright moon에 대해서 <'원소'의 그림>에 부합하도록 해석해 보겠습니다.

A a half moon	달(moon)에는 다양한 종류가 존재하고, a half moon은 그 중의 하나이다.
B a bright moon	달(moon)에는 다양한 종류가 존재하고, a bright moon은 그 중의 하나이다.

설명하도록 하겠습니다.

먼저 A를 보면, '의미상' a half moon, a full moon, a crescent moon이 모두 상식적 차원에서 the moon의 '종류'라는 것을 알 수 있을 것입니다. 따라서 a half moon, a full moon, a crescent moon(= a new moon)은 모두 부정관사 a/an을 적용하게 됩니다.

A full moon is 9 times brighter than a half moon.
　　보름달은 반달보다 9배 더 밝아요.
Above him the sky holds a crescent moon, pale as
a nail bed.
　　머리 위 하늘에 초승달은 손톱 밑처럼 창백했다.
A new moon is always the best time to start
　something new.
　　초승달이 뜰 무렵은 항상 새로운 무언가를 시작하기에
　　가장 좋은 때다.
　　　　cf. The Sun is a star and the moon is a satellite.
　　　　　태양은 항성이고 달은 위성이다.

다음으로, B에 대해서 설명하도록 하겠습니다.

B의 a bright moon, a wonderful moon 등에 대해서는 A의 경우와는 달리 '의미상'으로 보았을 때, 우리가 흔히 '종류'라고 말하는 것과는 거리가 있습니다. 따라서 B에 대해서는 관사와 관련된 영어적 시각에서 접근하도록 하겠습니다.

명사에 형용사가 적용되면 일반적으로 부정관사 a/an을 적용하여 [부정관사 a/an + 형용사 + 명사]의 형태를 취하게 됩니다. 이에 대해서 많은 문법책에서 명사에 형용사가 적용되게 되면 '종류'가 되기 때문에 부정관사 a/an을 적용하는 것이라고 정리하고 있습니다. 이러한 정리는 지금까지 정리한 <부정관사 a/an이 적용되면 '종류'이다>, 그리고 <'종류'는 부정관사 a/an의 적용대상이다>라는 내용에 부합합니다.

그리고 하나 더 추가하면, 이는 '전체'가 아닌 '일부분'이기 때문에 부정관사 a/an을 적용하는 것이라고 말할 수 있습니다.

> **A bright moon** was coming up over the Mt. Nam.
> 남산 위로 밝은 달이 떠오르고 있었다.
> **A prairie moon** paves my way home. *prairie-초원
> 초원의 달빛이 집으로 가는 길을 비추었다.
> cf. We walked along a beach under **a hot August sun**.
> 우리들은 뜨거운 8월의 태양 아래서 해변을 걸었다.

한편, [부정관사 a/an + 형용사 + 명사]의 형태에 대해서는 '구조적 구별'의 차원에서도 설명할 수 있습니다.

즉, 형용사는 보어로 사용되는 서술적용법과 명사를 전위에서 수식하는 한정적용법의 2개의 용도로 사용되는데, 이 두 용법의 형용사를 구별하기 위해서 한정적용법의 형용사가 적용되는 경우에는 '명사의 의미와 상관없이' 즉 불가산명사라 하더라도 일반적으로 무조건 부정관사 a/an을 적용하는 것입니다.

미시적 접근

물론 가장 이상적인 접근은 '의미적'인 접근일 것입니다. 하지만, 영어는 그 특성상 '구조적, 형식적' 측면이 중요하고, 또한 많은 문법사항에 이러한 측면이 반영되어 있기 때문에 '구조적, 형식적' 차원에서 접근하는 것도 <영어를 외국어로 배우는 학습자들>에게는 영어를 이해하는데 있어서 도움이 될 것입니다. [부정관사 a/an + 형용사 + 명사]의 형태에 관한 예문을 두 개 더 제시하도록 하겠습니다.

It is possible to do various activities even in a confined space.
그것은 좁고 사방이 막힌 공간에서도 다양한 활동을 할 수 있습니다.

To keep a pleasant working environment, employers cannot allow certain kinds of behaviors such as arriving late or bothering others.
쾌적한 근로환경을 유지하기 위해서, 고용주들은 늦게 출근하거나 다른 사람들을 방해하는 것과 같은 행동을 허용할 수 없다.

a confined space와 a pleasant working environment에 대해서 <'원소'의 그림>에 부합하도록 해석해 보겠습니다.

a confined space	공간(space)에는 다양한 종류가 존재하고, a confined space는 그 중의 하나이다.
a pleasant working environment	근로환경(working environment)에는 다양한 종류가 존재하고, a pleasant working environment는 그 중의 하나이다.

지금까지 '종류'에 대해서 정리하였습니다. [부정관사 a/an + 형용사 + 명사]의 형태는 '종류'와 관련이 있다는 점을 기억하시기 바랍니다.

지금까지 정리한 내용은 '종류'가 기본적으로 어떠한 그림을 가지고 있는지, 그리고 '의미'는 무엇인지에 대한 것이었습니다.

한편, '종류'는 또한 집합명사와 관련이 있습니다. 우리가 집합명사로 알고 있는 단어들 중에서 많은 것들이 '전체집합'과 '복수의 부분집합(종류)'로 구성되는 그림들을 가지고 있습니다. 다음과 같은 단어들이 그 예에 해당됩니다.

집합명사 (전체집합)	보통명사(부분집합) - 종류(집합의 특징) -
무관사 ∅	부정관사 a/an
furniture	chair, table, bed, desk, etc.
mail	letter, postcard, parcel, postage, etc.
flower	rose, lily, tulip, chrysanthemum, etc.
money	penny, dime, nickel, dollar, etc.
fruit	apple, pear, orange, banana, etc.
fish	herring, carp, salmon, goldfish, etc.
jewelry	ring, necklace, bracelet, brooch, etc.

물론 모든 집합명사가 이러한 그림을 갖는 것은 아닙니다. 지금까지 정리한 것들은 '<집합과 원소>의 시각에서 집합명사로 분류된 것'들로서, 이들은 내부에 부분집합(종류)이 존재하는 경우입니다.

이는 영어의 집합명사에는, 위와 같이 '<집합과 원소>의 시각에서 집합명사로 분류된 경우' 외에도 더 존재한다는 의미입니다. 이에 대해서는 집합명사 부분에서 정리할 것입니다.

B. 전체와 부분 - ⑥부분

1. 전체

<전체와 부분>에서 '전체'는 관사의 대상이 아닙니다. 즉 '전체'는 <전체와 부분>의 개념 안에서는 다루지 않습니다.
'전체'는 <집합과 원소>의 원리에 의해서, 즉 집합을 구성하는 하나의 원소(개체)의 차원에서 관사적용의 대상이 될 수 있습니다.

2. ⑥부분

<전체와 부분>의 개념에서는 '부분'만이 관사의 적용대상입니다. 앞에서 '일반적'으로 '부분'은 정관사 the를 적용한다고 정리하였습니다.
이는 말 그대로 '일반적'으로 그렇다는 경우이고, 실제로는 다양한 경우가 존재합니다. 이에 대해서는 조금 뒤에 정리할 것입니다. 물론 정관사 the를 적용하는 경우에 비해서 그 빈도는 상대적으로 현저하게 낮습니다.

일반적으로 부분은 동일한 다른 부분이 존재하지 않습니다. 따라서 대부분의 경우에 '부분'은 1개만 존재하고, 이러한 이유로 정관사 the를 적용하게 되는 것입니다.

유일물과 같이 '1개만 존재하는 경우'에는 자동적으로 특정성이 존재하게 되어서 정관사 the가 사용되게 된다는 것에 대해서는 특별한 설명이 필요 없을 것 같습니다. 다음과 같은 문장이 <1개만 존재하는 부분>에 해당되는 예입니다.

Paris is **the capital** of France.
Everybody left at **the end** of the meeting.

■ 부분과 가산성

앞에서 이미 '부분의 특성'에 대한 설명은 다양한 관점에서 정리되었기 때문에 지금부터는 부분을 <'가산성의 관점'에서 존재 가능한 상황(경우)>들을 분류하여 정리하도록 하겠습니다. 이는 앞에서 예고(?)한 <'부분'이 [정관사 the + 명사]의 형태가 아닌 경우>에 대한 내용입니다.

> 일반적으로 A에 대해서 정관사 the를 사용하고, B에 대해서는 부정관사 a/an을 적용한다고 할 때, 이는 원소의 수(數)에 대한 일반적인 '경향'을 근거로 하고 있습니다. A는 일반적으로 원소가 1개만 존재하기 때문에 정관사 the를 사용하고, B는 일반적으로 동일한 원소가 복수로 존재하기 때문에 부정관사 a/an을 적용하는 것입니다. 결국 정관사 the와 부정관사 a/an의 선택에 있어서 가장 결정적인 판단 기준은 '원소의 수(數)'가 됩니다.

미시적 접근

> 그런데 많은 경우 '원소의 수(數)'는 유동적입니다. 따라서 만약 일반적으로 A가 정관사 the를 사용한다고 하더라도 실제로 동일한 원소가 복수로 존재하는 상황이라면 부정관사 a/an으로 나타내야 한다는 것입니다.
>
> '부분'의 경우도 마찬가지입니다. 일반적으로 '부분'은 정관사 the로 나타냅니다. '부분'이 정관사 the의 대상이라는 것은 일반적으로 동일한 개체가 존재하지 않는다는 것으로부터 기인합니다. 그런데 만약 동일한 '부분'이 복수로 존재한다면 부정관사 a/an의 적용대상이 됩니다. 그리고 이 경우에는 '<집합과 원소>의 원리'가 적용되게 됩니다.

부분은 원칙적으로 가산성이 존재합니다. 즉 '단위성'이 존재합니다. 다만 일반적인 보통명사는 복수의 개체가 존재하는 경우가 가장 흔한 '기본적인 모습'인 반면에, 부분은 1개만 존재하는 경우가 '대부분'이라는 특성을 가지고 있을 뿐입니다.

부분에 가산성이 존재한다는 의미는 '동일한 부분'이 복수로 존재할 수 있다는 것으로서, 만약 이러한 상황에 직면한다면 이에 대해서는 앞에서 정리한 <집합과 원소>의 관점에서 조명하면 됩니다.

즉 부분이 특정성이 존재하지 않는다면 부정관사(a/an, -s)를 적용하고 특정성이 존재하는 경우에는 정관사 the를 적용하게 되는 것입니다. 이에 따라 지금부터는 부분에 대해서, 앞에서 <집합과 원소>에 대해서 정리했던 분류의 방식과 유사하게 다음과 같은 순서로 정리할 것입니다.

> 1) 단일원소집합① - [정관사 the + 단수명사]
>
> 2) 단일 원소 - [부정관사 a/an + 단수명사]
> 3) 단일원소집합② - [정관사 the + 단수명사]
> 4) 복수의 원소 - [명사 -s]
> 5) 복수원소집합 - [정관사 the + 복수명사]
> 6) 전체집합

위에 대해서 차례대로 정리하기 전에, 다시 한 번 더 언급하도록 하겠습니다. 위 정리의 2)와 4)처럼 '전체의 부분'에도 부정관사(a/an, -s)가 적용될 수 있습니다. 그런데 실제로는 여러 차례 언급한 것처럼 '전체의 부분'에는 상대적으로 부정관사(a/an, -s)는 잘 사용되지 않고 대부분 정관사 the가 적용되게 됩니다.

다음으로 이번에는 조금 다른 내용입니다.

위 정리에서 2)와 4)는 '전체의 부분'에 부정관사(a/an, -s)가 적용되는 경우입니다. 그런데 위 정리는 이론상 그렇다는 것이고, 실제로는 2)와 4)의 상황에서도 부정관사(a/an, -s)는 잘 사용되지 않고 많은 경우에 정관사 the가 적용되게 됩니다. 즉 '전체의 부분'에 대해서는 '가산성'이 존재하는 상황에서도, 부정관사(a/an, -s)는 잘 사용되지 않고 많은 경우에 정관사 the가 적용된다는 것입니다.

> '전체의 부분'에 대해서는 '가산성'이 존재하는 상황에서도, 부정관사(a/an, -s)는 잘 사용되지 않고 많은 경우에 정관사 the가 적용된다.

미시적 접근

즉 '전체의 부분'은 <집합과 원소>의 원리에 의해서 부정관사(a/an, -s)가 적용되어야 할 것 같은 경우에도 정관사 the가 적용된다는 것입니다.

그 이유는 '부분'의 경우 대부분 1개만 존재하고, 동일한 종류의 부분이 존재한다 하더라도 그 수가 많지 않아서 대부분 화자가 모두 파악할 수 있기 때문입니다. 모두 파악할 수 있다는 것은 화자가 실제로 현장에서 모든 부분을 '시각적'으로 확인 가능하다는 의미가 됩니다.

예를 들어 어떤 차(car)의 문(door)은 일반적으로 4개로서, 화자가 이에 대해서 의사소통하는 경우에는 4개의 문 모두를 시각적으로 확인하면서 말하는 경우가 대부분일 것입니다. 이러한 이유로 '부분'에는 [가산성(可算性)에 기초한 <집합과 원소>의 원리]가 아닌 [가시성(可視性)에 기초한 '물리적, 가시적 특정성']에 의해서 정관사 the를 적용될 가능성이 높습니다. 처음 들어보는 용어가 나오기 때문에 느낌이 잘 오지 않을 것입니다.

일단 여기서는 <'부분'의 경우에는, '부분'의 수(數)와 상관없이 정관사 the가 적용될 가능성이 높다>라는 정도만 알고 넘어가시기 바랍니다. [가시성(可視性)에 기초한 '물리적, 가시적 특정성']은 본서에서 제시하는 관사에 대한 새로운 내용 중에서도 가장 중요한 것 중 하나로서, 이에 대해서는 뒤에서 자세히 정리할 것입니다.

<전체와 부분>에서 '부분'은 <집합과 원소>에서 '원소'에 대응됩니다. 원소와 부분은 모두 가산성이 존재합니다. 그런데 원소의 경우는 복수의 원소가 존재하는 경우가 일반적이고, 1개의 원소만이 존재하는 경우, 즉 유일물인 경우가 특별한(예외적인) 경우입니다.

그런데 이와 반대로 부분의 경우에는 1개만 존재하는 경우가 일반적인 경우이고, 복수의 동일한 부분이 존재하는 경우는 특별한(예외적인) 경우가 됩니다. 따라서 일반적으로 부분은 정관사 the가 적용되게 되는 것이고, 원소는 부정관사 a/an이 적용되는 경우가 기본 형태가 됩니다.

	원소	부분
가산성	존재	존재
일반적인 경우	복수로 존재	1개만 존재
예외적인 경우	1개만 존재	복수로 존재
기본 관사	부정관사 a/an	정관사 the

참고로 이러한 '부분의 특성은 the sun, the moon과 같은 '유일물'과 비슷한 것입니다. 그리고 이러한 이유 때문에, '부분'은 <가시성(可視性)에 기초한 '물리적, 가시적 특정성'>과 유사한 특성을 갖고 있다는 점을 기억해 주시기 바랍니다.

<전체와 부분>에서 '동일한 부분'이 복수로 존재하는 경우에, 동일한 부분들은 집합을 구성할 수 있습니다. 그리고 이에 대해서 <집합과 원소>의 관점에서 조명하게 되는 것입니다. 물론 1개만 존재하는 경우에도, '부분'은 가산성이 존재하기 때문에 <집합과 원소>의 관점에서 '단일원소집합'으로서 정관사 the로 나타낼 수 있습니다.

'부분에 대한 집합'은 앞에서 살펴본 <집합과 원소>의 원리의 측면에서 살펴본 보통명사의 집합과는 거의 비슷하지만 약간 차이가 존재합니다. '부분에 대한 집합'은 다음과 같이 그림 (가)처럼 처음부터 1개만 존재하는 단일원소집합과 복수의 동일한 부분으로 구성된 그림 (나)의 2개의 형태를 별도로 분리해서 조명하는 것이 적절합니다. 왜냐하면 일반적인 보통명사는 그림 (나)와 같은 경우가 일반적이지만, '부분'은 그림 (가)의 경우가 일반적이기 때문입니다.

(가) 부분에 대한 일반적인 집합

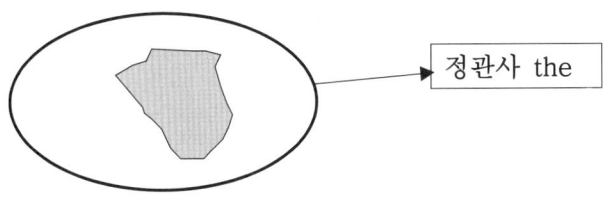

(나) 부분에 대한 일반적이지 않는 집합

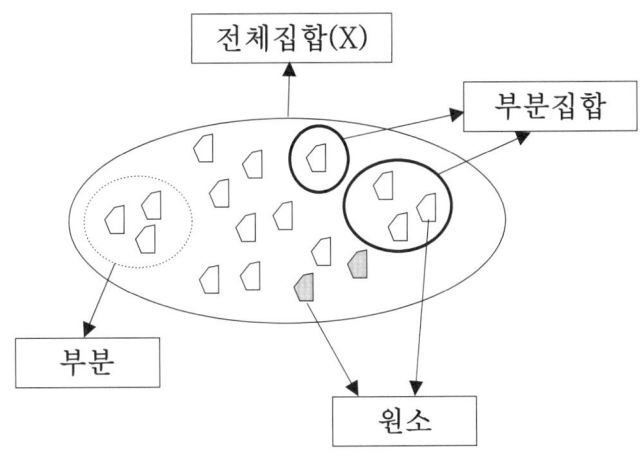

대부분의 '부분'은 그림 (가)처럼 1개만 존재하게 됩니다. 따라서 동일한 다른 부분이 존재하는 경우는 일반적이지 않습니다.

특히 그림 (나)처럼 동일한 다른 부분이 '많이' 존재하는 집합은 실제로는 흔하지 않습니다. 자동차를 구성하는 부분 중에서는 나사, 볼트 등의 정도가 그림 (나)에 해당될 수 있을 것 같습니다.

먼저 그림 (가)에 대해서 정리하겠습니다.

(가) 부분에 대한 일반적인 집합
: 단일원소집합① - [정관사 the + 단수명사]

지금까지 설명했던 부분을 나타내주는 '전체의 부분에 대한 '전형적인 집합'입니다. 일반적으로 부분은 1개만 존재하고, 따라서 정관사 the를 적용하여 [the + 단수명사]의 형태를 취하게 됩니다. 동일한 종류의 부분이 오직 1개만 존재한다는 것이 핵심적인 특징입니다.

자동차를 예를 들어보면, 자동차의 부분 중 '운전대(핸들)'의 경우는 일반적으로 1개만 존재합니다. 따라서 어떠한 상황에서든지 다음과 같이 정관사 the를 사용하게 됩니다.

the steering wheel of the car	the steering wheel of a car

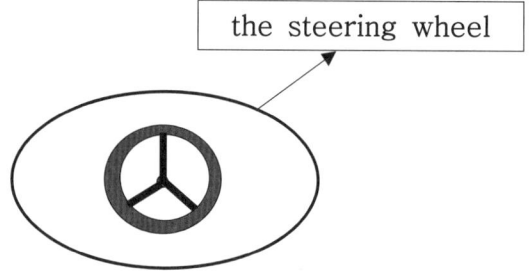

Be careful when you turn the steering wheel.
    핸들을 꺾을 때에 주의하라
Always keep both hands on the steering wheel.
    언제나 운전대를 두 손으로 잘 잡고 있어라.

■ 부분과 단어

한편, 부분에 대한 전형적인 상황에 부합하는 단어들이 존재합니다. 즉 상황에 의해서가 아니라, 처음부터 단어 자체가 '부분'의 개념에 부합하여 정관사 the를 적용하는 단어가 있습니다.

year	the spring, the summer, the autumn, the winter
time	the past, the present, the future
day	the morning, the afternoon, the evening

먼저 1년(year)은 4개의 계절로 나누어집니다. 이 때 봄, 여름, 가을, 겨울은 각각 1년이라는 '전체'를 구성하는 서로 연결되어 있는 '부분'입니다.

- year(전체)

| the spring (봄) | the summer (여름) | the autumn (가을) | the winter (겨울) |

그리고 이 4개의 부분은 동일하지 않습니다. 따라서 일반적으로 계절에는 정관사 the를 적용하게 되는 것입니다.

> Do you enjoy skiing **in the winter**?
> 여러분은 겨울에 스키를 즐겨 타나요?
> You must store away enough food **for the winter**.
> 겨울을 위해 충분한 식량을 비축해 두어야 해.

물론 이는 일반적인 경우에 그렇다는 것입니다(참고로 위 문장에서는 정관사 the가 적용되었기 때문에 <봄, 여름, 가을과 '대비'되는 계절로서의 winter>라는 뉘앙스가 존재합니다).

만약 여러 해 동안의 계절에 대해서 말하는 경우에는, 즉 가산성이 존재하는 계절에 대해서 말하는 경우에는 동일한 계절의 수가 복수로 존재하기 때문에 부정관사(a/an, -s)가 적용될 수 있습니다.

> I met her in **a winter**.
> 난 겨울에 그녀를 만났다.
> Chicago is infamous for long, cold **winters**.
> Chicago는 길고, 추운 겨울로 유명합니다.
> He died in Palm Springs, California, after **a fall**.
> 그는 가을이 지나가고 난 뒤, 캘리포니아, 팜 스프링에서 죽었다.

그리고 계절은 추상명사입니다. 만약 1년을 구성하는 하나의 부분의 개념으로서가 아니라, 즉 다른 계절과의 관계를 전혀 고려하지 않고, 단순히 '추상적인 개념'으로서의 계절에 대해서 말한다면 다음과 같이 무관사 ∅를 적용할 수 있습니다.

미시적 접근

Winter is cold, but it is a fun season.
　　겨울은 춥지만, 즐거운 계절입니다.
Summer is very hot and humid mixed with rain.
　　여름에는 비를 동반하여 매우 덥고 습하다.
Autumn is a great season to travel.
　　가을은 여행하기에 제일 좋은 계절이다.

다음으로 시간(time)은 과거, 현재, 미래로 구분할 수 있습니다. 그리고 앞에서 보았던 봄, 여름, 가을, 겨울과 동일한 이유로 과거, 현재, 미래에는 일반적으로 정관사 the가 적용됩니다.

- time(전체)

the past (과거)	the present (현재)	the future (미래)

Through archaeology people can guess the life of **the past**.
　　고고학을 통해 사람들은 과거의 생활상을 유추할 수 있다.
Happiness is too seldom found in **the present**.
　　행복을 현재에서 찾는 일은 드물다.
I don't know what's happening in **the future**.
　　앞으로 무슨 일이 일어날지 모르겠어요.

마지막으로 day(하루)에 대해서 살펴보도록 하겠습니다. day는 다음과 같이 구분할 수 있습니다.

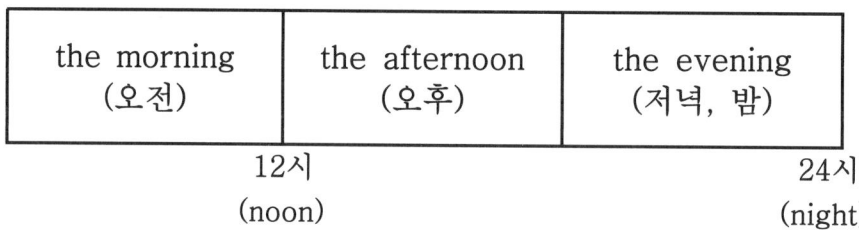

day(하루)는 24시간 전체를 의미하는 것이 아니라, 잠자는 시간을 제외한 사람이 활동하는 시간을 의미합니다. 이를 정오 12시(noon)와 밤 12시(night)를 기준으로 3등분해서 각각의 부분을 오전, 오후, 저녁으로 명명하였습니다. 그리고 부분이기 때문에 정관사 the를 적용하여 기본적으로 the morning, the afternoon, the evening이라고 합니다.

It's rather chilly in **the morning** these days.
　　요새 아침에는 좀 쌀쌀하네요.
I'll call back later in **the afternoon**.
　　오후에 다시 전화 할게요.
We arrived home in **the evening**.
　　우리는 저녁에 집에 도착했다.

한편 정오 12시(noon)와 밤 12시(night)는 기준점으로서 '부분'이 아니기 때문에 정관사 the를 적용하지 않습니다. 즉 정오 12시(noon)와 밤 12시(night)는 시점(時點)을 의미합니다. 그리고 이들은 추상명사이기 때문에 일반적으로 무관사 Ø가 적용됩니다.

He tried to finish his work by **noon**.
　　그는 정오까지 일을 끝내려고 노력하였다.

미시적 접근

>I worked on till late at night.
>　밤늦게까지 일을 계속했어요.

　다만, night의 경우는 의미상으로 '24시라는 시점(時點)'을 의미하기만 하는 것이 아니라, 'the evening보다는 더 늦은 밤(동안)'의 의미로 흔히 사용됩니다. 이는 바로 아래 제시할 '선(線)의 시간'의 개념으로서, 이 경우에는 정관사 the가 사용될 수 있습니다.

>They woke up in the middle of **the night**.
>　그들은 한밤중 (동안)에 잠에서 깨어나 일어났다.
>I spent **the night** in my car.
>　나는 밤 (동안)을 자동차에서 보냈다.

■ 선(線)의 시간 VS 점(點)의 시간

　한편, the morning, the afternoon, the evening에 정관사 the를 적용하고, noon과 night에는 무관사 ∅를 적용하는 것에 대해서, 다음과 같이 정리할 수도 있습니다.

> '점(點)의 시간'에는 무관사 ∅를 적용하고,
> '선(線)의 시간'에는 정관사 the를 적용한다.

　'점(點)의 시간'이란 12시(noon), 24시(night), 1시, 2시 13분, 3시 37분 등과 같은 시점(時點)을 의미합니다.

반면에 '선(線)의 시간'이란 무조건 <12시(noon), 24시(night), 1시, 2시 13분, 3시 37분 등과 같은 '점(點)의 시간'>이 아닌 경우라는 의미가 아니라, 동시에 <시작과 끝이 확실한 '기간'>을 의미합니다.

점(點)의 시간	시점(時點)
선(線)의 시간	시작과 끝이 확실한 '기간'

예문을 살펴보도록 하겠습니다.

[▪ 점(點)의 시간]

School is over at **four o'clock**.
   수업은 4시에 끝난다.
We reported on **21 May last year, 2002**.
   우리는 지난해인 2002년 5월 21일에 보고했다.

[▪ 선(線)의 시간]

During the night, the pain sometimes wakes me up.
   밤중에 통증으로 간혹 깨곤 합니다.
I hate sitting at home **during the weekends**.
   나는 주말에 하는 일 없이 집에 있는 게 싫다.
He said that is more than in **the 1970s**.
   그 수는 1970년대보다 더 많다고 그는 말했다.
    cf. 1970s - 1970년~1979년

미시적 접근

한편, 이 책 전체를 통해서 지속적으로 강조하는 부분이 있습니다. 이는 특정 단어에 대해서 특정 관사를 적용해야한다고 규정하지 말라는 것입니다. 앞에서 the spring, the summer, the autumn, the winter에 정관사 the가 사용된다는 것은 '일반적'인 경우에 그러하다는 것입니다. 이때 일반적인 경우란, '총칭' 상황과 비슷합니다. 다른 말로하면 화자가 직접 겪은 경험에 대해서 말하고 있는 '주관적인 상황'이 아닌 '객관적인 상황'입니다.

결국, 언제든지 일반적인 경우가 아니라면, 그때그때 상황에 맞추어 대부분의 모든 관사형태가 적용될 수 있는 것입니다. 예를 들어, 가산성이 존재하는 상황이라면 부정관사 a/an을 적용하게 되고, 그리고 앞에서 정리했듯이 다른 계절과의 관계를 전혀 고려하지 않고, 단순히 '추상적인 개념'으로서의 계절에 대해서 말한다면 무관사 ∅를 적용할 수 있습니다.

또한 정관사 the가 적용됐다고 하더라도, 무조건 '부분'을 의미하는 것은 아닙니다. 다음 문장에서처럼, '부분'이 아닌 다른 이유로 특정성이 존재하는 경우도 있습니다.

>That would be in the winter of 1970.
>그 일은 아마 1970년 겨울에 있었을 것이다.

위 문장에서 the winter는 일반적인 겨울이 아니라, 1970년도의 겨울을 의미합니다. 1970년도에는 겨울이 오직 하나밖에 존재하지 않기 때문에 당연히 특정성이 존재합니다. 따라서 정관사 the가 적용되어야 합니다.

그리고 다음 예문처럼, '복수의(중의적인) 분석'이 가능한 경우도 있습니다.

>I want to go to Hawaii in the winter.
>겨울에 하와이에 가고 싶다.

위 문장에서 the winter는 일반적인 의미로서 '부분'을 의미하는 정관사 the로 볼 수도 있지만, '올해 겨울'이라는 의미로서 특정성이 존재하는 경우로 볼 수도 있습니다.

결론적으로, 특정 단어에 대해서 일반적으로 가장 빈번하게 사용되는 관사가 존재할 수는 있지만, 하나의 특정 관사만으로 고정되어 정해진 경우는 거의 없다고 보면 됩니다. 즉, 원칙적으로 모든 단어는 '의미와 상황'에 따라 다양한 관사가 적용될 수 있습니다. 그리고 각각의 관사에는 다양한 적용원리가 존재하기 때문에, 두 개 이상의 적용이유에 해당되는 경우도 존재할 수 있습니다.

정리하면, 관사에 접근하는 가장 효과적인 방법은, 암기가 아니라 개별 관사의 특징과 적용원리를 파악하여 상황에 맞게 적용하는 것입니다. 그리고 여기에 필수적인 학습자의 자세는 '유연함'입니다.

예문을 통해서 확인해 보도록 하겠습니다.

> Korea's government system is in principle divided into the legislative, the judicial, and the administrative branches. The Constitution spells out the separate powers for each branch. The three branches are ①the Congress, the President and his cabinet, and the courts. ②Congress is called ③the legislative branch because it has the power to make laws.
>
> 한국의 정치제도는 입법, 사법, 행정의 삼권분립을 원칙으로 한다. 헌법은 각각의 부가 지니는 독립된 권력을 명시하고 있다. 세 부는 의회, 대통령과 내각, 법원이다. 의회는 법을 제정할 권한을 가지고 있기 때문에 입법부라고 불리 운다.

위 지문에서 ①, ②, ③은 모두 입법부인 의회를 가리키고 있습니다.

미시적 접근

　동일한 것을 가리키고 있지만, 관사의 적용은 형태와 그 이유에서 차이가 존재합니다.

　Congress의 가장 전형적인 형태는 무관사 ∅인 ②Congress입니다. '의회'는 복수의 사람(국회의원)의 집단을 의미하는 '집합명사'이기 때문입니다. 이와 비슷한 특징의 단어가 society입니다. 사회를 의미하는 단어는 society와 community가 있습니다. 이 중에서 community가 '지리적 개념'의 사회를 의미하는 것과는 달리, society는 <복수의 사람으로 이루어진 집단을 의미하는 '집합명사'>이기 때문에 일반적으로 무관사 ∅가 원칙입니다.

　다음으로 ①the Congress는 부분을 의미하는 정관사 the가 적용된 것으로 분석됩니다. 전체 국가권력은 의회, 대통령과 내각, 법원으로 구성되어 있다는 내용이기 때문에, 여기서 ①the Congress는 <전체와 부분>의 개념에 해당되기 때문입니다. 물론, 이 부분을 <전체와 부분>이 아니라, the nation(국가)과의 '관련성'에 의해서 특정성을 갖게 되는 '공공(公共)의 the'로 보아도 될 것 같습니다('공공(公共)의 the'에 대해서는 나중에 설명할 것입니다). 하지만 지문이 전하려는 내용의 취지에 비추어 볼 때 여기서는 '부분'을 의미하는 정관사 the로 파악하는 것이 적절할 것으로 보입니다.
　①the Congress와 ②Congress처럼 모든 단어는 '의미와 상황'에 따라 다양한 관사가 적용될 수 있습니다. 결국 관사의 적용은 '의미'와 '상황'이 중요합니다.

　마지막으로 ③the legislative branch는 고유명사에 적용되는 정관사 the에 해당됩니다. 모두들 고유명사와 정관사 the가 관련이 있다는 사실 자체는 알고 있을 것입니다. 하지만 그 이유와 원리는 어디에서도 정확하게 제시되어 있지 않습니다. 결론적으로 이는 영어의 '이름 짓기 방식'과 관련이 있습니다. 예를 들어서, 동일하게 미국을 의미하는 고유명사이지만, America는 무관사 ∅이고, 반면에 the United States에는 정관사 the가 적용된 이유에 관한 것입니다. 이에 대해서는 '고유명사 부분'에서 정리하고 있습니다.

■ 부분과 특정성

명사에 특정성이 존재하는 경우, 정관사 the를 적용합니다. 특정성의 정도가 높고 낮음에 상관없이 1%만이라도 특정성이 존재하는 경우에는 정관사 the를 적용할 수 있습니다. 이에 대해서 뒤에서 정관사 the에 대해서 설명하면서 '100% 특정성'과 '1~99% 특정성'으로 구분하여 정리할 것입니다. 현재 우리가 다루고 있는 '(전체의) 부분'은 특정성이 존재합니다. 구체적으로 이는 '1~99% 특정성'에 해당됩니다.

이하에서는 '부분'의 개념에 부합하기 때문에 특정성이 존재하게 되어, 일반적으로 정관사 the가 적용되는 단어에 대해서 살펴보도록 하겠습니다. 다시 한 번 강조하지만, 아래 정리되는 단어들이 항상 정관사 the가 적용된다는 의미는 아닙니다. 일반적으로 그러하다는 것입니다. 상황에 따라 부정관사 a/an, 무관사 ∅ 등의 다른 형태의 관사도 얼마든지 가능합니다.

1) 신체의 부분

머리, 팔, 다리, 등, 목 등과 같은 사람의 신체부위는, 일반적인 상황(총칭적 상황)에서는 정관사 the를 적용합니다. 깊이 생각할 필요 없이 사람의 신체부위는 '부분'의 개념에 정확하게 부합한다는 것을 알 수 있을 것입니다. the mind(마음), the soul(영혼)도 동일한 시각에서 정관사 the가 적용됩니다. 즉 사람의 부분이라고 보았기 때문입니다.

> The brain in itself feels no pain.
> 　두뇌 자체는 아무런 통증을 느끼지 않습니다.
> The mind is the atmosphere of the soul.
> 　마음은 영혼의 대기이다.

미시적 접근

I think nature is the best medicine for **the mind**!
  저는 자연이 마음을 치료하는 최고의 약이라고 생각합니다!
In other words, nature is fuel for **the soul**.
  다시 말해서, 자연은 영혼의 에너지원이다.
A man exhales air from **the lungs**.
  인간은 폐로부터 숨을 내쉰다.
Liver and pancreatic juices mix with food in **the duodenum**
  담즙과 췌액은 십이지장에서 음식물과 섞인다.
The eyes are the windows of **the mind**.
  눈은 마음의 창이다.
Too much light hurts **the eye**.
  빛이 너무 밝으면 눈에 해가 된다.
The heart is analogous to a pump.
  심장은 펌프와 유사하다.
The bone is all right.
  뼈에는 이상이 없다.
The icy wind chilled me to **the bone**!
  얼음같이 찬바람은 날 뼛속까지 춥게 만들었어!
The blood vessel shows through **the skin**.
  혈관이 피부를 통해서 보인다.
The elbow is a joint in **the arm**.
  팔꿈치는 팔 관절이다.
a study of the action of **the liver**
  간의 활동에 대한 연구
The mouth looks like a long tube.
  입은 튜브 모양처럼 생겼다.
The nose was straight, **the mouth** sensuously wide and full.
  코는 곧았으며 입은 크고 통통해 육감적으로 보였다.

2) 건물의 부분으로서의 장소

일반적으로 the bedroom, the kitchen, the livingroom 등과 같은 단어는 건물의 부분으로서만 존재합니다.

예를 들어 자동차의 바퀴(tire)도 '전체의 부분'으로 존재하는 경우가 일반적이지만, 자동차로부터 분리되어 독립적으로 존재하는 경우도 있습니다. 그러나 침실, 부엌, 거실 등과 같은 장소는 일반적이라면, 개별적으로 존재하는 경우가 거의 없다고 보아야 합니다. 즉 항상 전체(건물)의 부분인 것입니다. 이러한 이유로 이러한 단어들에는 일반적으로 항상 '부분'을 의미하는 정관사 the가 필요합니다.

> We spend a lot of time in **the restroom** throughout our lifetime.
> 우리는 평생 동안 화장실에서 많은 시간을 보냅니다.
> **The kitchen** is where the family congregates.
> 부엌은 가족이 모이는 장소이다.
> Going to **the restroom** is as vital as eating.
> 화장실에 가는 것은 먹는 것만큼이나 필수적인 일입니다.
> **The sunken living room** is a unique feature of our hotel.
> 침몰된 거실은 우리 호텔의 독특한 특징이다.

앞에서 '부분'은 <가시성(可視性)에 기초한 '물리적, 가시적 특정성'>과 유사한 특성을 갖고 있다고 정리하였습니다. 이러한 이유로 건물의 부분으로서의 장소'는 나중에 <가시성(可視性)에 기초한 '물리적, 가시적 특정성'>부분에서도 나오게 됩니다.

이번에는 그림 (나)에 대해서 정리하겠습니다.

(나) 부분에 대한 일반적이지 않는 집합

지금부터는 그림 (나)에 대한 설명입니다. 이번에는 '자동차 문'의 경우를 생각해 보겠습니다. 단순히 ''자동차 문'이라고 할 경우, 일반적으로 4개가 존재합니다. 따라서 부분이기는 하지만 '자동차 문'의 경우는 동일한 종류의 개체가 복수로 존재하기 때문에 그림 (나)와 같은 집합을 구성할 수 있게 됩니다. 이러한 경우에는, ㅏ산성이 존재하는 것으로 보아야 하고, 따라서 <집합과 원소>의 원리를 적용하여 관사를 판단하게 됩니다.

1)단일 원소 - [부정관사 a/an + 명사]

이는 <불특정한 '하나'의 부분>을 의미합니다.
먼저 자동차의 4개의 문중에서 '불특정한' 하나의 문에 대해서는 부정관사 a/an을 적용하게 됩니다.

| a door of the car | a door of a car |

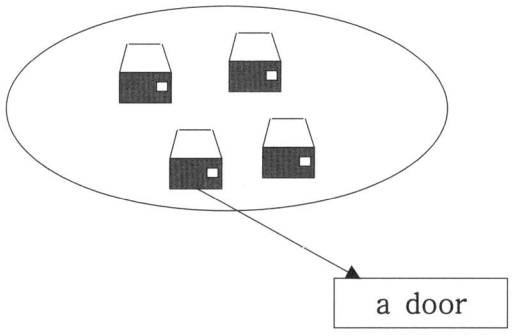

Slammed in **a car door**, alright?
　차 문에 꽝 부딪쳤어, 괜찮아?
I caught my foot on **a leg of a table**.
　책상다리에 내 발이 걸렸다.
She broke **a leg** in a skiing accident.
　그녀는 스키를 타다 사고를 당해 다리가 부러졌다.

　참고로, <가시성에 의한 '물리적, 가시적 특정성'>에 의하면, 전혀 이전의 대화에서 전혀 언급되지 않은 '4개 중의 하나의 책상 다리'에 대해서 말할 때에도 다음과 같이 정관사 the를 사용하여 표현하게 됩니다.

　　The leg of a table shakes.
　　책상다리가 흔들린다.

　미리 이러한 사항을 언급하는 것은 그만큼, '물리적, 가시적 특정성'이 중요하기 때문에, 본격적인 설명에 앞서 이를 강조하기 위함입니다. 그리고 위와 같은 문장에 대해서, 일단 지금은 고민(?)하지 말고 일단 넘어가라는 것입니다.

■ (a) part of ~

　현재 <전체와 부분>에 대해서 정리하고 있습니다. 지금까지 정리는 전체가 크기와 모양은 다르지만 분명하게 여러 조각(부분)으로 나누어지는 그림을 전제로 설명하였습니다.

미시적 접근

그런데 '막연한 부분'을 이야기 할 경우가 존재합니다.

예를 들어 차문의 일부가 약간 찌그러진 경우, 찌그러진 부분은 명확하게 구분되어지는 조각이 아닙니다. 찌그러지지 않은 부분과의 경계가 모호하기 때문입니다. 그리고 형체가 존재하지 않는 대상에 대해서도 '부분'이라는 표현을 사용할 수 있습니다. '주장의 일부분', '설명의 일부분', '행사의 일부분' 등의 표현이 자주 사용될 수 있습니다.

이러한 경우에 대해서 사용되는 표현이 <전부가 아닌 '일부'>라는 의미의 '(a) part of ~'입니다. 즉 [a part of ~ = part of ~]입니다.

>Only **part of** the story is true.
>= Only **a part of** the story is true.
>그 얘기의 일부만이 사실이었다.

그리고 이 표현은 불가산명사에 자주 사용되지만 가산명사에도 사용될 수 있습니다. 즉 불가산명사와 가산명사 모두에 사용될 수 있습니다.

>**Part of** the guests have left.
>손님들 중 일부는 돌아갔다.
>Flowers are an important **part of** many traditions.
>꽃은 많은 전통 관습들 중에 중요한 부분을 차지합니다.

일반적으로 무관사 ∅인 'part of ~'가 흔히 사용되고, '물리적인 대상의 일부분'이나 '작은 한 부분'의 경우에 'a part of ~'가 쓰입니다.

그리고 part 앞에 형용사가 있는 경우에도 일반적으로 'a part of ~'형태인 [a/an + 형용사 + part of ~]의 형태로 사용됩니다.

A. part of ~

Part of ceiling collapsed.
천정이 일부 내려앉았다.

Part of the difficulty was caused by her poor English.
어려움의 일부는 그 여자의 잘 못하는 영어에 기인했다.

Part of the congregation slept throughout the sermon.
모인 사람 중 일부가 설교 중 내내 잠을 잤다.

*congregation - 모임, (종교적인) 집회

He walked part of the way home.
그는 집으로 얼마간은 걸어서 왔다.

He is living with them as part of the family.
그는 한 식구로 그들과 살고 있다.

Part of the house was destroyed.
집의 일부가 파괴되었다.

Paraguay became part of the Spanish colonial empire in the 16th century.
파라과이는 16세기에 스페인 식민지 제국의 일부가 되었습니다.

Selfishness is part of human nature and the base of economic activity.
이기심은 인간 본성이자 경제 활동의 근간이다.

The beach has fine sand and is part of a beautiful coastline.
이 해변엔 고운 모래가 있으며, 이 곳은 경치 좋은 해안 지대의 한 부분이다.

Take part of it, not the whole of it.
그것의 전부가 아니라 일부를 가져가세요.

미시적 접근

유사한 표현으로 'half of ~'가 있습니다.

Half of the boys are in class.
소년들 중 반은 교실에 있다.
Half of the pie was given to me.
그 파이의 반은 내게 돌아왔다.

B. a part of ~

This is **a part** of a statue.
이것은 동상의 일부이다.
This is **a part of** the city I don't know very well.
이곳은 내가 잘 모르는 도시지역의 일부다.

C. a/an + 형용사 + part of ~

Swearing is **an integral part** of every society in the world.
욕설은 모든 사회에 있어서 필수적인 한 부분이다.
The truth is that gambling is **an essential part** of our society.
도박이 우리 사회에서 중요한 부분이라는 것은 사실이다.
Most people realize only **a small part** of their potential.
대부분의 사람들은 자신의 잠재능력의 작은 부분만을 깨닫고 있다.

2) 단일원소집합② - [정관사 the + 단수명사]

자동차의 4개의 문중에서 '특정한' 하나의 문에 대해서는 부정관사 a/an을 적용하게 됩니다.

| the door of the car | the door of a car |

일반적으로 <'복수의 동일한 부분' 중 어느 하나의 부분>에 대해서 '특정성'을 부여하는 경우는 흔하지 않습니다. 즉 '특별한 상황'에 있어서만, <'복수의 동일한 부분' 중 어느 하나의 부분>에 대해서 [정관사 the + 단수명사]형태를 취하게 됩니다. 대표적으로 다음과 같이 '특정지시(재언급)'의 경우가 이에 해당됩니다.

I opened **a door** of the car. but **the door** is broken.
(a door → the door)

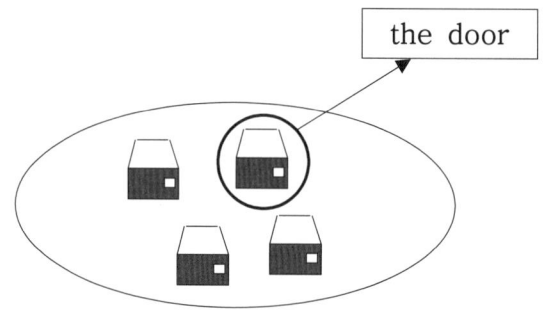

In such cases, **the affected leg** may swell considerably
그런 경우에는, 다친 다리가 상당히 부어오를 것이다.

■ the part of ~

앞에서 '(a) part of ~'의 표현에 대해서 정리하였습니다. 이는 경계가 불분명한 '막연한 부분'을 말하는 경우에 사용한다고 하였습니다. 이번에는 '막연한 부분'에 특정성이 존재하는 경우입니다. 이는 일반적으로 '특정지시(재언급)'의 경우라고 보면 되겠습니다.

The part of the room has been curtained off.
　방의 그 부분은 커튼으로 칸막이가 되어 있다.
It's **the part of** a lifetime.
　이것은 인생의 한 부분이다.
That's **the part of** the brain that processes language.
　그것은 언어를 처리를 하는 뇌의 부분이다.

이번에는 앞에서 정리했던 '부분에 대한 일반적인 집합'인 <단일원소집합①>에 대해서 'the part of ~'의 표현이 사용된 경우입니다.

Pollen comes from **the part of** the flower called the stamen.
　꽃가루는 수술이라고 하는 꽃의 한 부분에서 생겨나요.
　　*pollen - 꽃가루　　*stamen - (식물)수술
The pupil is **the part of** the eye in the center of the iris.
　동공은 홍채 가운데 있는 눈의 일부분이다.
　　*pupil - 눈동자, 동공　　*iris - (안구의)홍채

Freud thought that getting memories and experiences out of **the unconscious part of** the mind might help the mentally ill patient.

프로이드는 무의식이라는 정신영역에서 기억과 경험들을 끄집어내는 것은 정신질환자들에게 도움이 될 것이라고 생각했다.

cf. [the mind = 의식 + 무의식]이기 때문에, 의식과 무의식의 부분은 각각 정해진 특정한 1/2의 part에 해당된다.

3) 복수의 원소 - [명사 -s]

다음으로 4개의 자동차 문 중 '불특정한 복수의 문'을 나타내는 경우를 생각해 보겠습니다. 복수의 문이 2개를 말하는 것인지 3개를 말하는 것인지도 알 수 없고, 앞문과 뒷문 중 어느 것을 지칭하는지도 명확하지 않습니다. 따라서 특정성이 충족되지 않고 있습니다.

doors of the car	doors of a car

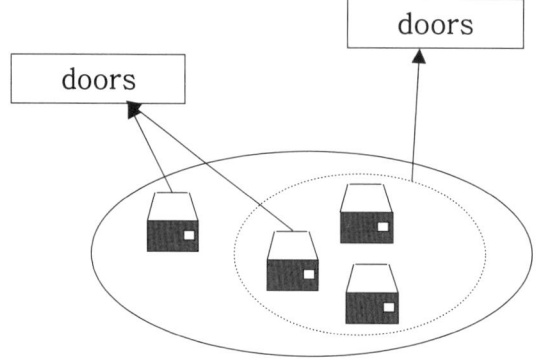

미시적 접근

이번에는 불특정한 2개의 문만을 나타내는 경우를 생각해 보겠습니다. 이 경우에도 총 4개의 문중에서 앞문 2개를 말하는 것인지, 아니면 뒷문 2개를 말하는 것인지 등에 대해서 알려지지 않았기 때문에 특정성이 충족되지 않았습니다. 따라서 정관사 the를 사용할 수 없으며, 다음과 같이 나타냅니다.

| two doors of the car | two doors of a car |

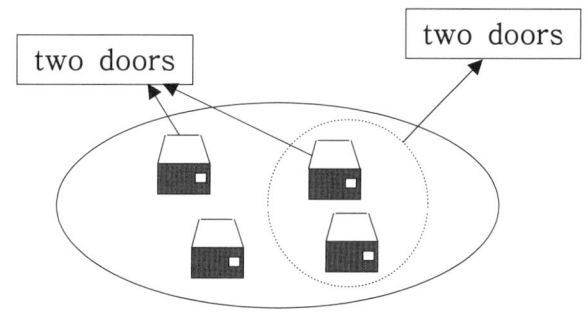

참고로 <복수의 원소 - [명사 -s]>에 해당되는 예문을 찾아보았지만 쉽게 찾을 수가 없었습니다. 이는 그 만큼 '전체의 부분'에 대해서 가산성이 존재하는 상황이 많지 않다는 것을 말해 주는 것이라고 생각됩니다.

4) 복수원소집합 - [정관사 the + 복수명사]

다음으로 4개의 자동차 문중에서 '특정한' 복수의 문을 나타내는 경우를 생각해 보겠습니다.

앞문 두 개를 지칭할 수도 있고, 뒷문 두 개를 지칭할 수도 있겠습니다.

| the doors of the car | the doors of a car |

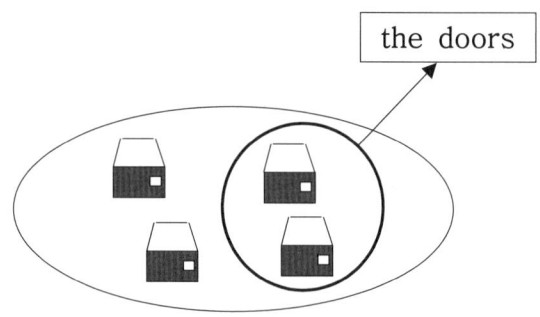

 이번에는 조금 특이한 경우로서 원소 전체를 지칭하는 경우입니다. 일반적인 보통명사의 집합의 경우에는 원소의 수(數)가 너무 많기 때문에 이를 전부 안다는 것은 불가능합니다. 그러나 부분의 경우에는 일반적으로 1개만 존재하거나, 복수의 동일한 부분이 존재한다고 하더라도 충분히 전체 수(數)를 알 수 있을 정도로 많지 않은 경우가 대부분입니다.
 현재 예를 들고 있는 차문의 경우에도, 총합은 4개뿐입니다. 결국 4개의 문은 집합을 구성하는 전체 원소가 됩니다. 따라서 만약 4개의 문을 지칭하게 되면, 자동적으로 특정성이 확보되기 때문에 정관사 the가 적용되게 됩니다. 왜냐하면, 앞에서 언급했듯이 '전체'에는 '특정성'이 존재하기 때문입니다

| the four doors of the car | the four doors of a car |

이는 다음과 같이 한 대의 자동차에 존재하는 문(door) 전체를 의미한다는 점을 강조하기 위해서 all을 첨가할 수 있습니다.

| all the four doors of the car | all the four doors of a car |

그런데 이처럼 집합을 구성하는 모든 원소를 나타내는 경우에 대해서 '전체집합'을 나타내는 것이 아닌가라고 생각할 수도 있겠습니다. 물론 결과적으로 보았을 때, 그렇게 생각할 수도 있겠습니다. 그러나 처음부터 이 표현의 목적은 4개의 원소를 나타내는 것이고, '전체집합'을 나타내게 되는 것은 부수적으로 발생한 현상일 뿐입니다.

따라서 이를 전체집합을 나타내는 표현으로 보아서는 안 됩니다. 일반적으로 전체집합을 나타내는 표현이란 집합을 구성하는 모든 원소를 파악하기 힘든 경우에 사용하는 표현입니다.

(all) the four doors of the car는 다음과 같은 그림으로 나타낼 수 있습니다.

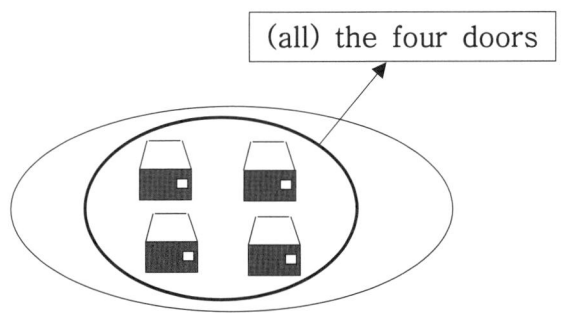

예문을 보도록 하겠습니다.

　　As a result every part of the miniature tree, including **the roots, branches** and **leaves** should fit together as a whole.
　　　결과적으로 축소된 나무의 뿌리, 가지와 잎을 포함해, 모든 부분들이 전체적으로 서로 어우러져야 한다.

위 예문에서 ①the roots, ②branches, ③leaves는 각각 ①the roots of the tree, ②the branches of the tree, ③the leaves of the tree의 의미입니다.

예문을 좀 더 살펴보겠습니다.

　　Are **all the members of** my family covered under this policy?
　　　제 가족 구성원들 모두가 이 보험에 적용이 되나요?

All the costs of the repairs will be borne by our company.
　　　수리에 드는 비용 일체는 회사 쪽에서 부담하겠습니다.

This year has **all the makings of** a tragedy.
　　　이번 해는 비극의 모든 요소를 갖추고 있다.

■ 일곱. 명사의 분류

> 명사의 분류는 관사의 적용과 밀접한 관계를 보여주기 때문에 중요한 부분입니다. 즉 <명사분류의 기준>은 관사 적용에 있어서도 중요한 영향을 끼칩니다. <명사분류 기준>을 이해하는 것이 관사를 파악하는데 있어서 필수적이라는 것입니다. 왜냐하면 **명사와 관사는 불가분의 관계에 놓여있기 때문입니다.**

현재 우리에게 알려진 명사의 종류는 보통명사, 물질명사, 추상명사, 집합명사, 고유명사의 5가지 종류입니다.

이에 대해서 '기존 문법'은 '가산성'을 기준으로 대체로 다음과 같이 분류합니다. 물론 집합명사가 가산명사로 분류되는 것은 군집명사인 경우입니다.

가산명사	보통명사, 집합명사
불가산명사	물질명사, 추상명사, 고유명사

기존 문법의 명사의 분류는 위 표의 내용이 전부입니다.

그리고 기존 문법은 위와 같은 정리를 바탕으로 하여, 명사에 대한 관사 적용을 설명하고 있습니다. 그러나 위와 같은 분류는 문제가 분명 있습니다. 한 마디로, 명사에 대한 성격을 전혀 파악하지 못하고 있다고 생각 됩니다.

<보통명사, 물질명사, 추상명사>는 <집합명사, 고유명사>와는 성격에 있어서 분명한 차이가 존재합니다. 즉 어떠한 정해진 '동일한 기준'에 의해서 서로 분류되는 관계가 아니라, 전혀 다른 차원의 명사라는 것입니다.

정리하면, 기존 문법은 명사에 대한 성격 파악이 제대로 이루어지지 않고 있어서, 그 결과 '명사 분류'가 '영어의 특성'을 제대로 반영하지 못하고 있습니다. 따라서 '명사 분류'를 바탕으로 이루어지는 관사에 대한 설명도 오류가 있을 수밖에 없는 것입니다.

기존 문법은 명사에 대한 성격 파악이 제대로 이루어지지 않고 있어서, 결과 '명사 분류'가 '영어의 특성'을 제대로 반영하지 못하고 있다.

⇩ ⇩ ⇩

'명사 분류'를 바탕으로 이루어지는
관사에 대한 설명도 오류가 있을 수밖에 없다.

일단 저는 본서에서 명사를 총 6가지 종류로 분류하였습니다.

기존의 <보통명사, 물질명사, 추상명사, 집합명사, 고유명사>에 '장소(場所)명사'를 추가하도록 하겠습니다.

미시적 접근

사실 <가시성(可視性)에 의한 '물리적, 가시적 특정성'>에 대한 내용을 알고만 있다면, '장소(場所)명사'는 명사의 분류에 포함시킬 수도 있고, 포함시키지 않을 수도 있습니다.

즉 기존 문법에서처럼 명사 분류를 정리하고 '장소명사'는 별도로 '물리적, 가시적 특정성'부분에서 설명해도 되기 때문입니다.

그럼에도 불구하고, 본서에서는 **'물리적, 가시적 특정성'을 강조하는 의미로** '장소명사'를 '명사의 분류'에 포함시키도록 하겠습니다.

이는 만약 장소명사를 포함시키지 않는다면, '명사의 분류'에 '물리적, 가시적 특정성' 부분을 명확하게 반영시킬 수 없기 때문입니다. 이는 그만큼 '물리적, 가시적 특정성'이 중요하다는 의미이기도 합니다.

■ 명사의 분류

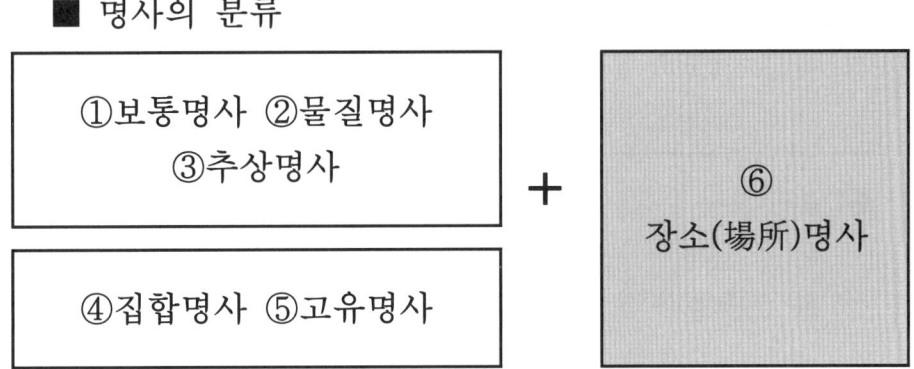

명사의 분류도 관사와 마찬가지로 역사(歷史)를 반영하여 파악해야 합니다.

위 6가지 명사는 모두 한꺼번에 동시에 생겨난 것은 아닙니다.

(가)먼저, 명사에 관사를 적용하기 위해서, 명사의 분류를 처음 하던 시기, 즉 관사를 처음 도입하던 시기에 있어서는 <①보통명사, ②물질명사, ③추상명사의 3가지 종류의 명사>만이 존재하였습니다.
(나)이후 점점 영어에 대한 이해가 높아지면서 필요에 따라 나머지 3가지 명사(④집합명사, ⑤고유명사, ⑥장소명사)가 차례대로 각기 다른 기준과 이유로 인해서 추가되었던 것입니다. 중요한 점은 집합명사, 고유명사, 장소명사에 대한 원리가 모두 상이하고, 이에 따라 관사의 적용 양상 또한 동일하지 않다는 것입니다.

따라서 모든 명사 종류를 '가산성'이라는 '하나의 기준'으로 분류하는 것은 적절하지 못합니다. 왜냐하면, 이후에 분류된 <집합명사, 고유명사, 장소명사>는 '가산성 기준'과는 전혀 관계가 없기 때문입니다.

1. 일반명사

관사를 처음 도입하던 시기에 존재했던 ①보통명사, ②물질명사, ③추상명사를 '일반명사'라고 별도로 분류하도록 하겠습니다.

```
■ 일반명사

   ①보통명사      ②물질명사      ③추상명사
```

이들 일반명사는 기본적으로 '가산성(可算性)'을 기준으로 명사를 분류한 것으로서, 이에 따라 명사는 다음과 같이 분류됩니다.

미시적 접근

(1) 1차 분류 - 가산성에 의한 분류

가산성 (可算性)	가산 명사	보통명사	부정관사 a/an 복수형어미 -s
	불가산 명사	물질명사 추상명사	무관사 ∅

특별한 설명은 하지 않겠습니다.

(2) 2차 분류 - 가시성(可視性)에 의한 분류

먼저, '가시성 기준'에 의해서 일반명사를 분류하면 다음과 같습니다.

가시성 (可視性)	가시명사	보통명사, 물질명사 + 장소명사	주관적 묘사
	불가시명사	추상명사	관사적용 대상이 아님

*가시성에 의할 경우, 보통명사와 물질명사에 정관사 the와 부정관사(a/an, -s)를 적용할 수 있습니다. 그리고 가시성 기준에 의한 기본관사는 정관사 the입니다.

일반명사(보통명사, 물질명사, 추상명사)가 '가산성'에 의해서 처음 분류된 이후 시간이 한참 지난 뒤에, 어느 순간 물질명사에 대한 관사적용의 필요성이 생겨나게 되었습니다.

이에 영어는 '가시성(可視性)이라는 개념'을 도입하였습니다. 그리하여 가시성(可視性)은 '물리적, 가시적 특정성'의 논리에 의해서 물질명사에 대한 관사적용 문제를 해결했을 뿐만 아니라, '장소명사'라는 새로운 명사 종류를 추가하도록 이끌었습니다.

물론 당연히 보통명사도 가시성(可視性)이 존재하기 때문에 '물리적, 가시적 특정성'의 논리에 의해서 관사적용이 가능합니다.

참고로 가시성(可視性)이 존재한다는 의미는 '주관적 묘사'의 방식에 접근할 수 있다는 의미입니다. 따라서 가시성이 존재하는 보통명사와 물질명사(+ 장소명사)의 경우는 '물리적, 가시적 특정성'에 의한 '주관적 묘사'의 방식에 의해서 관사를 적용할 수 있습니다.

> 가시성(可視性)이 존재하는 **보통명사, 물질명사(+ 장소명사)**는 '물리적, 가시적 특정성'에 의한 '주관적 묘사'의 방식에 의해서 관사를 적용할 수 있다.

위에서 '가산성에 의한 분류'와 '가시성에 의한 분류'에 있어서 가장 큰 차이는 '물질명사'와 '장소명사'입니다.

> '가산성에 의한 분류'와 '가시성에 의한 분류'에 있어서 가장 큰 차이는 '물질명사'와 '장소명사'이다.

미시적 접근

①먼저, 물질명사는 가산성에 의하면 무관사 ∅의 대상이지만, 가시성에 의하면 관사적용의 대상입니다.

②장소명사는 가시성에 의해서 본서에서 새롭게 분류된 명사종류입니다. 이에 대해서는 이미 충분히 설명했기 때문에 별도의 설명은 하지 않겠습니다.

③그리고 여기에 추가로, 보통명사도 가시성에 의해 접근할 경우에는 물질명사와 동일한 특성을 보여주게 됩니다.

잠시 관사와 명사에 있어서 대표적인 역사적 변화에 대해서 정리해 보도록 하겠습니다. 이는 <부정관사 a/an과 정관사 the가 처음 도입된 시기>로부터 그 이후에 발생한 변화입니다.

부정관사 a/an, 정관사 the가 처음 도입된 시기	⇨ 이후의 변화
가산성(可算性)	가시성(可視性)
일반명사 (보통명사, 물질명사, 추상명사)	집합, 고유명사(+ 장소명사) 추가
객관적 설명	주관적 묘사 (물리적, 가시적 특정성)
- 부정관사 a/an : 일반적인(불특정한) 대상 - 정관사 the: 특정한 대상	- 관사의 재활용 (부정관사 a/an과 정관사 the가 다양한 기능과 의미를 갖게 됨)

2. 전체 명사분류

한편, 가산성, 가시성(可視性)과는 '전혀 다른 기준'에 의해서 두 종류의 명사가 추가되었습니다. 바로 고유명사와 집합명사입니다.

> 가산성(可算性), 가시성(可視性)과는 '전혀 다른 기준'에 의해서 고유명사와 집합명사가 추가되었다.

고유명사와 집합명사의 분류기준과 특징에 대해서는 각각 고유명사와 집합명사부분에서 정리되어 있습니다.

지금까지의 정리를 반영하여 명사의 분류에 대해서 표로 정리하면 다음과 같습니다.

		가시성(可視性)	
		가시 명사	불가시 명사
가산성(可算性)	가산명사	①보통명사	
	불가산명사	②물질명사	③추상명사
	비가산명사	⑥장소명사	

\+ ④집합명사 / ⑤고유명사

- 비가산명사란 원소가 하나만 존재하기 때문에 '가산성이 의미가 없는 경우'입니다.
- 여기서 장소명사는 '좁은 의미'의 장소명사입니다. 그러나 '넓은 의미'의 장소명사로 보아도 상관없겠습니다.

미시적 접근

　한편 장소명사, 고유명사, 집합명사는 논리적으로 일반명사(보통명사, 물질명사, 추상명사) 이후에 나타난 명사의 분류인 것은 맞지만, 이들 세 종류의 명사(장소명사, 고유명사, 집합명사)가 나타난 시간적 순서는 확실하지 않습니다. 물론 세 종류 명사의 발생순서가 중요한 것은 아닙니다.

　다음으로 이들 세 종류의 명사(장소명사, 고유명사, 집합명사)는 '가산성'과는 전혀 다른 기준에 의해서, 즉 각기 다른 필요(이유)에 의해서 나타나게 되었습니다. 앞에서 장소명사의 경우는 <가시성(可視性)에 의한 '물리적, 가시적 특정성'>에 의해서 나타나게 되었음을 정리하였습니다.

　이제 남은 것은 고유명사와 집합명사입니다. 결국 고유명사와 집합명사에 대해서 정확히 파악하기 위해서는 일반명사와는 별도로 구분해야하는 '전혀 다른 기준'이 무엇인지에 대해서 알아야 합니다. 그 기준에 대해서는 뒤에 고유명사와 집합명사 부분에서 자세히 설명됩니다(지금 고유명사와 집합명사 부분으로 가서 잠깐 확인하고 와도 되겠습니다).
　원론적으로 말하면, 고유명사, 집합명사는 기존에 존재하는 일반명사(보통명사, 물질명사, 추상명사)의 분류 기준(가산성)에 의해서는 분류(설명)될 수 없는 전혀 다른 특성을 가진 명사형태입니다. 따라서 기존의 방식대로 보통명사, 물질명사, 추상명사, 고유명사, 집합명사(+ 장소명사)를 '한데 묶어서' 가산성이라는 동일한 하나의 관점으로 접근하면 안 됩니다.

> 고유명사, 집합명사는 기존에 존재하는 일반명사(보통명사, 물질명사, 추상명사)의 분류 기준(가산성)에 의해서는 분류(설명)할 수 없는 전혀 다른 특성을 가진 명사형태이다.

⇩ ⇩ ⇩

> 기존의 방식대로 보통명사, 물질명사, 추상명사, 고유명사, 집합명사(+ 장소명사)를 '한데 묶어서' 가산성이라는 동일한 하나의 관점으로 접근하면 안된다.

지금까지 정리한 명사의 분류에 대한 내용을 간단하게 정리하고 마치도록 하겠습니다.

> - 명사의 분류는 관사의 적용과 밀접한 관계를 보여주기 때문에 중요한 부분이다.
> - 명사를 분류하는 기준에는 가산성(可算性)외에도 **가시성(可視性)**이 있다.
> - 가시성(可視性)에 의해서 **장소(場所)명사**가 새롭게 분류되었다.
> - 지금까지 별도의 설명 없이 가산성에 의해서 명사를 가산명사와 불가산명사로 구분해 왔다. 하지만 장소명사, 고유명사와 집합명사는 가산성과는 전혀 관계없는 이유에 의해서 분류된 명사이다.
>   ⇨ 따라서 이들 명사를 모두 '한데 묶어서' <가산성 기준>에 의해서 설명하면 안 된다.

미시적 접근

■ 여덟. 고유명사

지금부터 고유명사에 대해서 정리하도록 하겠습니다. 결국 이는 <고유명사에 대한 관사적용의 원리>를 파악하는 작업입니다.

<고유명사에 대한 관사적용의 원리> 파악

'별명'과 '고유명사'는 동일한 단어 생성 원리를 가지고 있습니다. 당연히 관사적용 양상도 동일합니다. 이하에서는 고유명사만을 가지고 설명하도록 하겠습니다. 따라서 지금부터 정리할 내용을 그대로 다시 '별명'에도 적용하면 될 것입니다.

많은 학습자들이 고유명사와 정관사 the는 '불가분의 관계'에 있다고 생각하는 것 같습니다. 그러나 이는 잘못된 것입니다. 고유명사라고 해서 모두 정관사 the가 적용되는 것이 아니라, 적용되는 것(ex. the United States)과 적용되지 않는 것(무관사 ∅ ex. America)이 존재합니다.

그리고 더 중요한 점은, 고유명사는 기본적으로 무관사 ∅가 원칙입니다.

고유명사는 기본적으로 무관사 ∅가 원칙이다.

앞으로 이러한 내용들을 하나하나 차례대로 정리하도록 하겠습니다.

1. 고유명사와 정관사 the

우리가 영어의 고유명사에 대해서 별도로 관심을 갖는 이유는, 관사적용과 관련하여 고유명사는 일반적인 관사적용 원리와는 다른 원리가 작동하기 때문입니다.

일단 고유명사에 대한 관사적용 원리는 '원론적으로'는 다음과 같이 정리할 수 있습니다.

> ■ 고유명사는 '원칙적'으로 무관사 ∅이다.
>
> ① 고유명사는 특성상 하나만 존재하기 때문에, <단·복수의 구별>이 무의미하다, 따라서 '원천적으로' 부정관사 (a/an, -s)의 대상은 아니다.
>
> ② '처음부터' 하나만 존재하기 때문에, the moon, the sun처럼 **정관사 the는 필요하지 않는다.**

*앞에서 정리했듯이 집합명사, 고유명사 등과 같이 '**처음부터**' 하나만 존재하는 명사에는 무관사 ∅입니다. 참고로 <가산성이 의미가 없는 경우>에 해당되는 the sun, the moon 등과 같은 '비(非)가산명사'의 경우에는 '처음부터' 하나만 존재하는 단어가 아니기 때문에 정관사 the가 적용되었습니다.

'원론적으로', '원칙적으로'라는 표현의 의미는 다른 경우가 존재한다는 것입니다. 따라서 고유명사에 대한 관사 적용의 원리를 정확히 파악하기 위해서는 '원론적'인 경우와 '다른 경우(예외적인 경우)'를 종합적으로 숙지해야 합니다.

미시적 접근

　그런데 나중에 설명하겠지만, 앞으로 정리할 고유명사에 대한 관사적용의 원리는 고유명사에서만 확인되는 것은 아닙니다(물론, 고유명사에서 가장 집중적으로 확인되는 내용임에는 틀림없습니다).
　고유명사가 아닌 추상명사, 특히 <복수의 단어로 이루어진 추상명사>에서도 확인할 수 있습니다. 다만 모든 추상명사에 해당되는 것은 아니고, 추상명사가 '명칭'인 경우에 한해서 그러합니다.
　그런데 유독 이러한 현상들이 고유명사에 집중되어 있기 때문에 모두들 고유명사에만 국한된 것으로 받아들이는 것입니다. 더 나아가 the Internet와 같이 고유명사가 아닌 단어를 고유명사로 분류하여 설명하는 오류를 범하고 있습니다.

　결론적으로 현재 '고유명사와 정관사 the'라고 제목을 제시하고 있지만, 앞으로 정리할 내용은 고유명사인지 아닌지가 중요한 것은 아닙니다.

　고유명사와 추상명사들에 대해서 **<어떤 경우에 무관사 ∅가 적용되고, 반대로 또 어떠한 경우에 정관사 the가 적용되는지>에 대한 '원리'를 파악하는 것이 핵심입니다.**
　즉 the Internet('명칭'인 추상명사)을 고유명사로 파악한다고 하더라도 큰 문제가 되는 것은 아닙니다. 핵심은 왜 Internet에 정관사 the를 적용하는지를 이해하는 것입니다. 이는 결국 <영어의 '이름 짓기' 방식>과 관련이 있습니다. 결론적으로 고유명사에 대한 '관사적용원리'는 영어의 '이름 짓기'방식과 관련이 있다는 것입니다.

(가) 명칭과 이름

　어떤 고양이(cat)의 이름이 Tom이라고 했을 때, cat은 '모든 고양이'에 대한 '명칭'이고, Tom은 '1:1로 대응되는 특정 고양이'에 대한 '이름'입니다.

cat	명칭	1:1로 대응되는 '구체적인 개체(대상)'가 존재하지 않음	보통명사, 추상명사 등
Tom	이름	1:1로 대응되는 '구체적인 개체(대상)'가 존재함	고유명사

    이로부터 '개념상' 명칭은 부정관사 a/an과 유사하고, 이름은 정관사 the와 유사하다고 생각하면 이해하는데 도움이 될 것 같습니다. 다음 그림을 보면 충분히 이해할 수 있을 것입니다.

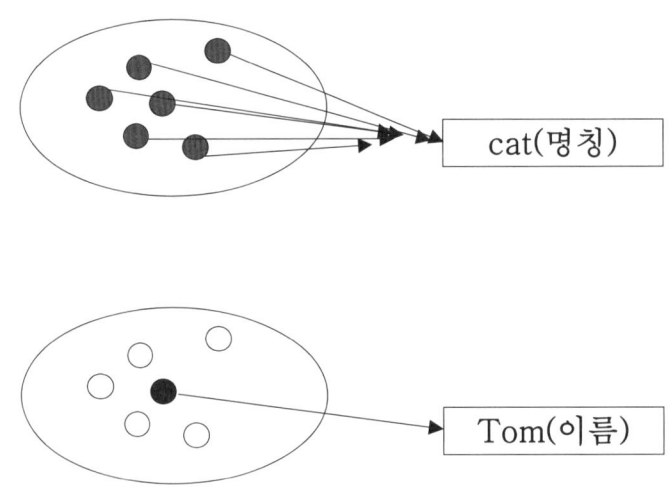

    결국, <1:1로 대응되는 구체적인 특정 개체(대상)에 대한 '명칭'>에 대해서는 특별히 '이름'이라고 하는 것으로 이해할 수 있습니다.

일단 '이름'은 고유명사입니다.

그리고 '명칭'은 보통명사와 같은 가산명사에도 존재하지만, 추상명사나 물질명사와 같은 불가산명사에도 존재합니다.

다만 cat, dog 등과 같은 보통명사에 대한 명칭과 달리 추상명사나 **물질명사와 같은 불가산명사에 대한 명칭은 고유명사와 유사한 측면이 있습니다.** 이는 추상명사나 물질명사는 단위성이 존재하지 않기 때문에 전체가 '하나의 덩어리'이기 때문입니다.

추상명사에 대한 그림을 보도록 하겠습니다.

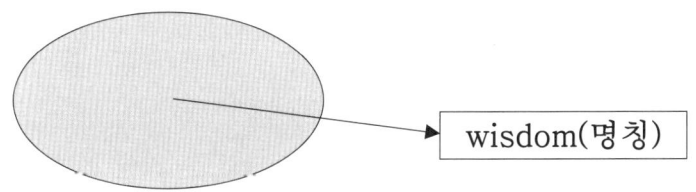

그림상으로 보면, wisdom은 <1:1로 대응되고> 있는 것으로 보입니다. 그런데 고유명사가 되기 위해서는 일단 '구체적인 대상'이어야 합니다. 일단 정리하면 추상명사는 '1:1로 대응되고'있지만, '구체적인 대상'이 아닌 경우로 이해할 수 있습니다.

결론적으로 추상명사가 부정관사 a/an이나 정관사 the가 사용될 수 있을 정도로 '구체적인 대상'인 상태인 경우가 되어야, 고유명사인지 아닌지의 여부에 대해서도 논할 수 있을 것입니다. 따라서 위 그림과 같은 상태에서는 고유명사인지의 여부를 판단하기에 앞서, '구체적인 대상'이 존재하지 않기 때문에 고유명사를 논할 전제 조건조차 충족되지 않았다고 볼 수 있고, 이러한 상태인 wisdom은 '이름(고유명사)'이 아니라 '명칭'인 것입니다.

그런데 사전적 정의에 따르면, '명칭'과 '이름'은 명확하게 구분되는 용어가 아니고, 많은 경우 구분 없이 동일한 의미로 사용되는 것 같습니다. 따라서 '명칭'과 '이름'이라는 용어에 집착하기보다는 <1:1로 대응되는 구체적인 대상의 존재 여부>에 초점을 맞추시기 바랍니다.

그럼에도 불구하고, 본서에서는 앞에서 표로 정리한 것처럼, '명칭'과 '이름'을 구분하도록 하겠습니다. 결론적으로 Tom과 같은 고유명사는 <1:1로 대응되는 특정 개체(대상)에 대한 '명칭'>인 '이름'을 의미합니다. 즉, 고유명사는 '이름'을 의미합니다.

고유명사 = 이름

중요한 점은 명칭이 되었든 간에, 이름이 되었든 간에, <영어가 이들 단어(이름 & 명칭)를 만드는 방식>을 이해하는 것이 됩니다.

> **중요한 점은, <영어가 이들 단어(이름 & 명칭)를 만드는 방식>을 이해하는 것이다.**

<단어를 만드는 방식>이라는 측면에서 보면, '명칭과 이름'은 동일하다고 볼 수 있고, 이러한 관점을 가지고 앞으로 '명칭과 이름'에 대해서 설명하도록 하겠습니다.

그리고 <단어를 만드는 방식>에서 핵심은 '관사 사용의 양상'이 됩니다. 결국 앞으로 정리할 내용은, 한마디로, <어떠한 경우에 무관사 Ø가 적용되고>, 반대로 또 <어떠한 경우에 정관사 the가 적용되는지>에 대한 원리입니다.

> <단어를 만드는 방식>에서 핵심은
> '관사 사용의 양상'이다.

⇩ ⇩ ⇩

앞으로 정리할 내용은, 한마디로, <어떠한 경우에 무관사 ∅가 적용되고>, 반대로 또 <어떠한 경우에 정관사 the가 적용되는지>에 대한 원리이다.

이러한 원리의 적용대상은 앞에서 말했듯이 고유명사에만 국한되지 않습니다. 명칭도 마찬가지입니다. 그리고 추상명사, 특히 <복수의 단어로 이루어진 (복합)추상명사>에도 단어를 만드는데 있어서 중요한 역할을 합니다. 결국 보통명사, 물질명사, 추상명사 등의 단어에 해당되는 모든 명칭과 고유명사와 관련이 있습니다. 다만, 이러한 원리가 고유명사에 두드러지게 나타나고 있을 뿐입니다.

이장은 고유명사에 대한 부분입니다. 핵심은 고유명사의 '이름을 짓는 방식'을 정리하는 것입니다. 그런데 '이름을 짓는 방식'는 방식은 고유명사에만 존재하는 고유의 방식은 아니기 때문에 결국 이는 모든 단어에 적용되는 내용입니다.

하지만 이하에서는 고유명사와 추상명사를 중심으로 정리가 이루어지게 됩니다. 그런데 모든 추상명사가 대상이 되는 것은 아니고, <복수의 단어로 이루어진 추상명사>만이 '주로' 해당됩니다. 고유명사는 <단일 단어로 이루어진 고유명사>와 <복수의 단어로 이루어진 고유명사> 모두를 다루게 됩니다. 결국 이 장에서 설명할 원리의 적용 대상은 아래 표에서 진하게 표시된 부분입니다.

명칭	보통명사	
	①추상명사	Korean history the Internet
이름	②고유명사	Asia the Tower

지금부터 정리할 원리는 ①과 ②부분에서 단어를 '재활용'하는 과정에서 드러나는 '구별'의 문제를 해결하는 것과 관련된 내용입니다. 이로부터 결국 고유명사에 대한 관사적용도 '혼동 & 구별'의 차원에서 이해되어야 함을 알 수 있습니다.

> 고유명사에 대한 관사적용도 '혼동 & 구별'의
> 차원에서 이해되어야 한다.

①과 ②부분에서 관사를 적용하는 문법적 원리는 동일합니다. 그리고 앞에서 말했듯이 the Internet이 고유명사인지 아니면 추상명사인지는 크게 중요하지 않습니다.

따라서 지금부터의 정리는 특별한 경우가 아니라면, ①과 ②부분을 구별하지 않고 모두 고유명사의 내용으로 취급하여 설명하도록 하겠습니다. 즉, ①과 ②는 모두 동일하게 영어의 <'이름짓기' 방식>과 관련 있는 사항으로서, ①과 ②를 특별히 구분하지 않고 일단 모두를 고유명사로 분류하여 설명하도록 하겠습니다.

> ■ ①과 ②는 모두 동일하게 영어의 <'이름짓기' 방식>과 관련 있는 사항이다.
>
> ⇨ 앞으로, 특별한 경우를 제외하고는 ①과 ② 모두를 고유명사로 분류하여 설명하도록 합니다.

다만, 분명한 것은 앞으로 정리할 원리들이 ①에서 보다는 ②에서 훨씬 더 핵심적입니다. 왜냐하면, 이러한 문제가 ①에서는 '부수적인 차원'의 내용이지만, ②에서는 '주된 내용'이기 때문입니다.

(나) 고유명사와 관사

먼저 당연한 사실 하나를 확인하도록 하겠습니다.

고유명사는 하나밖에 없는 것을 지칭하기 때문에, 즉 '유일한 대상'이기 때문에 '동일한 부류의 복수의 개체중의 하나'라는 의미를 갖는 부정관사 a/an과는 '일반적인 경우'라면 함께 쓰일 수가 없습니다. 이 말은 결국 고유명사는 무관사 Ø와 정관사 the중에서 하나를 선택하게 된다는 의미이기도 합니다.

> 고유명사는 '유일한 대상'이기 때문에 부정관사
> a/an과는 '일반적인 경우'라면 함께 쓰이지 않는다.

⇩ ⇩ ⇩

> 고유명사는 무관사 Ø와 정관사 the중에서 하나를
> 선택하게 된다.

이제 지금부터 본격적으로 살펴보도록 하겠습니다.

몇몇 문법책에서 고유명사에는 원칙적으로 정관사 the를 적용한다고 정리하고 있습니다. 그러나 이러한 정리는 '정확한 원리'와는 2가지 점에서 차이가 있습니다.

①먼저, 항상 고유명사에 정관사 the가 적용되는 것은 아닙니다. America처럼 정관사 the가 적용되지 않는 고유명사도 많습니다. 그리고 더 나아가 고유명사는 무관사 ∅가 원칙적인 형태입니다.

> **고유명사는 무관사 ∅가 원칙적인 형태이다.**

뒤에서 설명하겠지만, '(의미적) 구별'의 필요성이 있을 경우에 보충적으로 정관사 the를 적용하는 것입니다.

②다음으로 고유명사가 '1:1로 대응되는 특정한 개체이기 때문에' 정관사 the를 적용하는 것은 아닙니다.

> **고유명사가 '1:1로 대응되는 특정한 개체이기 때문에' 정관사 the를 적용하는 것은 아니다.**

만약 고유명사가 '1:1로 대응되는 특정한 개체'이기 때문에 정관사 the를 적용한다면, 모든 고유명사가 정관사 the를 수반해야 하겠지만, 앞에서 언급했듯이 무관사 ∅가 적용되는 고유명사도 많습니다.

따라서 모든 고유명사가 결과적으로 '1:1로 대응되는 특정한 개체'에 해당되기는 하지만, 이것이 고유명사에 정관사 the가 적용되는 직접적인 이유는 아닙니다. 다만, 고유명사에 관사를 적용할 필요가 발생할 경우에, 부정관사 a/an이 아닌 정관사 the를 선택한 것은 '1:1로 대응되는 특정한 개체'와 관련이 있는 정관사 the의 특성을 고려한 것으로 보입니다.

결론적으로, 고유명사에 정관사 the가 적용되는 직접적인 이유는 영어라는 언어 자체에 존재하는 근본적인 '특징' 때문입니다. 이에 대해서 지금부터 살펴볼 것입니다.

(다) 고유명사에 정관사 the를 적용하는 이유

영어에 부정관사 a/an이 처음 도입된 이유는 결국 '(구조적) 혼동의 가능성'이 존재하기 때문에, 이로 인한 '구별'의 문제를 해결하기 위해서입니다. 이때 '구별'은 '형식적(구조적) 구별'입니다. 그리고 이후 정관사 the가 처음 도입되어 사용되었던 이유도 결국 '혼동의 가능성'과 '구별' 때문입니다. 다만 정관사 the와 관련된 '구별'은 '의미적 구별'입니다.

아무튼, 부정관사 a/an과 정관사 the를 구분할 필요 없이, 모든 관사의 근본 원리는 '혼동의 가능성'과 '구별'입니다.

■ 모든 관사의 근본 원리

혼동의 가능성 & 구별

마찬가지로 고유명사에 정관사 the가 사용되는 이유도 결국 '혼동의 가능성'과 '구별'이 됩니다. 그리고 여기서의 '구별'은 정관사 the이기 때문에 '의미적 구별'입니다.

■ 고유명사에 정관사 the가 사용되는 이유

의미적 혼동의 가능성 & 의미적 구별

고유명사란 사물이나 사람의 '이름'입니다. 그런데 영어와 우리말은 '이름'을 만드는 방식에 있어서 차이가 있습니다. 결론적으로 ⓐ우리말은 <이름을 만드는 단어와 문장을 만드는 단어 사이에 차이가 존재>합니다. 반면에 ⓑ영어는 <이름을 만드는 단어와 문장을 만드는 단어가 동일>합니다.

> ⓐ우리말은 이름을 만드는 단어와 문장을 만드는 단어가 같지 않지만, ⓑ영어는 이름을 만드는 단어와 문장을 만드는 단어가 동일하다.

매우 중요한 내용입니다. 이렇게(영어가 이름을 만드는 단어와 문장을 만드는 단어가 동일하게) 된 원인을 2가지 관점에서 설명할 수 있습니다.

①첫째, 영어는 근본적으로 '재활용'의 언어이기 때문이다.

앞에서 정리했듯이 영어는 기본적으로 '새로운 단어(new word - 명사)'에 대한 수요가 발생할 때 마다 기존에 존재하는 단어를 '재활용'하는 방식으로 해결하는 것이 보편적인 방법으로 수용되어 있는 언어입니다. 그런데 명칭과 이름에 있어서 재활용의 방식을 운용하는 양상에는 차이가 존재합니다.

[명칭] 먼저, 일반 단어에 해당되는 명칭의 경우에는 <재활용의 방식은 보조적인 방법>입니다. 즉 원래 새로운 단어(new word - 명사)를 창조하는 방식이 기본이고(ex. mouse 쥐), 이후 많은 시간이 지나서 어느 정도 단어 pool이 형성된 후에는 재활용의 방식(ex. mouse 컴퓨터 마우스)'에 의해서 새로운 단어 수요에 대처해 나가고 있는 것입니다. 예를 들어, 처음에는 쥐에 대해서 mouse라는 단어를 새로 창조하였고, 이후 컴퓨터 마우스에 대해서 이 단어가 '재활용'되어 적용된 것입니다.

다만, '현재의 관점'으로만 보면 이미 단어 pool이 어느 정도 형성되어 있기 때문에 '재활용의 방식'이 주를 이루고 있는 것처럼 보입니다.

한편, 다음 예문에서처럼 '명칭'이 단일 단어가 아닌, **두 개 이상의 복수의 단어로 이루어진 경우에는 대부분 재활용의 방식이 적용된 것으로 보면 되겠습니다.** 이에 대한 자세한 설명은 뒤에서 하도록 하겠습니다.

> The budget for the new initiatives will come from **the lottery fund** and **the tourism promotion fund**.
> 새로운 대책을 위한 예산은 **로또복권 자금**과 **관광진흥자금**에서 충당된다.

> He revealed that the movie will not go back in time to **the dinosaur era**.
> 그는 이 영화가 **공룡 시대**로 거슬러 올라가지는 않을 것임을 밝혔습니다.

[이름] 다음으로 이름의 경우에는 원래 '처음부터' '재활용의 방식'이 주된 방법입니다. 그리고 이러한 방식은 현재까지 그대로 이어지고 있습니다. 물론 Asia, America 등과 같이 새로 창조된 단어들도 있지만, 많은 경우의 고유명사들은 기존에 존재하는 단어를 '재활용'하는 방식에 의해서 만들어지고 있습니다.

	일반단어(명칭)	고유명사(이름)
기본 방식	창조의 방식	재활용의 방식
보조 방식	재활용의 방식	창조의 방식

이상의 내용을 통해서 다음과 같이 정리할 수 있습니다.

i) **먼저**, 오로지 현재의 관점으로만 보면, 영어는 고유명사를 포함하여 모든 단어(명사)를 만드는 방식은 대부분 '재활용의 방식'을 따르고 있는 것으로 보입니다.

> 현재의 관점으로만 보면, 영어는 고유명사를 포함하여 모든 단어(명사)를 만드는 방식은 대부분 '재활용의 방식'을 따르고 있다.

참고로 반면에 우리말은 과거에도 그랬지만, 여전히 지금까지도 '창조의 방식'에 의해서 단어의 수요에 대처하고 있습니다. 즉 우리말은 새로운 대상이 등장할 때마다, 대부분 항상 '새로운 단어를 만드는 방식'으로 해결한다는 것입니다.

ii) **다음으로**, 모든 고유명사(이름)와 <두 개 이상의 복수의 단어로 이루어진 명칭>의 경우에는 원칙적으로, 그리고 대부분 '재활용의 방식'이 적용되게 됩니다. 특히 '고유명사'이든 '명칭인 추상명사'이든 간에 <두 개 이상의 단어로 이루어진 단어>인 경우에는 거의 100% '재활용의 방식'입니다.

미시적 접근

> 고유명사(이름)와 <두 개 이상의 복수의 단어로 이루어진 명칭>은 대부분 '재활용의 방식'이 적용된다.

⇩ ⇩ ⇩

> '고유명사'이든 '명칭인 추상명사'이든 간에 <두 개 이상의 복수의 단어로 이루어진 단어>인 경우에는 거의 100% '재활용의 방식'이다.

②둘째, 우리말에는 한자(漢字)가 존재하고 영어에는 한자(漢子)와 같은 것이 존재하지 않기 때문이다.

우리말 이름은 많은 경우 <한자를 사용하여> 기존에 존재하지 않는 '새로운 단어'를 상대적으로 쉽게(?) 만들게 됩니다. 새로운 단어이기 때문에 기존에 존재하는 다른 단어들과의 관계에서 혼동의 여지가 별로 존재하지 않습니다.

반면에 영어는 많은 경우, 기존에 존재하는 단어를 그대로 재활용하여 특정한 대상에 대한 이름으로 사용하게 됩니다. 따라서 동일한 단어가 복수의 의미를 갖게 되는 결과가 되어서, '혼동의 가능성'이 존재하게 됩니다.

한편, 우리말 이름이 모두 한자어로 되어있는 것은 아닙니다. 한자와 우리말이 섞여 있는, 즉 100% 한자어가 아닌 이름과, 그리고 100% 순수 우리말로만 되어있는 이름도 존재합니다. 하지만 이러한 경우에도 크게 문제가 되지 않습니다. 우리말 문장에 존재하는 '명사에 붙는 조사'가 쉽게 명사의 성격을 구별하는데 도움을 주기 때문입니다. 이러한 내용에 대해서는 특별한 설명은 하지 않겠습니다.

반복하면, 중요한 점은 <우리말은 이름을 만드는 단어와 문장을 만드는 단어가 같지 않지만, 영어는 이름을 만드는 단어와 문장을 만드는 단어가 동일하다>는 것입니다.

결국, 일반적으로 영어는 동일한 단어가 복수의 의미를 갖게 되고, 우리말은 하나의 단어에는 하나의 의미만이 존재하게 됩니다. 즉, 영어는 동일한 단어가 이름으로도 사용되고, 이름이 아닌 경우에도 사용될 수 있기 때문에, 결국 영어는 이러한 부분에서 일반적으로 '혼동의 가능성'이 존재한다고 말할 수 있습니다. 이와 달리 우리말은 일반적으로 '혼동의 가능성'이 존재하지 않습니다.

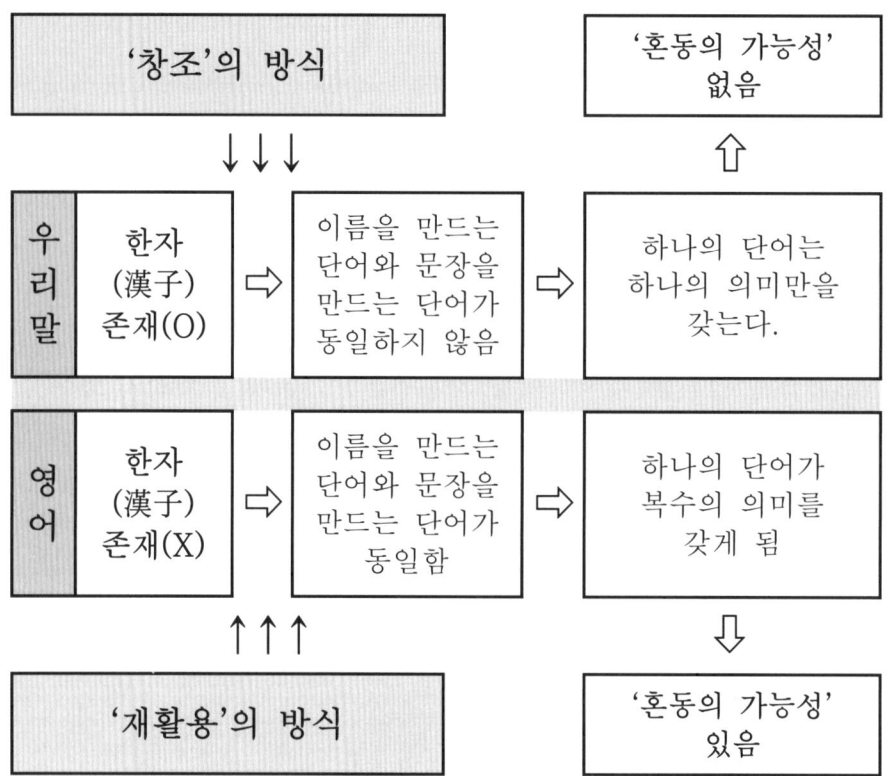

그리고 <동일한 단어가 복수의 의미를 갖게 된다는 것> 외에도, 영어는 기존에 존재하는 단어를 그대로 '재활용'하여 이름을 만들기 때문에 발생하는 혼동의 양상은 몇 가지 더 존재합니다. 이 모든 것을 포함하여 지금부터 자세히 설명하도록 하겠습니다.

(라) 영어의 고유명사(이름)

　우리말은 이름을 만드는 경우에는 대부분 기존에 존재하지 않았던 단어를 새롭게 만들어서 명명합니다. 따라서 우리말은 일반적으로 <문장에 사용하는 단어>와 <'이름'에 사용되는 단어>에는 차이가 존재하기 때문에 '혼동'의 가능성이 존재하지 않습니다. 따라서 아무런 조치(?)를 하지 않더라도 의사소통에 지장을 초래하지 않습니다. 이는 일반적으로 한자(漢字)가 존재하는 것으로부터 기인합니다. 한자어를 사용하게 되면 기존에 존재하지 않았던 '새로운 명칭'을 상대적으로 쉽게 만들어 낼 수 있습니다.

　예를 들어, 우리말에서는 철수, 영희 등과 같은 '사람의 이름'뿐만 아니라, 미국(美國), 영국(英國), 헌법(憲法), 만리장성(萬里長城), 황사(黃砂), 백악관(白堊館), 대공황(大恐慌), 미국의 남북전쟁(南北戰爭) 등과 같은 이름(고유명사)도 대부분 한자(漢字)를 사용하여 만들기 때문에, 누가 보더라도 이러한 것들이 이름일 것이라고 판단 할 수 있습니다. 그리고 이러한 단어들은 대부분 해당이름 외에 다른 의미로는 사용되지 않습니다. 따라서 우리말은 일반적으로 '이름'과 '이름이 아닌 것'을 쉽게 구별할 수 있습니다.

　이와 달리 영어는 본질적으로 단어를 '재활용'하여 사용하는 언어입니다. 고유명사(이름)도 마찬가지입니다. 미국(the United States), 영국(the United Kingdom), 헌법(the constitution), 만리장성(the Great Wall), 황사(the yellow sand), 백악관(the White House), 대공황(the Great Depression), 미국의 남북전쟁(The Civil War) 등과 같이 기존에 존재하고 있는 단어들을 그대로 재활용하거나, 또는 기존에 존재하는 복수의 단어를 조합하여 개체(대상)에 대한 이름을 만들게 됩니다. 결과적으로 영어의 이름들은 평상시 사용하는 단어들과 '외형적으로는' 동일하기 때문에, 이름과 이름이 아닌 것을 구별하는 것이 중요한 과제가 됩니다.

　'대공황(大恐慌)'과 이에 해당되는 영어 표현인 the Great Depression을 예를 들어 살펴보겠습니다.

Although times are hard for the global economy, many economists would argue that once the largest market, the U.S. economy is still suffering from the wounds inflicted during **the Great Depression.**

세계 경제가 어려운 시기이지만, 많은 경제학자들은 한때 가장 큰 시장이었던 미국이 아직도 **대공황(大恐慌)**'으로 인한 상처로 고통 받고 있다고 주장할 것이다.

> ***대공황(大恐慌 the Great Depression)**
> 대략 1929~1933년에 걸쳐 하락하고, 이후 1939년까지 회복세를 보인 대규모의 세계적인 경기불황을 지칭한다.

우리말 '대공황(大恐慌)'은 일반적으로 평상시에 사용하는 단어가 아닙니다. '공황'이라는 표현은 의사소통에서 사용하지만 '대공황'이라는 단어는 일반적으로 흔히 사용하지 않습니다. 따라서 '대공황'이라는 표현은 '일반적으로' <1930년대의 '세계적인 대공황(大恐慌)'>이라는 의미 외에 다른 의미로는 사용되지 않습니다. 즉, '대공황'은 말 그대로 '대공황'인 것입니다.

즉 일반적으로 '대공황'이라고 하면 별다른 설명을 하지 않아도 <1930년대의 '세계적인 대공황(大恐慌)'이라는 역사적 사건>을 의미한다는 것을 알고 있습니다. 따라서 '대공황'이라는 단어를 만들었다고 해서 기존에 존재하는 다른 단어와 의미에 있어서 혼동이 발생하지 않습니다.

그러나 '대공황(大恐慌)'의 영어 표현인 the Great Depression은 우리말 양상과는 차이가 있습니다. 먼저 depression은 <의기소침, 침울, 우울/ 부진, 저하, 감퇴> 등의 의미를 가지고 있는 단어입니다. 따라서 Great Depression은 '단어 그대로의 의미'대로 해석하면, '큰 의기소침', '거대한 부진' 등의 의미로서 평상시 사용할 수 있는 표현입니다.

결국, 원활한 의사소통을 위해서 '형태상으로 동일한' <ⓐ'대공황(大恐慌)'을 의미하는 Great Depression>과 <ⓑ'큰 의기소침', '거대한 부진' 등의 일반적인 의미를 갖고 있는 great depression>이 '혼동'되지 않도록 '구별'할 필요가 있습니다. 그리고 결과적으로 그러한 '구별'의 역할을 하는 장치가 '정관사 the'입니다.

원활한 의사소통을 위해서 '형태상으로 동일한' <ⓐ'대공황(大恐慌)'을 의미하는 Great Depression>과 <ⓑ'큰 의기소침', '거대한 부진' 등의 일반적인 의미를 갖고 있는 great depression>이 '혼동'되지 않도록 '구별'할 필요가 있다.

⇩ ⇩ ⇩

그러한 '구별'의 역할을 하는 장치가 '정관사 the'이다.

즉 고유명사(이름)인 대공황(大恐慌)'은 항상 정관사 the를 적용하여 the Great Depression이라고 나타냄으로서 일반적인 단어인 a great depression 과 '구별'하게 됩니다.

예문을 통해서 살펴보도록 하겠습니다. 다음 예문은 great depression에 관사를 제거한 문장들입니다. 해석해 보기 바랍니다.

A: In **great depression**, actual GDP dropped by 30%

B: Germany was in **great depression**.

C: No sooner, however, was he inside than **great depression** descended upon him. *descend - 내려가다

위 문장 A, B, C에서는 모두 great depression이라는 표현이 사용되었습니다. 당연히 각 문장에 사용된 great depression의 의미는 모두 다르지만, 그 차이를 파악하는 것이 쉽지만은 않을 것입니다. 물론 C의 경우는 '커다란 우울증'이라는 의미로서, '문맥'을 통해서 A, B와는 의미에 있어서 근본적인 차이가 있다는 것을 알 수 있을 것입니다. 반면에 A와 B의 차이를 객관적인 기준에 의해서 정확하게 파악하는 것은 어렵습니다.

다음은 위 예문의 본래 모습입니다.

A: In **the Great Depression**, actual GDP dropped by 30%
대공황 때, 실질 GDP가 30%나 감소했다.

B: Germany was in **a great depression**.
독일은 **심각한 경기침체**에 처했었다.

C: No sooner, however, was he inside than **a great depression** descended upon him.
그러나 그가 내부에 들어서자마자 **커다란 우울증**이 그를 덮쳤다.

결국, A에서처럼 대공황을 의미하는 경우에는 정관사 the를 사용하여, B, C의 great depression과 혼동될 여지를 사전에 제거한 것입니다. 특히 A와 B는 모두 단어의 의미만으로 보게 되면 '경기침체'를 의미하지만, 정관사 the의 존재 여부에 따라서 의미에 있어서 큰 차이를 가져오게 되는 것입니다. A의 the Great Depression은 '역사적 사건인 대공황'을 지칭하는 고유명사입니다. 그리고 B의 a great depression은 부정관사 a/an이 적용되었기 때문에 '단어 그대로의 의미'언 일반적인 '경기침체'로 해석하면 되겠습니다.

다음 두 문장에서도 이러한 점을 확인해 보시기 바랍니다.

The Great Depression was a very difficult time in America.
미국의 대공황은 매우 어려운 시간이었습니다.

미시적 접근

This is a time of **a great depression**.
　　지금은 심각한 경기침체의 시대입니다.

　여기서 강조하고자 하는 점은, the Great Depression을 '거대한(심각한) 경기침체'라고 '단어 그대로의 의미'대로 해석하면 안 된다는 것입니다. 즉 the Great Depression은 고유명사이기 때문에, 단어 뒤에 숨어있는 정체(1930년대의 '세계적인 대공황(大恐慌)'이라는 역사적 사건)를 파악해야 정확한 해석이 되는 것입니다.
　다음 예문의 해석을 비교해 보시기 바랍니다.

In 1931 **the country** was already in **the Great Depression**.
　①**미국은** 1931년에 이미 **대공황을 겪고 있었다.**
　②그 **나라는** 1931년에 이미 **커다란 경기침체**를 겪고 있었다.

　①과 ②는 비슷한 것 같기도 하지만, 전혀 다른 내용입니다. ①이 정확한 해석입니다.
　정관사 the의 용법과 특성을 정확하게 파악하지 못하고, 단순히 <'특정한 것'을 나타낸다>, <우리말 '그'로 해석 된다> 등의 정도에서 접근하게 되면 ②와 같이 해석할 수도 있을 것입니다. 만약 정관사 the가 나타내는 정보를 제대로 파악하지 못하고, 위 문장을 ②와 같이 해석한다면, 이는 정확한 의미인 ①과는 본질적으로 전혀 다른 의미가 된다는 것을 쉽게 알 수 있을 것입니다.

　예문을 하나 더 보겠습니다. 아래 예문에서 올바른 해석이 무엇인지 판단해 보시기 바랍니다.

Every spring, **the yellow sand** blows to Korea from the dry deserts of China and Mongolia.

A: 봄에, (그) **노란 모래**는 중국과 몽고의 건조한 사막에서 한국으로 붑니다.

B: 봄에, **그 황사**는 중국과 몽고의 건조한 사막에서 한국으로 붑니다.

C: 봄에, **황사**는 중국과 몽고의 건조한 사막에서 한국으로 붑니다.

정답은 C가 됩니다. 먼저, 이름(명칭)인 황사(the yellow sand)에 대해서 A처럼 '(그) 노란 모래'라고 해석하는 것은 문장의 내용을 정확하게 파악하지 못하는 결과로 이어지게 됩니다.

다음으로 B처럼 이름(고유명사)에 사용된 정관사 the를 '그'라고 해석하는 것도 일반적이라면 적절하지 않습니다. 이름(고유명사)에 사용된 정관사 the는, 이름이라는 것을 나타내는 '형식적인 표지'로서의 성격을 갖기 때문에 지시사적 용법의 정관사 the처럼 '그'라고 해석하는 것은 적절하지 않습니다.

> 이름(고유명사)에 사용된 정관사 the는, 이름이라는 것을 나타내는 '형식적인 표지'로서의 성격을 갖는다.

■ 고유명사의 유형 I

영어는 우리말처럼 한자(漢字)어와 같은 것이 없기 때문에 '이름을 만드는 단어'와 '일반적으로 사용하는 단어'가 동일합니다. 즉 이름(고유명사)을 만들 때, 기존에 존재하는 일반 단어들을 그대로 가져와서 '재활용'하는 것입니다.

미시적 접근

이에는 다음과 같이 2가지 유형이 존재합니다.

> ①첫째, 고유명사(이름)가 '하나의 단어'로 되어 있는 경우
> ②둘째, 고유명사(이름)가 '복수의 단어'로 되어 있는 경우

이처럼 두 가지 경우로 분리하는 이유는, ①과 ②에서 고유명사에 대한 '관사적용의 원리'가 동일하지 않기 때문입니다.

> '하나의 단어로 되어 있을 경우(①)'와 '복수의 단어로 되어 있을 경우(②)'에 있어서 고유명사에 대한 관사 적용의 원리가 동일하지 않다.

이에 대해서 차례로 설명해 보도록 하겠습니다.

①고유명사(이름)가 하나의(단일) 단어로 되어 있는 경우

A: He has **a constitution** that defies any climate.
　　그는 어떠한 기후에도 까딱하지 않는 체질의 소유자다.

B: **The constitution** is prior to all other laws.
　　헌법은 다른 모든 법률에 우선한다.

위 예문을 보면, A문장과 B문장 모두 constitution이라는 동일한 단어가 사용되었지만, 의미와 적용된 관사에 있어서 차이가 존재함을 알 수 있습니다.

constitution은 constitute(구성하다)라는 동사의 명사형으로서 본래 단어의 '원 의미'는 '구성, 구조, 체질' 등입니다.

그런데 헌법(憲法)을 처음 만들면서 기존에 존재하던 constitution을 '재활용'하여 '그대로' 명명한 것입니다. 그 결과 동일한 단어인 constitution은 다음과 같이 복수의 의미(ⓐ, ⓑ)를 갖게 되었습니다.

■ constitution

ⓐ 구성, 구조; 체질 등 → 일반적인 단어의 의미

ⓑ 헌법(憲法) → 1:1로 대응되는 대상에 대한 명칭
　　　　　　　　　(고유명사)

먼저, ⓐ안에서도 <구성, 구조>와 <체질>은 다른 내용의 의미이지만, ⓑ처럼 고유명사(이름)가 아니라는 점에서 한꺼번에 묶어 정리하였습니다. ⓐ와 ⓑ의 차이는, ⓐ는 '일반적인 단어'인 명칭이고(이름이 아니고) ⓑ는 이름이라는 점에 있습니다.

결국, ⓐ와 ⓑ를 '구별'해야 하는 문제가 발생합니다. 즉 constitution을 문장에서 접했을 때, 청자 및 독자는 이것이 ⓐ에 해당되는지 또는 ⓑ에 해당되는지에 대한 판단을 내리는데 있어서 어려움을 겪게 된다는 것입니다.

결론적으로 영어는 이러한 문제를 이미 존재하고 있는 정관사 the를 '재활용'하여 해결하기로 하였습니다.

미시적 접근

즉 '헌법'을 의미하는 경우(ⓑ)에는 정관사 the를 적용하여 '항상' the constitution으로 나타냄으로서 ①<원래 단어의 의미와는 다르다>는 것을 표시함으로서, 더 나아가 ②<'이름(고유명사)'이라는 것>을 표시함으로서 '구별의 문제'에 대처하기로 한 것입니다.

결국, 고유명사에 정관사 the를 사용하는 근본적인 이유는 '(의미적) 구별'을 하기 위함입니다.

지금까지의 내용을 정리하면 다음과 같습니다.

> ■ 동일한 단어에 '고유명사의 의미를 포함하여' 복수의 의미가 존재하는 경우에, 단어의 의미를 파악하는데 있어서 '혼동의 가능성'이 존재하게 된다. 이에 대해서 영어는 고유명사(이름)에는 정관사 the를 적용함으로서 '혼동'의 문제를 해결하게 된다.
>
> ⇨ 고유명사에 정관사 the를 사용하는 근본적인 이유는 '(의미적) 구별'을 하기 위함이다.

'일반적으로' 정관사 the는 부정관사 a/an과는 구별되는 '특정한 대상'을 나타내게 됩니다. 이렇게 본다면, 정관사 the가 적용됨으로서 해당 명사는 불특정성이 사라지고, 지칭하는 대상이 '특정한 대상'으로 한정되게 됩니다.

결론적으로 명사에 적용되는 정관사 the는 '일반적으로' '의미적 혼동'을 피하기 위한 '구별'의 목적을 가지고 있습니다. 즉, 정관사 the는 <'다양하게 해석될 가능성'을 차단하는 역할>을 합니다. 이는 고유명사에 적용된 정관사 the도 마찬가지입니다.

> 고유명사에 적용된 정관사 the는 <'다양하게 해석될 가능성'을 차단하는 역할>을 한다.

이와 마찬가지로 고유명사에 적용된 정관사 the에 담겨 있는 핵심적인 원리도 '구별'입니다. 즉, <혼동의 내용이 구체적으로 무엇이든지 간에>, 정관사 the는 고유명사에 존재하는 다양한 측면에서의 '혼동의 가능성'을 제거하는 역할을 하는 것입니다.

여기서 <혼동의 내용이 구체적으로 무엇이든지 간에>라는 표현을 기억해 주시기 바랍니다. 원래 정관사 the는 '의미적 구별'을 목적으로 하는 경우에 사용됩니다. 그런데 고유명사는 '유일한 대상'이기 때문에 부정관사 a/an은 본질적으로 사용할 수 없습니다. 따라서 어쩔 수 없이(?) 고유명사 부분에서 발생하는 모든 '구별'의 문제에 대해서는, <의미적 문제이든 간에 또는 구조적 문제이든 간에> '모두' 정관사 the가 개입할 수밖에 없다는 것입니다.

■ 고유명사는 '유일한 대상'이기 때문에 부정관사 a/an을 본질적으로 사용할 수 없다.

⇨ 어쩔 수 없이(?) 고유명사 부분에서 발생하는 모든 '구별'의 문제(의미적 or 구조적)에 대해서는 '모두' 정관사 the가 개입할 수밖에 없다

결국 앞에서도 언급했듯이, 고유명사에 적용 가능한 관사형태는 무관사 ∅와 정관사 the의 두 가지뿐입니다.

미시적 접근

> ■ 고유명사에 적용 가능한 관사형태는 무관사 ∅와
>   정관사 the의 두 가지뿐이다.
>
> ⇨   무관사 ∅   VS   정관사 the

이중에서 고유명사에 '혼동의 가능성'이 존재하는 경우에는 정관사 the를 적용하고, 반면에 '혼동의 가능성'이 존재하자 않는 경우에는 무관사 ∅를 적용하는 것입니다.

■ 고유명사의 관사적용

혼동의 가능성	관사
존재	정관사 the
부존재	무관사 ∅

한편, [정관사 the + 명사] 형태의 고유명사(이름)가 우리에게 주는 메시지는 다음과 같이 3가지로 정리할 수 있습니다. 즉 이는 고유명사에 적용된 정관사 the가 나타내는 의미라고도 할 수 있습니다.

① the constitution(헌법)이 우리에게 전해주는 제 1의 메시지는 '단어의 원 의미(구성, 구조, 체질' 등)가 아니라, 이와는 다른 **'별개의 의미'**라는 것이다.

② 우리가 이미 알고 있는 어떠한 단어에 정관사 the가 적용되었다는 것(the constitution - 헌법)은, 이는 **고유명사로서 '이름'**이라는 정보를 전해준다.

③ 고유명사 the constitution(헌법)은 단어의 본래 의미(구성, 구조, 체질' 등)와는 다른 1:1로 대응되는 숨어있는 정체가 존재한다는 것을 나타낸다. 따라서 정확한 의미를 파악하기 위해서는 **'숨어있는 정체(헌법)'**를 파악하는 것은 필수적이다.

이를 표로 간략하게 정리해 보겠습니다.

■ the constitution(헌법)
▪ 정관사 the를 적용하는 핵심 원리 : '혼동'과 '구별'
①제 1의 정보 : 단어의 '원 의미'와는 다른 의미이다.
⇨　　②고유명사로서 '이름'이다.
⇨　　③(본래 단어의 의미와는 다른) 1:1로 대응되는 숨어있는 정체가 존재한다.

참고로, ⓐ(구성, 구조; 체질 등)안에서 존재하는 〈구성, 구조〉와 〈체질〉이라는 의미 차이에 대해서는, 청자와 독자는 '문맥'을 통해서 구별하여 파악하게 됩니다.

미시적 접근

It isn't easy to study the genetic **constitution** of cells.
　　세포의 유전자 **조직**을 연구하는 것은 어렵다.
The suggestion by doctor suited his **constitution**.
　　의사의 제안은 그의 **체질**에 맞았다.

　지금까지 정리한 내용을 예를 들어 설명해 보겠습니다. 만약 여러분이 cafe를 개업한다고 가정해 보시기 바랍니다. 그리고 cafe의 상호(명칭)를 'star'로 정했을 경우, 이를 어떻게 나타내야 하는 것일까요?
　먼저 여기서 star는 '원래 단어의 의미'인 '별(보통명사)'이 아닙니다. '진짜 별'이 아니라 '가짜 별'입니다. 정확하게 말하면, '별의 가면을 쓴 cafe'입니다. 즉 star는 '특정 cafe의 이름(명칭)'으로서 고유명사입니다. 만약 다음과 같은 문장을 영작하려고 한다면 어떠한 표현이 적절할 것인지 생각해 보시기 바랍니다.

- 군중들이 'star' cafe로 밀어닥치고 있다.

A: The crowds storm their way into **a star**.
B: The crowds storm their way into **the star**.

　A문장의 a star는 '진짜 별'을 의미합니다. 앞에서 [부정관사 a/an + 명사]는 '단어 그대로의 의미대로' 해석하면 된다고 했습니다. A문장은 <군중들이 '어떤 별'로 몰려들고 있다>정도로 해석됩니다.

　결국, B문장이 정답입니다. 정관사 the는 '의미의 구별'을 목적으로 도입되었고, 이에 따라 star를 '진짜 별'이 아닌 '가짜 별'로의 '의미 변화'를 유발할 수 있는 장치는 정관사 the입니다. 즉 '별'을 의미하는 star에 정관사 the를 적용하게 되면, '진짜 별'이 아닌 '다른 의미'를 나타낼 수 있게 됩니다.

결론적으로 앞에서 말했듯이 여기서 star는 '진짜 별'이 아니라 'cafe의 상호명(이름)'입니다. 따라서 '진짜 별'인 a star와의 구별을 위해서 정관사 the를 적용하여 the star라고 해야 합니다.

이는 결국, cafe의 상호(이름)인 the star에 적용된 정관사 the는 star라는 '단어 그대로의 의미'로 보지 말고, '이름'으로 취급을 해달라는 메시지인 것입니다.

> 고유명사에 적용된 정관사 the는 '단어 그대로의 의미'로 보지 말고, '이름'으로 취급을 해달라는 메시지이다.

한편, 고유명사에 적용되는 정관사 the도 지금까지 정리하였던 정관사 the에 대한 '일반적인 정리'에서 크게 벗어나지 않습니다. 다음 예문을 보시기 바랍니다.

Enormous interest is currently showering **the star**.
현재 **그 스타**에게 엄청난 관심이 쏟아지고 있다.

위 문장을 정확히 해석하기 위해서는 the star를 '단어 그대로의 의미'에 의해서만 파악해서는 안 됩니다. 정확하게 무엇을 의미하는지, '숨어있는 정체'를 파악해야 합니다. 물론 위 문장에서 the star는 '단어 그대로의 의미'에 부합하는 '특정 별'을 의미할 수도 있습니다. 반대로, 숨어있는 정체에 해당되는 '특정 유명인'을 의미할 수도 있습니다. 전자라면 정관사 the는 지시사적 용법에 해당되고, 후자라면 대명사적 용법으로 분류될 것입니다.

미시적 접근

　어느 경우가 되었든 간에, 앞에서 여러 차례 정리했듯이 정관사 the가 적용된 명사에 있어서 중요한 점은 '단어 그대로의 의미'가 아닌, 뒤에 숨어있는 '진짜 정체'를 파악하는 일입니다. 여기서 '진짜 정체'란 '정확한 정체'를 의미하는 것입니다. 따라서 고유명사에 적용되는 정관사 the도, 모든 [the + 명사]의 형태와 마찬가지로 단어 그대로의 의미가 아닌, <1:1로 대응되는 '정확한 정체'>를 파악하는 것이 가장 핵심적인 사항이 됩니다.

　지금까지의 정리는 논리적으로 설명하게 되면 그렇다는 것이고, 한마디로 말하면, 고유명사(이름)로 사용된 단어가, 원래 다른 의미를 가지고 있다면 정관사 the를 적용해야 합니다. 즉, 기존에 이미 존재하고 있는 단어를 고유명사(이름)로 '재활용'한 경우에는 정관사 the를 적용해야 하는 것입니다. 이때 [정관사 the + 명사]는 최우선적으로 '원래의 단어 그대로의 의미'가 아닌 '다른 의미', 즉 고유명사(이름)라는 정보를 외부에 전해주게 됩니다.

■ 고유명사로 사용된 단어가 원래 '다른 의미'를 가지고 있다면 정관사 the를 적용해야 한다.

⇨　기존에 이미 존재하고 있는 단어를 고유명사로 재활용한 경우에는 정관사 the를 적용해야 한다.

⇨　고유명사에 적용된 정관사 the는 다른 의미의 단어를 '재활용'한 것이라는 표지이다.

⇩ ⇩ ⇩

이때 정관사 the는 '원래의 단어 그대로의 의미'가 아니라, '고유명사(이름)'라는 정보를 외부에 알려주는 역할을 한다.

이제영어의의문이풀렸다9(관사편6)

지금 설명이 조금 이해가 가지 않을 수도 있을 것입니다. 그렇다면, 이해를 돕기 위해서 이번에는 반대의 경우를 제시하겠습니다.

위 정리가 옳다면, 논리적으로 <고유명사(이름)로 사용된 단어가, 원래 다른 의미를 가지고 있지 않다면 정관사 the를 적용하지 않는다>는 결론이 도출될 수 있습니다. 이는 정확한 내용입니다. 즉 어떤 단어가 오로지 고유명사(이름)로만 사용된다면, 무관사 ∅가 적용되게 됩니다.

> ■ 고유명사로 사용된 단어가, 원래 다른 의미를 가지고 있지 않다면, 정관사 the를 적용하지 않는다.
>
> ⇨ 어떤 단어가 오로지 고유명사(이름)로만 사용된다면, 무관사 ∅가 적용된다.

왜냐하면 이러한 경우는 '구별'의 필요성이 존재하지 않기 때문에, 당연히 '의미적 구별'을 위한 정관사 the가 필요하지 않게 되기 때문입니다.

결론적으로 고유명사라고 해서 항상 정관사 the가 적용되는 것이 아니라, 단어에 따라서 적용될 수도 있고, 그렇지 않을 수도 있는 것입니다.

예를 들어 보겠습니다.

I visit a family in **Africa**.
나는 아프리카에서 한 가족을 방문했다.

위 예문에서 Africa는 고유명사이지만, 정관사 the가 적용되지 않았습니다. 잠시 Africa라는 단어가 다른 의미로 사용되고 있는지 잘 생각해 보시기 바랍니다.

미시적 접근

  결론적으로, Africa는 오로지 대륙의 명칭으로서의 '하나의 의미'만을 가지고 있습니다. 따라서 혼동의 가능성이 존재하지 않기 때문에 위 문장에서 Africa는 무관사 ∅가 적용된 것입니다.

  그런데 만약 어떤 사람이 Africa를 cafe의 이름 등과 같은 상호명(이름)으로 '재활용'하여 사용하려고 한다면, 이 경우에 Africa는 이미 대륙의 명칭으로 사용되고 있기 때문에, 정관사 the를 사용하여 the Africa라고 해야 합니다. 이때, the Africa는 원래 의미인 '대륙의 명칭'이 아니라 다른 대상에 대한 고유명사(이름)라는 것을 말해주는 것입니다.
  결국, 어떠한 경우가 되었든 간에, 기존에 이미 존재하고 있던 단어를 '재활용'하여 이름(고유명사)으로 사용하고자 한다면, '구별'을 위해서 정관사 the를 사용해야 하는 것입니다.

  좀 더 살펴보도록 하겠습니다.
  어떤 가수가 콘서트를 하면서 콘서트의 제목을 show로 정했다면, 포스터에는 the show로 나타내야 합니다. 그렇다면 사람들은 이를 보고 고유명사(이름)로 받아들여서, <'의미'가 아닌 '제목'>의 측면에서 받아들일 것입니다. 동일한 이유로 김치, 만두, # 등의 단어를 제품명 등으로 '재활용'하여 사용하려고 한다면, 그대로는 안 되고 가공을 해야 하는 것입니다. 즉 정관사 the를 첨가하여 '원래의 의미'가 아니라, 고유명사라는 표시를 하여야 합니다.

단어(명칭)		고유명사(이름)
김치	⇨	the 김치
만두	⇨	the 만두
#	⇨	the #

이 경우 <김치 VS the 김치>, <만두 VS the 만두>, 그리고 <# VS the #>은 전혀 다른 의미의 단어인 것입니다. 예를 들어 <만두 VS the 만두>의 경우에, '만두'는 우리가 흔히 먹는 음식의 하나입니다. 반면에 'the 만두'는 '특정한 대상'을 가리키는 고유명사(이름)입니다.

지금까지의 내용을 다음 예문을 통해서 재확인해 보시기 바랍니다.

As it is close to ①the equator, ②Indonesia has a tropical climate.
①적도에 가깝기 때문에 ②인도네시아는 열대성 기후를 가지고 있습니다.

위 예문에서 ①the equator와 ②Indonesia는 모두 고유명사입니다. 하지만 ①에는 정관사 the를 적용하였고, ②는 무관사 ∅가 적용되었습니다. 그 이유는 앞에서 설명한 그대로입니다. 먼저, equator는 '같게 하다'라는 의미의 equate라는 동사의 명사형으로서, '같게 하는 것'이라는 '단어 본래의 의미'가 존재합니다. 이러한 이유로 '적도(赤道)'를 의미하는 고유명사로 '재활용'되어 사용되기 위해서는 정관사 the가 수반되어야 하는 것입니다. Indonesia는 반대의 경우로서, 특별한 설명을 하지 않아도 이해할 수 있을 것입니다.

이번에는 다음에 제시되는 고유명사들에 대해서 정관사 the의 적용 여부를 판단해 보시기 바랍니다.

■ 고유명사 - 정관사 the 적용 여부 판단

①Seoul	?	②Hague(헤이그)	?
③Chusok(추석)	?	④Tower(런던탑)	?
⑤Bible(성경)	?	⑥Europe	?

미시적 접근

먼저 ①Seoul, ③Chusok(추석), ⑥Europe은 무관사 Ø가 적용됩니다. 이유는 당연히, 다른 의미로는 사용되지 않는 고유의 단어이기 때문입니다. '혼동의 가능성'이 존재하지 않기 때문에, '구별'을 위해서 별도의 장치(정관사 the)가 필요하지 않습니다.

Are you going to be able to go home for **Chusok**?
추석 때 집에 갈 수 있니?

- **Hague VS the Hague**

다음으로 ②Hague를 보도록 하겠습니다. Hague는 네덜란드의 수도입니다. 앞에서 도시의 이름인 Seoul은 무관사 Ø가 적용되었습니다. 하지만 Seoul처럼 도시의 이름인 Hague는 다음 예문처럼 항상 정관사 the를 적용하여 the Hague로 사용됩니다.

Then he traveled to **the Hague** a few weeks later.
그리고 그는 몇 주 후 헤이그로 여행을 떠났다.

지금까지 이에 대해서 설명하기가 쉽지 않았습니다. 암기로 해결해야만 했습니다. 하지만 이제 그 이유를 분명하게 추론할 수 있을 것입니다. 생각해 보시기 바랍니다.

그 이유는 Hague에 '도시의 이름' 외에 원래 '다른 의미'가 이미 이전부터 존재하고 있을 것이라고 추측해 볼 수 있겠습니다. 실제로 Hague는 원래 '사람의 이름'입니다. 사람의 이름인 Hague를 도시의 명칭으로 '재활용'한 것입니다. 결론적으로 원래 의미로서 '사람의 이름인 Hague와의 '구별'을 위해서 도시의 명칭인 Hague에 정관사 the를 첨가하는 것입니다.

이처럼 일반적으로 역사적으로 고찰해야 설명될 수 있는 '인명이나 지명 등'의 고유명사들은, 관사적용에 대해서 정확히 이해하기 위해서는 배경지식을 알아야 하기 때문에, 우리와 같이 영어를 외국어로 학습하는 입장에서 보면 결코 쉽지만은 않습니다.

- **Sudan, Cameroon**

예를 하나 더 들어보겠습니다. 나라이름인 Sudan과 Cameroon은 예전에는 정관사 the와 [the -s]가 적용되어 the Sudan, the Cameroons로 나타내었습니다. 그런데 현재에는 무관사 ∅인 Sudan, Cameroon으로 나타냅니다. 결론적으로 이는 이 두 나라의 지위가 식민지에서 독립국으로 변화함에 따라서 유발된 관사의 변화입니다.

식민지였던 과거에는 정관사 the가 적용되어 the Sudan, the Cameroons로 나타내었습니다.
Sudan의 경우, 영국과 프랑스의 식민지였기 때문에, the Sudan은 영국의 Sudan, 또는 프랑스의 Sudan의 의미인 것입니다. 결국, the Sudan의 정관사 the는 '1~99% 특정성'에 해당됩니다.
그리고 the Cameroons의 [the -s]는 특정 국가의 식민지라는 특정성에 추가로 the United States처럼 '복수의 지역(정치체제, 국가 등)이 합쳐진 것'을 의미하는 것으로 보입니다.
이후 이 두 나라는 독립하게 되었고, 현재는 정관사 the와 -s를 적용하지 않고 무관사 ∅인 Sudan, Cameroon으로 표기합니다.

한편, Sudan, Cameroon과는 달리 고유명사에 대한 관사적용의 이유가 불분명하거나, 전혀 알 수 없는 경우가 여전히 존재합니다. 학습자들 입장에서는 이러한 점이 영어를 어렵게 만드는 요인 중의 하나일 것입니다. 그러나 분명한 것은, 반복하면 고유명사에 정관사 the가 적용되었다는 것은, '기본적으로' '다른 의미의 단어'를 '재활용'하였다는 표지인 것입니다.

미시적 접근

> 고유명사에 정관사 the가 적용되었다는 것은, '기본적으로' '다른 의미의 단어'를 '재활용'하였다는 표지이다.

<④Tower(런던탑)와 ⑤Bible(성경)>도 마찬가지입니다. '일반적인 탑'을 의미하는 tower와 '권위 있는 서적'을 의미하는 bible을 각각 '런던탑(the Tower of London)'과 '성경'으로 '재활용'한 고유명사이기 때문에 '구별'을 위하여 정관사 the를 적용해야 합니다. 따라서 '런던탑'과 '성경'의 영어 표현은 각각 the Tower와 the Bible이 됩니다.

Have you done **the Tower** (of London) yet?
런던탑 구경을 벌써 끝마쳤습니까?

All kinds of angels are found in **the Bible**.
성경에는 많은 종류의 천사들이 등장한다.

한편, 고유명사에도 지금까지의 정리가 적용되지 않는 부분이 있습니다. 고유명사인 '사람의 이름'에는 기존에 존재하는 단어의 '재활용' 여부와 상관없이, '항상' 무관사 ∅가 적용됩니다.

> 고유명사인 '사람의 이름'에는 기존에 존재하는 단어의 '재활용' 여부와 상관없이, '항상' 무관사 ∅가 적용된다.

A: **Drinkwater** is a soccer player.
Drinkwater는 축구선수이다.

B: **Chance** Makes chance.
Chance는 기회를 만들었다.

위 예문에서 Drinkwater와 Chance는 모두 '인명(人名 사람의 이름)'입니다. 그리고 모두 알 수 있듯이 각각 '물을 마시다'와 '기회'라는 '다른 의미'를 가지고 있습니다. 이처럼 인명(人名)은 재활용되었더라도 무관사 ∅입니다.

마지막으로, 지금까지의 내용을 정리하도록 하겠습니다.

■ **고유명사(이름)가 하나의(단일) 단어로 되어 있는 경우**

- 원칙적으로 무관사 ∅이고, '혼동의 가능성'이 존재하는 경우에 정관사 the를 적용한다.

ⓐ'기존에 이미 존재하고 있는 단어'를 고유명사로 '재활용'한 경우에는 정관사 the를 적용해야 한다.

ⓑ고유명사로 사용된 단어가, '원래 다른 의미'를 가지고 있지 않다면, 정관사 the를 적용하지 않는다.
⇨ 무관사 ∅

---

②고유명사(이름, 명칭)가 복수의 단어로 되어 있는 경우

일단 이에 대해서, 이해를 돕기 위해서 ⓐ모든 상황을 포함하는 일반적인 경우와 ⓑ고유명사인 경우로 나누어서 정리하도록 하겠습니다.

ⓐ 일반적인 경우 – 고유명사를 포함하는 모든 상황

영어는 <이름을 만드는 단어>와 <일반적으로 의사소통을 위하여 문장에서 사용하는 단어>가 동일합니다. 그리고 영어는 품사가 고정되어 있지 않습니다. 또한 우리말처럼 조사가 존재하지도 않습니다.

따라서 <고유명사를 포함하여 모든 상황>에서, 즉 '일반적인 경우'에 <하나의 명사가 복수의 단어로 이루어졌을 경우>에는, 영어라는 언어의 특성상 심지어 '주어+동사'구조의 문장으로 혼동될 여지까지 있습니다. 이러한 혼동을 방지하기 위해서, 일반적으로' 대부분 '명사의 표지'로서 부정관사 a/an과 정관사 the와 같은 관사가 적용됩니다. 이때 사용된 부정관사 a/an과 정관사 the와 같은 관사는 다음과 같은 정보를 나타내고 있습니다.

> i) '문장'이 아니라 '단어(명사)'이다.
> ii) '복수의 단어'가 아니라 '전체가 하나의 단어'이다.

결국 <하나의 단어로 되어있는 단일 명사의 경우>에는 무관사 ∅가 적용되는 경우도 많지만, 하나의 명사가 <복수의 단어로 이루어진 합성어나 복합어 형태의 명사>는 '의미'를 따지기에 앞서, 일단 **'구조적, 형식적 이유'** 때문에 무관사 ∅가 적용되는 빈도가 상대적으로 매우 낮습니다. 즉 '대부분' 부정관사 a/an과 정관사 the 중에서 어느 하나를 적용하게 됩니다.

> <복수의 단어로 이루어진 합성(복합) 명사>는 '의미'를 따지기에 앞서, 일단 구조적, 형식적 이유 때문에 무관사 ∅가 적용되는 빈도가 상대적으로 매우 낮다.

⇩ ⇩ ⇩

> '대부분' 부정관사 a/an과 정관사 the 중에서
> 어느 하나를 적용한다.

다음 문장은 관사를 모두 제거한 문장입니다. 해석해 보시기 바랍니다.

A: Cyber baby boom began on television comedy show last year.

다음은 원래 문장입니다.

B: **The cyber baby boom** began on **a television comedy show** last year.
   'the cyber baby boom'은 지난 해 TV 코미디 쇼에서 시작되었다.

먼저 the cyber baby boom과 a television comedy show는 <하나의 명사가 복수의 단어로 이루어진 합성어나 복합어 형태의 명사>입니다. 이처럼 복수의 단어로 이루어진 단어의 경우, 영어의 특성상 일부 단어를 동사로 파악할 가능성이 존재하게 됩니다. 몇몇 독자들께서는 A문장에서 boom과 show 중 어느 하나라도 동사로 혼동하였을 수도 있을 것입니다. 물론 A문장을 정확하게 해석하신 분도 있겠지만, 중요한 점은 관사가 사용된 B문장이 A문장보다 훨씬 더 구조적, 형식적으로 혼동 가능성이 낮다는 점입니다.

이러한 차원에서 <하나의 명사가 복수의 단어로 이루어진 합성어나 복합어 형태의 명사>의 경우에는 '단일 단어'에 비해서 무관사 ∅가 적용되는 빈도가 상대적으로 매우 낮습니다. 즉 '구조적 구별'을 위해서 일반적으로 관사를 대부분 적용한다는 것입니다.

예문 하나를 더 보겠습니다. 다음 문장은 원래 문장에서 모든 관사를 제거한 것입니다. 해석해 보시기 바랍니다.

C: Meeting is expected to adopt Seoul initiative on green growth, ministerial declaration and detailed regional implementation plan for region.
*implement - 시행하다

다음 문장은 C문장에서 '단일 단어'에 적용된 관사만을 복원한 것입니다. 살펴보시기 바랍니다.

D: **The** meeting is expected to adopt Seoul initiative on green growth, ministerial declaration and detailed regional implementation plan for **the** region.

다음은 원래 문장입니다.

E: **The** meeting is expected to adopt **a** Seoul initiative on green growth, **a** ministerial declaration and **a** detailed regional implementation plan for **the** region.
이번 회의는 각료선언으로 이 지역에서의 구체적인 실시계획인 녹색성장에 대한 서울 이니셔티브를 채택할 것으로 보인다.

[C → D → E]의 과정을 통해서, 관사에 의해서 명사를 분명하게 드러냄으로서 형식적, 구조적인 측면에서 훨씬 문장이 명확해 졌음을 알 수 있을 것입니다. 특히 하나의 명사가 <복수의 단어로 이루어진 합성어나 복합어 형태의 명사>의 경우에는 의미와는 별개로 오로지 형식적, 구조적 측면에서 보았을 때도, 모두들 관사의 필요성을 공감했을 것으로 추측해 봅니다.

참고로, growth에서 '-th'부분에도 관사와 마찬가지로 진하게 표시했습니다. 이는 '-th'와 같은 명사형 어미도 관사처럼 100% 명사임을 알려 주는 표시이기 때문입니다.
왜냐하면, 앞에서 몇 차례 언급했던 것처럼 '명사형 어미의 단어'는 다른 품사로의 전성이 절대로 이루어지지 않아서 항상 명사로만 사용되고, 결국 <'-th'와 같은 명사형 어미>는 명사라는 것을 분명하게 전달해 주기 때문입니다.

다음은 최종적으로 하나의 명사가 <복수의 단어로 이루어진 합성어나 복합어 형태의 명사>만을 집중적으로 정리한 것입니다.

> F: The meeting is expected to adopt ⓐa Seoul initiative on ⓑgreen growth, ⓒa ministerial declaration and ⓓa detailed regional implementation plan for the region.
> 이번 회의는 ⓒ각료선언으로 이 지역에서의 ⓓ구체적인 실시 계획인 ⓑ녹색성장에 대한 ⓐ서울 이니셔티브를 채택할 것으로 보인다.

지금까지 정리를 통해서, 무엇보다도 <하나의 명사가 복수의 단어로 이루어진 합성어나 복합어 형태의 명사>의 경우, 특히 추상명사, 즉 <하나의 명사가 복수의 단어로 이루어진 합성어나 복합어 형태의 추상명사>의 경우에는 부정관사 a/an, 정관사 the, 무관사 Ø 등의 관사 형태 중에서 어떠한 관사를 적용해야 하는가에 대한 판단이 '단일 단어'에 비해서 상대적으로 쉽지 않음을 느낄 수 있을 것입니다.

미시적 접근

한편, 위 문장에서 ⓑgreen growth는 무관사 ∅가 적용되었습니다. 이처럼 '복수의 단어로 이루어진 명사'에 항상 관사가 적용되는 것이 아니라 무관사 ∅가 적용되기도 합니다.

이는 다음과 같이 3가지 경우로 정리됩니다.

- '복수의 단어로 이루어진 명사'에 무관사 ∅가 적용되는 경우

> ①wind energy(풍력 에너지), child development(아동 발달) 등과 같은 [명사 + 불가산명사]와 ②solar energy(태양 에너지), historical background(역사적 배경), natural beauty(자연미) 등과 같은 [명사형 형용사 + 불가산명사], 그리고 ③French food, Korean history 등과 같은 [고유형형용사 + 불가산명사]형태 등에서는 하나의 명사가 복수의 단어로 이루어졌다 하더라도 '많은 경우' 무관사 ∅가 적용된다.
> 위 3가지 유형(①, ②, ③)은 모두 공통적으로 마지막 단어가 '불가산명사'입니다.

①[명사 + 불가산명사]

Wind energy has one distinctive weakness.
풍력 에너지는 한 가지 뚜렷한 약점이 있다.

Experts commonly agree that **child development** is generally related to both nature and nurture.
  전문가들은 일반적으로, 아동 발달이 보통 천성과 교육 모두에 관련이 되어 있음을 인정한다.

It is **brain power** that can guarantee our economic success in the midst of the fierce competition of the current free world market.
  현재의 세계 자유 시장의 격심한 경쟁의 와중에 경제적 성장을 보장할 수 있는 것은 바로 지적 능력이다.

②[명사형 형용사 + 불가산명사]

I prefer **solar energy** to other forms.
  다른 형태보다 태양열 에너지를 더 좋아합니다.
    ▪ sun(명사) → solar(명사형 형용사)

Buyea is rich in **historical background** and **natural beauty**.
  부여는 역사적 배경과 자연미가 풍부하다.
    ▪ history → historical, ▪ nature → natural

③[고유형용사 + 불가산명사]

I don't care for **French food**.
  난 프랑스 음식은 좋아하지 않아요.

It marks an epoch in **Korean history**.
  그것은 한국 역사에 획기적인 일이다

미시적 접근

결국, <복수의 단어로 이루어진 명사>라 하더라도, '**마지막 단어가 불가산 명사인 경우**'에는 즉 <복수의 단어로 이루어진 명사>가 불가산명사(물질명사, 추상명사, 집합명사)인 경우에는 무관사 ∅가 적용되는 경우가 존재하기 때문에 주의가 필요함을 알 수 있습니다.

이에 대해서는 잠시 뒤에 다시 나오게 됩니다.

ⓑ 고유명사인 경우

다시 본론(고유명사)으로 돌아오겠습니다.

복수의 단어로 이루어진 명사에 대해서, 일반적으로 대부분 '명사의 표지'로서의 역할을 하는 부정관사 a/an과 정관사 the와 같은 관사가 적용되는 경향은 고유명사에서도 확인할 수 있습니다. 물론 고유명사는 부정관사 a/an은 적용되지 않습니다. 따라서 고유명사에는 정관사 the만이 이러한 역할을 하게 됩니다.

이에 대해서 두 가지 이유로 정리할 수 있습니다.

①첫째, 먼저 (고유명사를 포함하는 모든 상황에 대한) 일반적인 경우에 해당되는 관점으로서, 앞에서 제시했던 것처럼 '구조적, 형식적 이유' 때문에 관사의 적용이 요구됩니다.

다음 두 번째 이유가 중요합니다.

앞에서 단일 단어의 고유명사는 the constitution처럼 정관사 the가 적용되어 있는 경우도 있지만, Asia, Europe처럼 무관사 ∅인 경우도 있다고 정리하였습니다. 단일 단어의 고유명사에 정관사 the를 적용하는 이유는 '의미적 혼동 가능성' 때문입니다.

②둘째, 이러한 관점을 그대로 적용하면, 원칙적으로 <복수의 단어로 이루어진 고유명사>는 정관사 the가 '반드시' 적용되어야 합니다.

이는 <복수의 단어로 이루어진 고유명사>의 경우는, 거의 100% 기존에 존재하는 단어를 '재활용'한 것이기 때문에 의미에 있어서 '혼동의 가능성'이 당연히 존재하기 때문입니다.

> 원칙적으로, '복수의 단어로 이루어진 고유명사'는
> 정관사 the가 '반드시' 적용해야 한다.

⇩ ⇩ ⇩

> '복수의 단어로 이루어진 고유명사'는 100% 기존에 존재하는 단어를 '재활용'한 것이기 때문에, 의미에 있어서 '혼동의 가능성'이 당연히 존재하기 때문이다.

이 점이 <단일 단어의 고유명사>와 <복수의 단어로 이루어진 고유명사>의 차이점입니다.

즉, ①<단일 단어의 고유명사>는 원칙적으로 무관사 ∅이고, 혼동의 가능성이 존재하는 경우에 정관사 the를 적용하여 문제를 해결합니다.

반면에 ②<복수의 단어로 이루어진 고유명사>는 정반대입니다. 원칙적으로 정관사 the가 적용되고, 혼동의 가능성이 존재하는 경우에 무관사 ∅입니다.

이를 표로 정리하도록 하겠습니다.

	단일 단어의 고유명사	복수의 단어로 이루어진 고유명사
원칙	무관사 ∅ ex. Asia	정관사 the ex. ?
혼동의 가능성 존재	정관사 the ex. the constitution	무관사 ∅ ex. ?

위 표로부터 2가지 사항을 알 수 있습니다.

(가) 첫째, 우선 <단일 단어의 고유명사>와 <복수의 단어로 이루어진 고유명사>가 관사의 사용에 있어서 정반대라는 것을 알 수 있습니다. 한편 위 표에 대해서는, <복수의 단어로 이루어진 고유명사>에 대한 설명 후에 물음표(?)로 표시한 부분을 정리하여 다시 제시하도록 하겠습니다.

(나) 둘째, <복수의 단어로 이루어진 고유명사>도 <단일 단어의 고유명사>와 마찬가지로 정관사 the와 무관사 ∅ 중에서 어느 하나를 적용하게 됩니다(정관사 the VS 무관사 ∅).

이에 대해서는 다음 권에서 좀 더 자세히 살펴보도록 하겠습니다.

- 수고하셨습니다. -

이제영어의의문이풀렸다10(관사편7)로 이어집니다.